Baikalsee

Große r Hinggan

Hulun Hu

Nen Jiang

Songhua

Mandschurisches
Tiefland

Xinkai Hu

e Gobi

Mongolisches Plateau

Jehol
(Chengde)

Peking
(BEIJING)

Tianjin

Bo Hai

Huang He

Japanisches
Meer

Gelbes
Meer

Huang He

Kaiserkanal

Große
Ebene

Xi'an

Chang Jiang

Suzhou

Hangzhou

Taiwan

Südchinesisches Bergland

Kanton
(Guangzhou)

Macao

Xi Jiang

N

W   O

S

Golf von
Tonking

Südchinesisches
Meer

Mekong

Hainan

0   500 km

Luzon

W0244894

Weihnachten 02
Weyrauch

Johann Christian Hüttner

Nachricht von der
britischen Gesandtschaftsreise nach China

FREMDE KULTUREN IN ALTEN BERICHTEN

Herausgegeben von
Jürgen Osterhammel und Folker Reichert

Band 1

Johann Christian Hüttner

Nachricht
von der britischen
Gesandtschaftsreise
nach China

1792–94

Herausgegeben, eingeleitet und erläutert

von

SABINE DABRINGHAUS

Jan Thorbecke Verlag Sigmaringen
1996

Die Deutsche Bibliothek – CIP-Einheitsaufnahme

Hüttner, Johann Christian:

Nachricht von der britischen Gesandtschaftsreise
nach China: 1792–94 / Johann Christian Hüttner.
Hrsg., eingel. und erl. von Sabine Dabringhaus.
– Sigmaringen: Thorbecke, 1996

(Fremde Kulturen in alten Berichten; 1)
ISBN 3-7995-0600-4

NE: Dabringhaus, Sabine [Hrsg.]; GT

© 1996 by Jan Thorbecke Verlag GmbH & Co., Sigmaringen

Alle Rechte vorbehalten. Ohne schriftliche Genehmigung des Verlages ist es
nicht gestattet, das Werk unter Verwendung mechanischer, elektronischer und
anderer Systeme in irgendeiner Weise zu verarbeiten und zu verbreiten. Ins-
besondere vorbehalten sind die Rechte der Vervielfältigung – auch von Teilen
des Werkes – auf photomechanischem oder ähnlichem Wege, der tontechni-
schen Wiedergabe, des Vortrags, der Funk- und Fernsehsendung, der Spei-
cherung in Datenverarbeitungsanlagen, der Übersetzung und der literarischen oder anderweitigen Bearbeitung.

Dieses Buch ist aus säurefreiem Papier hergestellt und entspricht den Frank-
furter Forderungen zur Verwendung alterungsbeständiger Papiere für die
Buchherstellung.

Buchgestaltung: Norbert Brey, Sigmaringen
Schutzumschlaggestaltung und Reihen-Signet: Neuffer-Design, Freiburg i. Br.
Vorsatzkarte: Kartographie, Eppelheim

Gesamtherstellung:
M. Liehners Hofbuchdruckerei GmbH & Co. Verlagsanstalt, Sigmaringen
Printed in Germany · ISBN 3-7995-0600-4

Inhalt

Einleitung

Im Jahre 1793 reiste unter der Führung von George, Earl of Macartney, die erste Gesandtschaft eines britischen Königs zum Kaiser von China. Die Handelsbeziehungen zum chinesischen Reich sollten verbessert und ständige diplomatische Kontakte zur kaiserlichen Regierung in Peking aufgenommen werden. Der chinesische Kaiser betrachtete die britische Gesandtschaft jedoch als eine der zahlreichen Tributmissionen, die dem chinesischen Herrscher ihre Loyalität bekundeten, und zeigte sich nicht einmal dazu bereit, überhaupt in Verhandlungen über die britischen Anliegen einzutreten. Zwei vollkommen unterschiedliche Wertesysteme waren aufeinandergestoßen. Es schien, als hätte das chinesische Reich in seinem politischen System, seinem Wirtschaftsleben und seiner kulturellen Tradition mit einem europäischen Staat überhaupt nichts gemeinsam.

In Europa betrachtete man China als ein von Stagnation und Abgeschlossenheit gekennzeichnetes »empire immobile«[1]. Im krassen Gegensatz dazu verkörperte Großbritannien die fortschrittliche, moderne europäische Welt des freien Handels und des aufgeklärten Humanismus. Unter diesem Eindruck schrieben viele Teilnehmer der Macartney-Mission ihre Reiseeindrücke nieder. Ihre Sichtweise wirkte in Europa auf die späteren Darstellungen der ersten britischen Gesandtschaftsreise ebenso nach, wie sie das europäische Chinabild im allgemeinen für lange Zeit beeinflußte. Ein bisher wenig bekannter Reisebericht stammt aus der Feder des einzigen Deutschen unter den schriftstellernden Teilnehmern an der Gesandt-

---

1 Alain PEYREFITTE, L'Empire immobile, ou Le choc des mondes: Récit historique, Paris 1989.

schaftsreise, Johann Christian Hüttner (1766–1847), der seine Aufzeichnungen noch von China aus an seine Freunde in Europa sandte. Die einzige Veröffentlichung erfolgte im Jahre 1797 durch einen befreundeten Verleger, fand aber geringe Verbreitung. Dies wird Hüttners besonderer Stellung innerhalb der Berichterstattung über die Macartney-Mission jedoch nicht gerecht. Denn Hüttners Aufzeichnungen sind nicht nur von Klarheit, Lebendigkeit und bündiger Kürze gekennzeichnet, sondern weisen ihn ebenso als einen Beobachter aus, der sich im Unterschied zu seinen britischen Kollegen nicht von politischnationalen Gefühlen leiten ließ.

Warum die Kulturbegegnung zwischen Europäern und Chinesen am Ende des 18. Jahrhunderts zum Kulturkonflikt führen mußte, macht die geschichtliche Entwicklung Großbritanniens und Chinas im 18. Jahrhundert deutlich. So erfolgte die britische Gesandtschaftsreise nach China in einer Periode, in der beide Staaten von einem expansiven Imperialgeist geprägt waren. Das chinesische Reich befand sich am Anfang der neunziger Jahre des 18. Jahrhunderts noch nicht in der weltgeschichtlichen Defensive. Es war keineswegs der unbewegliche Riese, dem die alleinige Schuld am Scheitern der diplomatischen Initiative Großbritanniens zugeschoben werden konnte. Die Stärke Chinas gehörte ebenso zu den Hindernissen einer erfolgreichen Verständigung zwischen den beiden Ländern wie die Globalstrategie Großbritanniens.

Das sino-mandschurische Imperium im 18. Jahrhundert

Lange Zeit galt Chinas gewaltsame Öffnung durch den westlichen Imperialismus im 19. Jahrhundert als erster Anstoß zur Veränderung und Modernisierung des chinesischen Staates. Es ist ein Verdienst der westlichen Sinologie der letzten beiden Jahrzehnte, sich vom Bild des ewig stagnierenden chinesischen Kaiserreiches abgewandt und das 18. Jahrhundert – die Blütezeit der Qing-Dynastie (1644–1911) – als Beginn eines langsamen Wandels zur Moderne betrachtet zu haben[2]. Der Staat des mandschurischen Kaiserhauses der Qing (wörtlich die Klare, Reine), das aus dem Nordosten stammte, unterschied sich in wesentlichen Punkten von den Reichen früherer Dynastien. Der Aufbau des sino-mandschurischen Imperiums begann im Jahre 1644 mit dem Einmarsch der Qing-Truppen in Peking. In den darauffolgenden Jahrzehnten konzentrierten sich die Qing-Kaiser auf die schrittweise Stabilisierung ihrer Herrschaft zunächst über das chinesische Kernland und dann über Teile Innerasiens. Diese Doppelherrschaft der Qing-Dynastie legte die Grundlagen für den modernen chinesischen Territorialstaat. Der in den achtziger Jahren des 17. Jahrhunderts anbrechenden »pax tatarica« im chinesischen Kernland entsprach eine bis in die sechziger Jahre des folgenden Jahrhunderts vollzogene militärische Expansion an der kontinentalen Peripherie Chinas, die sich durchaus mit dem kolonialen Vordringen der Briten in Indien und des Zarenreiches in Sibirien vergleichen läßt. Die relativ friedliche Koexistenz der unterschiedlichen Kulturen im sino-mandschurischen Vielvölkerreich nach dem Ende der reichsbildenden Expansion ging auf ein duales Regierungssystem zurück, das bei der Verwaltung des chinesischen Kernlandes einerseits auf das traditionelle System der sechs Ministerien (*liu bu*)[3] zurückgriff, andererseits für die Administration der innerasiatischen Reichsgebiete neue Instrumentarien der Machtkontrolle schuf. Die Herrschaft über den neu eroberten innerasiatischen Grenzraum, der heute ungefähr dem Gebiet der Inneren Mongolei, Xinjiangs und Tibets entspricht, wurde durch die Errichtung des Amtes zur Verwaltung der Randvölker (*Lifanyuan*) institutionalisiert[4].

---

2 Eine Bilanz der neueren Forschung über das 17. und 18. Jahrhundert findet sich in: John K. Fairbank, China. A New History, Cambridge, Mass. 1992, S. 163 ff.
3 Bo Zheng, Zhongguo gudai guanzhi [Das traditionelle Beamtensystem Chinas], Beijing 1989, S. 127–136.
4 Über die Institution des Lifanyuan und ihre Funktionen vgl. Chia Ning, The Li-fan Yuan in the Early Ch'ing Dynasty, Ph. D. thesis, Johns Hopkins University, Baltimore 1991.

Die Machtausweitung der Mandschuren nach Innerasien, die durch die Eingliederung ostmongolischer Stämme in den mandschurischen Staat in den ersten Jahrzehnten des 17. Jahrhunderts begonnen hatte, erreichte in den mittleren Jahrzehnten des 18. Jahrhunderts ihren Höhepunkt mit dem Sieg über die mongolischen Dzungaren im Nordwesten (dem heutigen Xinjiang). Die kaiserliche Propaganda um die Feldzüge an den Grenzen des Reiches spiegelte das imperiale Selbstbewußtsein der Qing-Kaiser in der Blütezeit ihrer Expansionspolitik wider. In der chinesischen Geschichtsschreibung gilt der Qianlong-Kaiser (1711–1799), der zwischen 1736 und 1796 regierte, als Vollender des chinesisch-innerasiatischen Großreiches[5]. Während seiner sechzigjährigen Herrschaft erreichte die Qing-Dynastie den Höhepunkt ihrer Macht. Unter seiner Regierung führten wirtschaftliche Blüte und politische Stabilität im chinesischen Kernland zu einem außergewöhnlichen Bevölkerungswachstum[6]. Daher gewannen die neueroberten innerasiatischen Reichsteile auch die Bedeutung von agrarischen Erschließungsgebieten. In Ostturkestan und in der Mongolei begannen chinesische Siedler, Militärkolonisten und einheimische Turkvölker mit der Urbarmachung des vornehmlich von Nomaden bewohnten Landes[7]. Widerstände der Lokalbevölkerung wurden von der Qing-Armee unterdrückt und ihre Siege über die Aufständischen in der imperialen Propaganda überdimensional vergrößert. Die

---

5 ZHUANG Jifa, Qing Gaozong shiquan wugong yanjiu [Forschungen über die »Zehn Siegreichen Feldzüge« des Qing-Kaisers Qianlong], Beijing 1987, S. 7; BAI Xinliang, Qianlong zhuan [Eine Biographie des Qianlong-Kaisers], Shenyang 1990, S. 169–208; DAI Yi, Lun Qianlong [Über den Qianlong-Kaiser], in: Qingshi yanjiu [Forschungen zur Qing-Geschichte] 1 (1992), S. 6 f., GUO Chengkang/CHENG Chongde (Hg.), Qianlong huangdi quanzhuan [Eine Biographie des Qianlong-Kaisers], Beijing 1994, S. 246 ff.

6 DAI Yi, Qianlong di jiqi shidai [Der Qianlong-Kaiser und seine Zeit], Beijing 1992, S. 263–312.

7 Joseph FLETCHER, Ch'ing Inner Asia, in: John K. FAIRBANK (Hg.), The Cambridge History of China, Bd. 10: Late Ch'ing, 1800–1911, Teil 1, Cambridge 1978 S. 58–62.

Strafexpeditionen zur »Befriedung der Grenzgebiete« (*anding bianjiang*) dienten dem Kaiserhof zur Festigung des Herrschaftsmythos der Qing-Dynastie. Ein eindrückliches Beispiel der sonderbaren Mischung aus imperialer Vision und expansiver Gewaltpolitik ist die vom Qianlong-Kaiser persönlich entworfene Hymne der »Zehn erfolgreichen Feldzüge« (*shiquan wugong*), die 1795 nach dem Sieg der Qing-Truppen über die in Tibet eingefallenen nepalesischen Gorkha in vier Sprachen auf Steinstelen gemeißelt wurde[8]. Mit solchen Propagandamitteln sollte die Unbesiegbarkeit und die absolute Autorität des Qing-Kaisers seinen Untertanen ewiglich eingeprägt werden. Bei den in der Hymne gepriesenen zehn Feldzügen handelte es sich um Militäraktionen aus der Zeit zwischen 1747 und 1791, die gegen lokale Machthaber in den Grenzgebieten des Qing-Reiches (Goldstromland, Ostturkestan), Kriegsgegner unterworfener Völker (Tibet) oder Herrscher von Nachbarvölkern (Burma, Annam) gerichtet waren, welche die Qing-Regierung ihrem Einflußbereich zurechnete. Daß die Qing-Armee bei ihren Expeditionen auch militärische Niederlagen hatte einstecken müssen, schien den propagandistischen Nutzen der Feldzüge nicht zu beeinträchtigen. Im ersten Feldzug gegen die Gorkha in Tibet (1788) war nicht einmal ein militärischer Zusammenstoß mit dem Gegner erfolgt, da sich die Gorkha-Truppen noch vor der Ankunft der Qing-Armee bereits nach Nepal zurückgezogen hatten. Eine ernsthafte Bedrohung des Qing-Reiches ging von der Peripherie in keinem dieser Fälle aus[9].

Der Qianlong-Kaiser interpretierte die ordnungstiftende Rolle des Herrschers, wie sie im traditionellen Selbstbild der chinesischen Universalmonarchie verankert war, in ihrem weitestmöglichen Sinn. Unter dem Vorwand imperialer Grenzstabilisierung schickte er seine Truppen reichsweit in die Offensive. Sein Eingreifen in periphere Machtkonflikte rechtfertigte

---

8 XIAO Yishan, Qingdai tongshi [Eine umfassende Geschichte der Qing-Zeit], 5 Bde., Beijing 1986, Bd. 2, S. 146.
9 Ebd., S. 246–369.

er als Reaktion auf dortige »Hilferufe« oder als notwendige Bestrafungsmaßnahmen von Aufständischen im Vorfeld seines Reiches. Er nahm hohe militärische Verluste und finanzielle Lasten in Kauf, um Mitwelt und Nachwelt durch seinen Ruhm als siegreicher Feldherr zu beeindrucken und dem chinesischen Bild des Universalherrschers gerecht werden zu können.

Ein weiterer Ausdruck des universalen Anspruchs qingzeitlichen Herrschaftsdenkens zeigte sich in der Vielfalt des Erscheinungsbildes der mandschurischen Kaiser[10]. Qianlong gab sich seinen han-chinesischen Untertanen gegenüber als traditioneller »Sohn des Himmels« (*tianzi*) und mit arbeitsintensiven literarischen Großprojekten als Förderer des konfuzianischen Gelehrtentums[11]. In der Welt der mongolischen Nomaden trat der Kaiser als oberster Khan auf und pflegte gleichzeitig das buddhistische Bild des »Cakravartin«-Königs, der selbst durch militärische Expansion das Rad der Zeit bewegt und die Welt dem Zeitalter der buddhistischen Erlösung näher bringt[12].

Mit ihrem Reichsaufbau in Innerasien war es der Qing-Dynastie gelungen, den traditionellen Gegensatz zwischen chinesischer Agrargesellschaft und innerasiatischem Nomadentum zumindest politisch zu überwinden. Im Umgang mit den Völkern ihres Imperiums entwickelten die mandschurischen Kaiser ein differenziertes Instrumentarium der Beherrschung, Kontrolle und Einflußnahme. Überall im Qing-Reich zeigte sich die Zentralregierung präsent. Im chinesischen Kernland erfolgte die Kontrolle durch zivile Provinzgouverneure; in den innerasiatischen Gebieten behielt die Herrschaftspraxis einen stärker militärischen Charakter. Man sprach von Militärgou-

---

10 Zum Selbstbild des Qing-Herrschers vgl. Harold L. KAHN, Monarchy in the Emperor's Eyes. Image and Reality in the Ch'ien-Lung Reign, Cambridge, Mass. 1971.
11 Über das bedeutendste literarische Großprojekt vgl. ausführlich Kent R. GUY, The Emperor's Four Treasures. Scholars and the State in the Late Ch'ien-Lung Era, Cambridge, Mass. 1987.
12 Richard J. SMITH, China's Cultural Heritage. The Qing Dynasty, 1644–1912, 2nd ed., Boulder, Col. 1994, S. 45.

verneuren (Xinjiang, Mongolei, Mandschurei) oder Ambanen (Tibet, Qinghai), die neben den regulären chinesischen Armeeteilen, den sogenannten Grünen Standarten (*lüying*), auch von der militärischen Neuschöpfung der Qing, den Bannern (*qi*), unterstützt wurden. Die Bannertruppen waren in acht Abteilungen unterteilt, die aus getrennten Formationen mongolischer, mandschurischer und han-chinesischer Soldaten bestanden[13]. Den Militärgouverneuren und Ambanen oblag neben der Zivilverwaltung die Überwachung des für die kontinentalen Reichsgrenzen einheitlichen Verteidigungssystems aus Wachtürmen, Poststationen und Grenzsoldaten. Für die verschiedenen Völker wurden eigene Gesetzestexte ausgearbeitet, die ihnen die kaiserliche Autorität in ihrem Alltagsleben vergegenwärtigen sollten. In der Lokalverwaltung der innerasiatischen Reichsteile griff die Qing-Regierung auf die einheimischen Herrschaftssysteme zurück. In der Theokratie Tibets standen der Dalai Lama und der Panchen Lama der Lokalregierung vor; in Ostturkestan wurden die muslimischen Begs als Lokalbeamte in die Reichsbürokratie integriert. Ebenso zeigte sich die Qing-Dynastie bemüht, die kulturellen Eigenheiten und Religionen der Völker für ihre Ziele zu instrumentalisieren. Der Qianlong-Kaiser gab sich sogar als großer Gönner des Lamaismus, indem er zahlreiche Klöster bauen ließ und Übersetzungen lamaistischer Werke in Auftrag gab. Damit förderte die Qing-Dynastie die Ausbreitung des Lamaismus von Tibet aus in die nordwestlichen Reichsteile und die Mongolei. Das Territorialprinzip galt nicht nur für die Festlegung der Außengrenzen, sondern beschränkte innerhalb des Imperiums die Macht einzelner mongolischer Fürsten auf ihr

---

13 Da das Bannersystem sich aus der Tradition der innerasiatischen Nomaden- und Jägerkulturen entwickelt hat, stellte es ursprünglich nicht nur eine militärische Ordnung, sondern auch ein gesellschaftliches Verwaltungssystem dar. Die Angehörigen der Bannersoldaten lebten auf sogenanntem Bannerland. Die Söhne von Bannersoldaten bekamen eine vom chinesischen Erziehungssystem unabhängige Ausbildung. In Qing-Biographien wird immer auch das Herkunftsbanner der beschriebenen Persönlichkeit erwähnt.

jeweiliges Bannergebiet und die weltliche Herrschaft des Dalai Lama auf Zentraltibet. Als wie labil die Qing-Kaiser selbst das neugeschaffene Gleichgewicht zwischen Chinesen und Innerasiaten in ihrem Vielvölkerreich empfanden, zeigt das Verbot, han-chinesische Beamte in der Verwaltung der innerasiatischen Reichsteile einzusetzen. Kontakte zwischen den Völkern im Qing-Staat sollten möglichst verhindert werden[14].

Erste Anzeichen des nach etwa 1800 von europäischen Beobachtern konstatierten Machtzerfalls der Qing-Dynastie machten sich am Ende des 18. Jahrhunderts bemerkbar. Die während der zweiten Jahrhunderthälfte auftretenden Volksaufstände und die wachsende Korruption im Beamtenapparat konnten das selbstbewußte Herrschaftsbild des Qianlong-Kaisers noch nicht erschüttern. Der unaufhaltsame dynastische Niedergang stellte sich erst im 19. Jahrhundert ein. Das späte 18. Jahrhundert zehrte hingegen noch vom erfolgreichen Aufbau eines Vielvölkerimperiums, das in seinem Methodenrepertoire den neuzeitlichen Imperien Europas keineswegs nachstand. Im Unterschied zu den europäischen Imperialmächten waren die Qing-Herrscher nicht von der Suche nach Reichtümern und Handelsgewinnen oder vom Wunsch nach religiöser Bekehrung der Ungläubigen motiviert. Die Ursprünge ihrer Reichsexpansion in Innerasien gingen vielmehr auf die Verwicklung des mandschurischen Kaiserhauses in einen polyzentrischen kontinentalasiatischen Mächtekonflikt zurück.

Das Moderne der qingzeitlichen Reichsbildung wurde von den Europäern wenig beachtet. Die Neuartigkeit der kaiserli-

---

14 Auch die Macartney-Gesandtschaft bekam diese Trennungspolitik zu spüren. Der Qianlong-Kaiser hatte noch vor ihrer Ankunft an der chinesischen Küste angeordnet, daß die Gouverneure der betreffenden Provinzen verläßliche Beamte zur wachsamen Betreuung der Gesandtschaft entsenden sollten und der Aufenthalt der Briten in den Küstenhäfen möglichst kurz gehalten werden müsse. Vgl. Da Qing Gaozong Chun (Qianlong) Huangdi Shilu [Die Wahren Aufzeichnungen des Gaozong Chun Kaisers Qianlong der Großen Qing-Dynastie], hg. von Taiwan Huawen shuju [Huawen Verlag Taiwan], Bd. 29, Taibei 1964, S. 21 200, 21 247.

chen Expansion an den Grenzen des Reiches, eine flexibel gehandhabte Herrschaftspraxis und die Entstehung klar bezeichneter, militärisch befestigter und im Verhältnis zum Zarenreich durch internationale Verträge festgelegter Territorialgrenzen blieben von westlichen Beobachtern – mit Ausnahme einiger Jesuitenmissionare – unbemerkt. Um so deutlicher sah man die traditionellen Elemente des chinesischen Kaisertums, wie sie die Qing-Dynastie zur Herrschaftssicherung im chinesischen Kernland von ihren Vorgängern übernommen hatte. Dazu gehörte das konfuzianische Weltbild, das China als die Zivilisation schlechthin und als ein Imperium ohne gleichberechtigte Nachbarstaaten betrachtete und für das alle nicht in den Reichsverband eingeschlossenen Völker geringgeachtete Barbaren waren[15]. Ein chinesischer Herrscher fühlte sich nicht nur als Kaiser (*huangdi*), sondern in seiner Rolle als Sohn des Himmels (*tianzi*) auch als Mittler zwischen Kosmos und Menschenwelt. Darin lag die universale Bedeutung des chinesischen Kaisertums. Für Fremdherrscher wie die mandschurische Qing-Dynastie legitimierte die Universalität dieses Herrscherbildes auch Nicht-Chinesen als Kaiser über China. Eine Aura des »über allem Erhabenen« umgab daher die Qing-Monarchen.

Ein traditionelles Element der Qing-Herrschaft, das von den Kaisern des 18. Jahrhunderts flexibel genutzt wurde, war der Tribut (*chaogong*). Er wurde vor allem von denjenigen Völkern gefordert, die nicht direkt der kaiserlichen Administration unterstanden und daher als »Barbaren« bezeichnet wurden. Tributbeziehungen als Ideal der Kontakte Chinas zur Außenwelt lassen sich bis in die vorchristlichen Jahrhunderte zurückverfolgen. Tatsächlich verwendet wurde die Rhetorik des Tributs seit dem 1. Jahrhundert v. Chr. Die Blütezeit des traditionellen Tributs fiel in die Tang-Zeit (618–907). In diesem ersten chinesischen Vielvölkerimperium, das sich bis

---

15 Mark MANCALL, The Ch'ing Tribute System. An Interpretative Essay, in: John K. FAIRBANK (Hg.), The Chinese World Order. Traditional China's Foreign Relations, Cambridge, Mass. 1968, S. 63.

nach Innerasien erstreckte, hatte die Erhebung von Tribut eine wichtige Rolle bei der Stabilisierung von Herrschaftsbeziehungen zu den neu unterworfenen Völkern gespielt. Erst in der von einem umfassenden Institutionalisierungs- und Bürokratisierungsprozeß gekennzeichneten Ming-Zeit (1368–1644) wurde die Tributzeremonie in ein festgelegtes Tributsystem umgewandelt. Es wurde genau festgelegt, welches Volk wie oft und in welchem Umfang Tributmissionen an den Kaiserhof senden durfte. Über die realen Machtverhältnisse zwischen dem chinesischen Herrscher und dem Tributpflichtigen sagte das Tributritual jedoch wenig aus[16]. Dennoch hielten auch die Qing-Kaiser an der Einschätzung des Tributs als Instrument kaiserlicher Außenpolitik fest[17]. Man sah durch Tributleistungen an den Kaiserhof die Anerkennung der chinesischen Weltordnung garantiert. Die korrekte Ausführung des Rituals der Geschenkübergabe an den Kaiser spielte eine ebenso große Rolle wie die Geschenke selbst. Eine Verweigerung des Tributrituals gegenüber dem Kaiser stellte nicht nur einen persönlichen Angriff auf die Autorität des individuellen Herrschers dar, sondern verletzte die universale Ordnung, in welche dieses Ritual integriert war. Der Person des Gesandten maßen die Chinesen hingegen keine Bedeutung bei; wesentlich war nur die schriftliche Nachricht seines Auftraggebers. Dem geschriebenen Wort kam in der chinesischen Kultur eine wichtige rituelle Bedeutung zu. Der Gesandte hingegen galt nur als Überbringer der Botschaft und nicht etwa als Stellvertreter seines Herrschers. Dies schloß auch eine Immunität von Gesandtschaftsmitgliedern aus, wie wir sie in der europäischen Diplomatiegeschichte kennen.

In der Qing-Zeit gab es zwei Arten von Tributbeziehungen. Denn nicht nur die Völker jenseits der Reichsgrenzen, sondern

---

16 John E. WILLS, Jr., Embassies and Illusions. Dutch and Portuguese Envoys to K'ang-hsi, 1666–1687, Cambridge, Mass. 1984, S. 9–25.
17 John K. FAIRBANK/S.Y. TENG, On the Ch'ing Tributary System, in: Harvard Journal of Asiatic Studies 6 (1941), S. 141; DAI Yi, Qianlong di jiqi shidai, S. 426.

auch die unterworfenen Völker in den innerasiatischen Gebieten des Qing-Staates mußten weiterhin Tributgesandtschaften nach Peking senden. Beide Arten von Tributmissionen wurden unterschiedlich verwaltet. Für die innerchinesischen Völker war das Lifanyuan zuständig[18]. Der Tribut von Nachbarvölkern – etwa aus Annam (Vietnam), Burma, Nepal oder Korea – wurde vom Ritenministerium (*libu*) in Peking überwacht. In beiden Fällen waren Zeitpunkt und Umfang des zu liefernden Tributs genau festgelegt[19]. Selbst für die Zahl der Mitglieder einer Tributgesandtschaft fühlten sich die Qing-Kaiser zuständig. In der praktischen Ausführung zeigten sie sich allerdings sehr flexibel. Bis 1762 erlaubte man zum Beispiel den mongolischen Bannerfürsten Missionen von 200 bis 300 Mitgliedern, in späteren Jahren wurden die Zahlen dann drastisch verringert. Aus Tibet soll es in den fünfziger Jahren des 17. Jahrhunderts sogar Gesandtschaften mit tausend Teilnehmern gegeben haben; 1751 legte die Qing-Regierung jedoch fest, daß nur noch 40 Pferde mit Tributgeschenken aus Tibet zugelassen waren[20]. Im Unterschied zu den tributpflichtigen Fremdvölkern forderte die Qing-Dynastie von ihren innerasiatischen Untertanen außer den Tributmissionen auch noch Wallfahrten (*chaojin*) zum Kaiserhof und die Teilnahme an den kaiserlichen Jagdzügen (*weilie*)[21]. Eng verbunden mit dem Tribut war außerdem der Handel. Oftmals begleiteten Kaufleute die Tributgesandtschaften nach Peking. Der Handelsaustausch war nicht an eine Tributmission geknüpft. Im Allgemeinen durften jedoch nur solche Völker in China Handel treiben, die auch Tribut an den Kaiserhof gesandt hatten[22]. Der Umfang des Tributhandels wurde genau festgelegt und von kaiserlichen Beamten kontrolliert.

Unabhängig von Tributgesandtschaften ließ die Qing-Regierung einen bilateralen Außenhandel im peripheren Bereich

---

18 Chia Ning, The Li-fan Yuan, S. 182 f.
19 Ebd., S. 176–179.
20 Ebd., S. 188.
21 Ebd., S. 201 f.
22 Mancall, The Ch'ing Tribute System, S. 75–77.

der Handelshäfen und der innerasiatischen Grenzmärkte zu[23]. Im Gegensatz zu dem traditionellen Tributsystem, das vor allem in seiner rituellen Bedeutung als Herrschaftsmittel beibehalten wurde, spiegelten das »Canton-System« an der maritimen Grenze und der kontinentale Grenzhandel des »Kjachta-Systems« eher die moderne Seite der Qing-Dynastie wider.

Nach der Stabilisierung ihrer Herrschaft im chinesischen Kernland hob die mandschurische Regierung ihr Seehandelsverbot auf und öffnete zunächst die südchinesischen Hafenstädte Canton, Zhangzhou, Ningbo und Yuntaishan als Außenhandelsorte[24]. Die Entwicklung des Canton-Systems erfolgte in der ersten Hälfte des 18. Jahrhunderts[25]. Die südchinesische Hafenstadt Canton wurde zum Zentrum eines von der lokalen Bürokratie überwachten privaten Monopolhandels chinesischer »Firmen« (*hang*, von den Europäern »Hongs« genannt). Die Qing-Regierung betraute die Hong-Kaufleute gegen eine Lizenzgebühr mit dem maritimen Außenhandel. 1720 schlossen sie sich zum »Co-Hong« (*gonghang*) zusammen, um ihre monopolistische Preispolitik besser vertreten zu können. Aus der Sicht des Qing-Kaisers sicherte der Co-Hong die Kontrolle über die fremden Kaufleute sowie regelmäßige Zolleinnahmen und trug auf diese Weise zur Stabilität des maritimen Außenhandels bei. Als problematisch erwies sich allerdings das Verhältnis der Kaufleute zum »Hoppo«. Dieser kaiserliche Zollbeamte war neben dem Generalgouverneur von Guangdong und Guangxi, dem Gouverneur von Guangdong und dem Kommandeur der Mandschu-Garnison der mächtigste Regierungsvertreter in der Stadt. Er unterstand nicht etwa dem staatlichen Steueramt, sondern direkt dem Kaiser und war verpflichtet, dem kaiserlichen Haushalt alljährlich einen festen Zollbetrag zu überweisen. Darüber hinaus nahm sich der Hoppo die Freiheit, von den chinesischen Kaufleuten so viele Ge-

---

23 CHIA Ning, The Li-fan Yuan, S. 184.
24 DAI Yi, Qianlong di jiqi shidai, S. 410.
25 Grundlegend ist Louis DERMIGNY, La Chine et l'Occident: Le commerce à Canton au XVIIIe siècle, 1719–1833, 3 Bde. und Album, Paris 1964.

bühren wie nur möglich zu erpressen. Dadurch waren die Hongs oftmals gezwungen, finanzielle Unterstützung bei britisch-indischen Geldverleihern oder direkt bei den Ostindienkompanien zu suchen. Da sich ein Bankrott der Hongs auch negativ auf ihre ausländischen Handelspartner ausgewirkt hätte, wurden diese indirekt in die Erpressungsmaschinerie der Qing-Bürokratie verwickelt. Ein zunehmend gespanntes Verhältnis zwischen Ausländern und Chinesen war die Folge.

Zu diesem Zeitpunkt schaltete sich der Qianlong-Kaiser persönlich in den Konflikt um den maritimen Außenhandel ein und verordnete im Jahre 1759 die Kodifizierung des Canton-Systems[26]. Der chinesische Außenhandel wurde auf die Stadt Canton beschränkt[27]. Die Ausländer erhielten am Perlfluß außerhalb der Stadt ein acht Hektar kleines Territorium zugewiesen, wo sie in der Handelssaison von Oktober bis März ihre Geschäfte mit den Hong-Kaufleuten abwickeln durften. Die dazu notwendigen Gebäude mußten sie von ihren chinesischen Partnern mieten. Der Erwerb von Grund und Boden war Ausländern untersagt. Selbst das Studium der chinesischen Sprache und die Lektüre chinesischer Werke wollte die Qing-Regierung den Fremden verbieten und jeglichen zwischenmenschlichen Kontakt allein auf die Hong-Kaufleute reduzieren. Bereits seit den vierziger Jahren des 18. Jahrhunderts betrachtete die Qing-Regierung die Hongs als Bürgen für das Verhalten der Ausländer. Da die Willkür des kaiserlichen Hoppo durch das Canton-System eher bestärkt als beseitigt worden war, blieb die Abhängigkeit der Hongs von finanziellen

---

26 Die neuen Regelungen traten am 29. Januar 1760 in Kraft. Vgl. dazu Lo-Shu Fu, A Documentary Chronicle of Sino-Western Relations (1644–1820), Bd. 1, Tucson, Ariz. 1966, S. 224–226; Wei Qingyuan/Ye Xian'en (Hgg.), Qingdai quanshi [Umfassende Geschichte der Qing-Zeit], Bd. 5, S. 250–256.

27 Die Beschränkung des Canton-Handels auf diese Jahresperiode hing auch mit der Richtung der Monsunwinde zusammen. So wehte während der Wintermonate an der chinesischen Südküste ein Nordostmonsun, der den Segelschiffen die Zufahrt an die chinesische Küste ermöglichte, und im Sommer konnten sie für ihre Rückkehr den Südwestmonsun der Sommerzeit nutzen.

Hilfsleistungen der fremden Kaufleute weiterhin bestehen. Die wachsende Schuldenlast der Hong-Kaufleute wirkte sich auch auf die Tee- und Seidenproduzenten im Landesinnern aus, da deren Produktion ebenso von den ausländischen Kaufleuten vorfinanziert wurde. Einerseits gewannen die Ausländer auf diese Weise als Geldgeber chinesischer Kaufleute eine gewisse Monopolstellung, andererseits gerieten sie immer tiefer in den Korruptionszirkel des Qing-Systems, da sie ihre chinesischen Partner bei wachsendem Zahlungsdruck von seiten der Hoppos nicht fallenlassen konnten[28].

Die Qing-Regierung unterwarf auch den kontinentalen Handel mit Rußland strikten Auflagen und Kontrollen. Das sogenannte Kjachta-System ging aus dem Kjachta-Vertrag des Jahres 1727 hervor, dem nach den vertraglichen Grenzvereinbarungen von Nerčinsk von 1689 zweiten Vertragswerk zwischen Rußland und China. In Kjachta wurden die russisch-chinesischen Handelsbeziehungen in Form des staatlichen Karawanenhandels in Peking und eines Grenzhandels auf zwei neu eingerichteten Märkten an der russisch-mongolischen Grenze institutionalisiert. Der Karawanenhandel in der chinesischen Hauptstadt kam bereits in den fünfziger Jahren des 18. Jahrhunderts zum Erliegen. Der hauptsächlich von russischen Privathändlern betriebene Grenzhandel entwickelte sich hingegen zu einer wichtigen außenwirtschaftlichen Stütze Rußlands. Die Chinesen tauschten auf den Grenzmärkten ihre gewerblichen Fertigwaren gegen russische Pelze. Das Kjachta-System erwies sich als äußerst stabil und kam erst infolge der Eröffnung der Transsibirischen Eisenbahn am Ende des 19. Jahrhunderts zum Erliegen[29].

Wie diese beiden maritimen und kontinentalen Grenzhandelssysteme des Qing-Reiches zeigen, war die chinesische

---

28 Jürgen OSTERHAMMEL, China und die Weltgesellschaft. Vom 18. Jahrhundert bis in unsere Zeit, München 1989, S. 115–117.
29 A.N. KHOKHLOV, The Kyakhta Trade and Its Effects on Russian and Chinese Policy in the 18th and 19th Centuries, in: S.L. TICHVINSKIJ (Hg.), Chapters from History of Russo-Chinese Relations, 17th to 19th Centuries, Moskau 1985, S. 100.

Wirtschaft im 18. Jahrhundert trotz ihrer weitgehenden Autarkie schon längst in die internationalen Gold- und Silberströme eingebunden und folglich auch nicht mehr immun gegenüber globalen Veränderungen und Krisen, die von anderen Ländern hervorgerufen worden waren[30].

Im 18. Jahrhundert ließ sich das wirtschaftliche Niveau Chinas durchaus noch mit dem europäischer Staaten vergleichen. Das chinesische Kaiserreich war auf der einen Seite das größte Agrarland der Welt, auf der anderen Seite konnte es eine für die damaligen Verhältnisse bedeutende städtische Bevölkerung vorweisen. Mit Peking (1,1 Millionen Einwohner), Canton (800 000 Einwohner), Hangzhou (500 000 Einwohner) und Suzhou (fast 400 000 Einwohner) gehörten vier chinesische Städte um 1800 zu den zehn größten Metropolen der Welt[31]. Der Anteil der städtischen Bevölkerung betrug im 18. Jahrhundert 6 Prozent und fiel erst im darauffolgenden Jahrhundert hinter die Stadtentwicklung in Europa zurück. Bis zum 18. Jahrhundert galt das chinesische Reich als die fortschrittlichste Zivilisation Asiens und zeigte sich in manchen Bereichen sogar den europäischen Ländern technologisch überlegen. China verfügte bis in die Mitte des 19. Jahrhunderts über die weltweit größte gewerblich-industrielle Produktion[32]. Eine wirtschaftliche Stagnation trat erst im 19. Jahrhundert ein. Die erste britische Gesandtschaft besuchte hingegen noch ein Land, dessen traditionelle Ökonomie sich als leistungsfähig erwies und dessen wirtschaftlicher Rückstand gegenüber Europa im Vergleich zu später unbedeutend war. Auch war der Staat keineswegs eine wirtschaftsfeindliche despotische Macht. Viele Wirtschaftszweige wie der Binnenhandel, die Landwirtschaft oder das Geld- und Münzwesen entzogen sich

---

30 OSTERHAMMEL, China und die Weltgesellschaft, S. 68. Über die binnenwirtschaftliche Situation vgl. DAI YI, Qianlong di jiqi shidai, S. 263–368.

31 Tertius CHANDLER/Gerald Fox, 3000 Years of Urban Growth, New York/London, S. 322–337.

32 OSTERHAMMEL, China und die Weltgesellschaft, S. 38.

der staatlichen Steuerung. Der wirtschaftliche Aufschwung des 18. Jahrhunderts erfolgte nicht zuletzt aufgrund des Aufkommens privater Initiative[33]. Zur Durchsetzung ihres obersten Ziels der Aufrechterhaltung von Ordnung und Stabilität griff die Qing-Regierung nur in Bereichen wie der Getreidespeicherung, des Getreidetransports und der Wasserregulierung in das Wirtschaftsleben ein[34]. Der Ausbau des Außenhandels gehörte dagegen nicht zu den kaiserlichen Prioritäten. Die wiederholten Spannungen zwischen ausländischen Kaufleuten und ihren chinesischen Partnern ließen aus der Sicht des Kaiserhofes eher einen destabilisierenden Einfluß dieser Außenkontakte befürchten.

Um so interessierter zeigten sich die Qing-Kaiser an westlichem Wissen und westlicher Technologie. Die ersten mandschurischen Monarchen Shunzhi (reg. 1638–1661) und Kangxi (reg. 1661–1722) hatten sich durch die Jesuiten, denen sie die Ämter der Mathematiker und Astrologen am Kaiserhof übertrugen, mit Informationen über die Wissenschaften und die Technik Europas versorgt[35]. Den Jesuiten war es zwar von ihrem Orden untersagt worden, den Chinesen die Kunst der Kriegführung zu vermitteln, jedoch schufen Adam Schall von Bell (1592–1666) und sein Nachfolger im Amt des Vorsitzenden des kaiserlichen Astronomie-Amtes, Ferdinand Verbiest (1623–1688), für den Kangxi-Kaiser das notwendige Kanonenmaterial, um gegen Rußland und aufständische Untertanen erfolgreich vorgehen zu können[36]. Kangxis Enkel Qianlong wußte die militärischen Kenntnisse des portugiesischen Jesuiten Felix da Rocha (1731–1781) für seine Eroberungszüge aus-

33 Ebd., S. 82.
34 Pierre-Etienne WILL, Bureaucracy and Famine in the Eighteenth-Century China, transl. by Elborg FORSTER, Stanford, Cal. 1990.
35 Vgl. Jean-Pierre DUTEIL, Le Mandat du ciel: Le rôle des Jésuites en Chine, Paris 1994, S. 286–304.
36 SHU Liguang/HU Jianzhong/ZHOU Cheng, Nan Huairen yu Zhongguo Qingdai zhuzaode dabao [Ferdinand Verbiest und das Gießen von Kanonen in China während der Qing-Zeit], in: Gugong Bowuyuan Kan [Zeitschrift des Museums des Kaiserpalastes], Peking, Jg. 1989, S. 28.

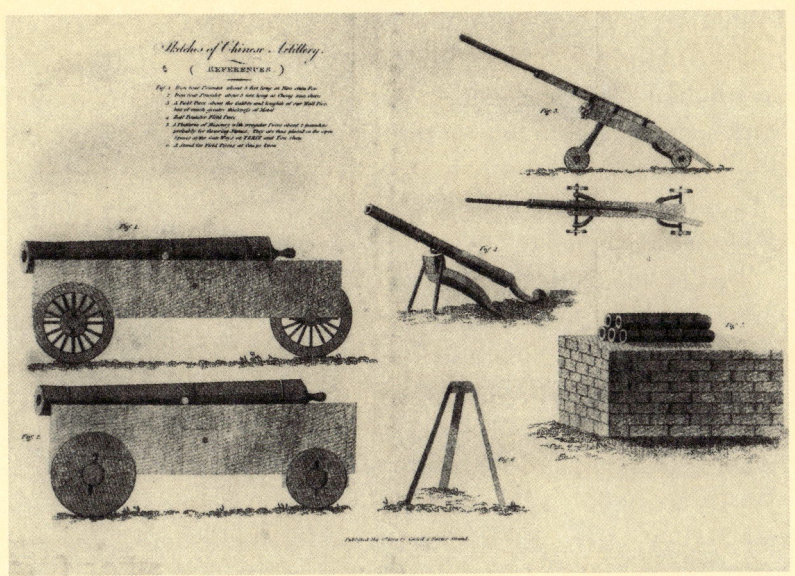

Abbildung 1: Chinesische Artilleriegeschütze

zunützen. Rochas waffentechnische Verbesserungen verhalfen dem Kaiser bei seinem zweiten Feldzug im Goldstromland (*Yinchuan*) zum Sieg über die aufständischen Lokalherrscher[37].

Weitere Verdienste der Jesuiten lagen in den Bereichen der Geographie und der Kartographie[38]. Die wichtigsten chinesischen Karten der frühen Qing-Zeit stammten aus der Hand von Jesuiten. Einer der erfolgreichsten jesuitischen Kartographen, Antoine Gaubil (1689–1759), brachte seinen chinesischen Kollegen eine präzisere Zeichentechnik und verbesserte Reproduktionsverfahren bei[39]. Während der Jesuitenorden sich in Europa im Niedergang befand (er wurde 1773 verboten), er-

---

37 Joanna WALEY-COHEN, China and Western Technology in the Late Eighteenth Century, in: American Historical Review 98 (1993), S. 1538.

38 Vgl. Helen WALLIS, Die Kartographie der Jesuiten am Hof in Peking, in: Europa und die Kaiser von China (Ausstellungskatalog), Berlin 1985, S. 106–121.

39 Henri BERNARD, Les étapes de la cartographie scientifique pour la Chine et les pays voisins depuis le seizième jusqu'à la fin du dix-huitième siècle, in: Monumenta serica 1 (1935), S. 466–470.

füllten seine Repräsentanten am Kaiserhof in Peking weiterhin ihre Funktion als Vermittler westlicher Technologie und westlichen Wissens. Auch an der Konstruktion des Yuanming-Parks, der kaiserlichen Sommerresidenz am Nordrand Pekings, waren Jesuiten beteiligt. Außerdem dienten sie Qianlong mit ihren Kenntnissen der Uhrenmechanik, der Glasproduktion oder des Baus hydraulischer Maschinen[40].

Da der aus dem 3. vorchristlichen Jahrhundert stammende chinesische Kupferdruck, der einige Jahrhunderte lang auch für den Buchdruck benutzt worden war, in der Qing-Zeit zunächst nicht mehr angewandt wurde, erteilte der Qianlong-Kaiser sogar Auftragsarbeiten nach Europa. Den Jesuiten war es zu verdanken, daß der Kupferstich auch in China eingeführt wurde. Zwischen 1711 und 1723 war der italienische Missionar Matteo Ripa als Maler und Kupferstecher am Qing-Hof tätig[41]. Berühmt wurden seine 36 Ansichten vom Sommerpalast in Jehol. Bei den Auftragsarbeiten Qianlongs handelte es sich um Schlachtenszenen seines Ostturkestan-Feldzugs, die der Kaiser in Paris anfertigen ließ. Ihn hatten die Kriegsszenen des Augsburger Kupferstechers Georg Philipp Rugendas d. Ä. (1666–1742) so sehr beeindruckt, daß er im Jahre 1765 sechzehn Schlachtenbilder über Jesuiten und französische Kaufleute in Canton an die Königliche Akademie zu Paris sandte. Mit der Bezahlung der ein Jahrzehnt später abgeschlossenen Werke beauftragte der Kaiser Hong-Kaufleute in Canton. Die jesuitischen Künstler Giuseppe Castiglione (1688–1766), Jean-Denis Attiret (1702–1768) und Ignaz Sichelbarth (1708–1780) fanden in China großen Anklang und entwarfen für den Qianlong-Kaiser zahlreiche Bilder. Castiglione war zudem maßgeblich an Entwurf und Errichtung der europäischen Gebäude im kaiserlichen Yuanming-Park beteiligt[42]. Der Stil

---

40 WALEY-COHEN, China and Western Technology, S. 1533.
41 Vgl. Christophe COMENTALE (Übers.), Matteo Ripa. Peintre-graveur-missionare à la Cour de Chine, Taibei 1983.
42 Der Yuanming-Park war eine der großartigsten Gartenanlagen Chinas. Der Qianlong-Kaiser hatte den Park nach dem Tod seines Vaters im

Abbildung 2: Die Halle des Ruhigen Meeres (Haiyan Tang), einer der europäischen Paläste des Yuanming-Parks bei Peking

des Italieners beeinflußte auch zeitgenössische chinesische Maler[43].

Obwohl der Qianlong-Kaiser im Unterschied zu seinem Großvater Kangxi im allgemeinen für Naturwissenschaften

Jahre 1735 umgestalten lassen. Er umfaßte nach den Umbauten die dreifache Fläche seiner ursprünglichen Ausdehnung. Die Gartenanlage galt als Abbild des Kaiserreiches. Einem Schauspiel gleich, sollten sich die Natur und das chinesische Reich im Yuanming-Park widerspiegeln. Bekannte Gärten Südchinas und berühmte Gebirge waren hier nachgestaltet worden. In den Bibliotheken des Parks wurden die bedeutendsten Enzyklopädien aufbewahrt. Vgl. dazu Jean Paul DESROCHES, Yuanming Yuan. Die Welt als Garten, in: Europa und die Kaiser von China (Ausstellungskatalog), Berlin 1985, S. 122–136.

43 WALEY-COHEN, China und Western Technology, S. 1542. Vgl. auch Hartmut WALRAVENS, China Illustrata. Das europäische Chinaverständnis im Spiegel des 16. bis 18. Jahrhunderts, Weinheim 1987, S. 36, 43–48. Über die Schlachtbilder berichtete bereits der russische Mönch und Sinologe Iakint in seiner Beschreibung Pekings. Vgl. IAKINT, Description de Pékin, St. Petersburg 1829, S. 61 f. Zu dem wichtigsten der jesuitischen Künstler in China vgl. Cécile und Michel BEURDELEY, Guiseppe Castiglione. A Jesuit Painter at the Court of the Chinese Empire, Rutland/Tokyo 1971.

Abbildung 3: Der Palast Belvedere mit seiner prächtigen Marmortreppe im Yuanming-Park bei Peking

wenig Begeisterung zeigte[44], suchte er 1773 das Gespräch mit dem französischen Jesuiten Michel Benoist (1715–1774), um mehr über westliche Kartographie, Kriegskunst, Philosophie, Schiffahrt und andere Gebiete zu erfahren[45]. Einige Gelehrte und hohe Beamte des Qing-Staates teilten das Interesse ihres Kaisers. Verwirrend wirkte allerdings auf sie, daß die Jesuiten ihnen die Kenntnisse über die europäische Wissenschaften nur lückenhaft übermittelt hatten. So drang die kopernikanische Theorie erst in der Mitte des 18. Jahrhunderts vollständig nach China vor. Sie stand, wie einige chinesische Gelehrte bald bemerkten, im Widerspruch zu früheren Darstellungen der Jesuiten. Daher stieß die Theorie bei vielen Chinesen auf Mißtrauen. Dies mißdeuteten wiederum europäische Beobachter als grundsätzliche chinesische Ablehnung des westlichen Fortschritts[46].

---

44 Dai Yi, Qianlong di jiqi shidai, S. 427.
45 Waley-Cohen, China and Western Technology, S. 1534.
46 Ebd., S. 1535.

26

An der Spitze der Beamten, die Interesse an den westlichen Erfindungen zeigten, stand A Gui (1717–1797)[47], der Oberkommandierende des Zweiten Goldstrom-Feldzuges, dem der Jesuit da Rocha dank seines waffentechnischen Wissens zu einem siegreichen Ausgang der Militäraktion verholfen hatte. A Gui stammte aus einem der acht Banner und erhielt als ausgezeichneter Beamter und General hohe Posten in der Qing-Bürokratie. Seit 1780 gehörte er zu den ständigen Mitgliedern des Staatsrats (*junji chu*), des mächtigsten Staatsorgans im Qing-Reich, das direkt dem Kaiser unterstand[48]. Während der letzten Jahre seiner Amtszeit hielt sich A Gui hauptsächlich in der Hauptstadt auf und vertrat den Kaiser während dessen Abwesenheit. In der Hofgesellschaft der Qianlong-Regierung bedeutete die Haltung eines Beamten gegenüber der Frage, wie man die Europäer behandeln sollte, zugleich eine innenpolitische Stellungnahme im Machtkampf der Cliquen um die Gunst des Kaisers. A Gui galt als führender Kopf der dem Westen und seiner Technologie gegenüber offenen, gesprächsbereiten Gruppe. An der Spitze der konservativen, von einer tiefen Abneigung gegenüber den Europäern erfüllten Faktion stand He Shen (1745–99), der intrigante Günstling Qianlongs[49]. He Shen versuchte mit allen Mitteln, A Gui, den mutmaßlichen Fürsprecher der Ausländer, vom Kaiser fernzuhalten[50].

---

47 Zur Biographie A Guis vgl. Qingshi liezhuan (Biographien der Qing-Zeit), Bd. 7, S. 1949–1965; Qingdai qibai minren zhuan (700 Biographien berühmter Persönlichkeiten der Quing-Zeit), Bd. 2, S. 1315–1324.

48 Beatrice BARTLETT, Monarchs and Ministers. The Great Council in Mid-Ch'ing China, 1723–1870, Berkeley/Los Angeles/London 1991; Pierre-Henri DURAND, Language bureaucratique et histoire: Variations autour du Grand Conseil et l'ambassade Macartney, in: Études chinoises 1 (1993), S. 48–52.

49 Zur Biographie He Shens vgl. Qingshi liezhuan, Bd. 8, S. 2693–2705; Qingdai qibai minren zhuan, Bd. 1, S. 226–233.

50 GUO Chengkang/CHENG Chongde (Hgg.), Qianlong huangdi quanzhuan, S. 153–75. Über He Shens Rolle in den letzten Jahren der Qianlong-Regierung vgl. David S. NIVISON, Ho-Shen and his Accusers. Ideology and Political Behavior in the Eighteenth Century, in: ders./Arthur F. WRIGHT (Hgg.), Confucianism in Action, Stanford, Cal. 1959, S. 209–243.

Beim greisen Kaiser konnte He Shen mit seiner Einschätzung durchaus Gehör finden, da das mandschurische Kaiserhaus von einem tiefen Mißtrauen gegenüber jeglichen Kontakten seiner chinesischen Untertanen mit anderen Völkern erfüllt war. Je stärker chinesische Gelehrte und Beamte ihr Interesse am Westen zeigten, desto mehr wuchs die Furcht der Mandschu-Elite vor einer möglichen Verschwörung der hanchinesischen Bevölkerungsmehrheit mit dem Ausland gegen die eigene Fremddynastie. Als verschwindende ethnische Minderheit fühlte sie sich ständig in der Gefahr, die Kontrolle über ihr Vielvölkerreich zu verlieren. Folglich konnten sich innenpolitische Zwänge negativ auf die Haltung des Qing-Kaisers gegenüber ausländischen Kontaktbemühungen auswirken. Mit dem »Primat der Innenpolitik« waren bereits die vier früheren Gesandtschaften von Holländern und Portugiesen zwischen 1666 und 1687 konfrontiert worden[51]. Dies galt ebenso noch im 18. Jahrhundert. Hinzu kam, daß in China im Gegensatz zu den europäischen Staaten keine personelle Trennung zwischen den beiden Politikbereichen existierte. In der kaiserlichen Bürokratie gab es keine Experten für die Außenpolitik; der Kaiser ernannte nach eigenem Ermessen einzelne hohe Beamte in seinem Umkreis, die ad hoc mit der Betreuung einer Mission und der Verhandlungsführung mit ihrem Gesandten beauftragt wurden. Der Verlauf eines Gesandtschaftsbesuches in China wurde folglich von einem Bündel von Faktoren chinesischer Politik mitbestimmt, die sich dem Einfluß des ausländischen Gesprächspartners entzogen und ihm sogar größtenteils verborgen blieben.

Britische Weltpolitik im Zeichen der Revolutionskriege

Auch die britische Haltung in der Begegnung zwischen China und Großbritannien im Jahre 1793 wird vor dem Hintergrund

---

51 WILLS, Embassies and Illusions, S. 171.

der eigenen Entwicklung verständlicher. Ähnlich wie die Qing-Dynastie erwarb sich Großbritannien in dieser Epoche ein neuartiges Imperium. Der Zerfall der Mogulherrschaft in Indien und der amerikanische Unabhängigkeitskrieg schufen dafür die äußeren Möglichkeiten und Zwänge. Der Motor der britischen Expansion auf dem asiatischen Kontinent war die 1600 für den Überseehandel mit und in Asien geschaffene East India Company[52]. Mit Handelsniederlassungen in Kalkutta, Madras und Bombay war sie am Ende des 17. Jahrhunderts bereits fest auf dem indischen Subkontinent etabliert. Es hatte zwar wiederholt gewaltsame Auseinandersetzungen mit portugiesischen und holländischen Handelskonkurrenten gegeben, ein wirklicher Rivale trat jedoch erst zu Beginn des 18. Jahrhunderts in Gestalt der Franzosen in Erscheinung. Dabei wurde auch Indien in den Konflikt der europäischen Merkantilstaaten hineingezogen. In den beiden großen innereuropäischen Kriegen des 18. Jahrhunderts, im Österreichischen Erbfolgekrieg (1740–1748) und im Siebenjährigen Krieg (1756–1763), befanden sich Großbritannien und Frankreich in feindlichen Lagern und dehnten ihre Auseinandersetzungen auf asiatische Schauplätze aus. Während des Siebenjährigen Krieges konnten die Briten dramatische Erfolge vorweisen. Ihnen gelang die Eroberung Kanadas, sie vertrieben die Franzosen aus Indien, Westafrika und ihren westindischen Besitzungen, nahmen den Spaniern Manila und Havanna ab und zerstörten die Flotten ihrer europäischen Rivalen. In Südostindien wurden von 1744 an auch einheimische Herrscher in den britisch-französischen Antagonismus verwickelt. Indische Söldner dienten bei den europäischen Truppen, die wiederum den indischen Machthabern die Überlegenheit der europäischen Kriegführung klar vor Augen führten. 1761 verloren die Franzosen schließlich den Machtkampf in Südasien.

Die East India Company entwickelte sich im Zuge der erfolgreichen britischen Expansion zur Territorialmacht und er-

---

52 Vgl. Philip LAWSON, The East India Company. A History, Harlow 1993.

langte 1764 die Alleinherrschaft über Bengalen[53]. Trotz der Überlegenheit ihrer Kriegführung wurden die Briten bis 1792 in zahlreiche Kriege mit den verbliebenen indischen Staaten verstrickt. Sie reagierten widersprüchlich. Einerseits versuchten sie durch Bündnisse und durch den Aufbau indirekter Kontrollstrukturen militärische Auseinandersetzungen zu vermeiden; andererseits schalteten sie sich aggressiv in innere Angelegenheiten indischer Nachbarstaaten ein. Ein wichtiger Faktor britischer Sicherheitspolitik in Indien blieb auch die Gefahr einer erneuten französischen Intervention. Welche Meinung die Oberhand gewann, hing nicht zuletzt vom jeweiligen britischen Generalgouverneur von Britisch-Indien ab. Als unlösbar erwies sich außerdem das Problem, daß die Verteidigungskosten die Einnahmen aus den indischen Besitzungen überstiegen. Die Company befand sich in einer sehr angespannten Finanzlage. In den siebziger Jahren des 18. Jahrhunderts drohte ihr der Bankrott. Kritiker in der englischen Regierung forderten daher eine direkte staatliche Kontrolle der Indienpolitik. Zu ihnen gehörte der Nationalökonom Adam Smith, dessen Freihandelslehre in den achtziger Jahren des 18. Jahrhunderts in Großbritannien zunehmende Verbreitung fand. Noch konnten sich die Repräsentanten der Company aufgrund ihres Einflusses in Regierung und Gesellschaft gegen die von privaten Kaufleuten unterstützten Freihandelsanhänger durchsetzen. Ein Kompromiß von 1784 sah vor, daß die britischen Besitzungen in Indien nunmehr von Regierung und Company gemeinsam verwaltet werden sollten. Dadurch wurde die Indienpolitik zukünftig den weltweiten strategischen Überlegungen der Regierung unterworfen. Als im April 1793 erneut in Parlament und Regierung über eine Verlängerung der königlichen Charta für die Company diskutiert wurde, zeigte sich, daß die Vertreter des Freihandels inzwischen an

---

53 Zur Ausbreitung der politisch-militärischen Macht der East India Company in Indien vgl. Michael H. Fisher (Hg.), The Policies of the British Annexation of India, 1757–1857, New Delhi 1994.

Einfluß gewonnen hatten. Sie wurden nun auch von Industriellen unterstützt, die Britisch-Indien als Absatzmarkt nutzen wollten. Wieder kam ein Kompromiß zustande, welcher der Company zwar für eine jährliche finanzielle Gegenleistung ihr Handelsmonopol bestätigte, aber erstmals einen im Umfang beschränkten Freihandel in Indien zuließ. Damit stand die East India Company unter starkem Profitdruck, der sie zwang, kostenreiche Expansionskriege in Zukunft zu meiden und sich auf die Erhöhung ihrer Handelsleistungen zu konzentrieren.

Als einflußreichster Vertreter der Regierung in der Indienpolitik dieser Zeit galt Henry Dundas (1742–1811), der Führer der schottischen Tories und Minister für Schottland. Er wirkte seit 1784 maßgeblich im Board of Control der East India Company mit, dessen Präsident er 1792 wurde. Indem Dundas auf die lukrativen Positionen in Indien vor allem Schotten setzte, baute er sich ein eigenes Patronagenetz auf[54]. 1791 übernahm er außerdem das Innenministerium, das auch für die Kolonien verantwortlich war. Angesichts einer solchen Machtfülle in den Händen eines Regierungsmitglieds lag es nahe, daß in der Überseepolitik unter Dundas' Einfluß größeres Gewicht auf globalstrategische Überlegungen als auf partikulare Handelsinteressen gelegt wurde. Hinzu kam, daß der Verlust der wichtigsten nordamerikanischen Kolonien im Jahre 1783 den asiatischen Kontinent um so mehr in den Vordergrund eines globalstrategischen Denkens rücken ließ, welches die britische Politik seit dem Erringen der weltweiten Seeherrschaft im Siebenjährigen Krieg bestimmte.

Unterstützt wurden expansionistische Politiker wie Dundas auch von der britischen Öffentlichkeit. Die politische Macht lag in Großbritannien beim großgrundbesitzenden Hochadel, der beide Kammern des Parlaments beherrschte und daher Einfluß auf die Zusammensetzung der Regierung hatte. Eini-

---

54 Linda COLLEY, Britons. Forging the Nation 1707–1837, London 1992, S. 128.

gen wohlhabenden Kaufleuten, die im Ost- und Westindien-geschäft aktiv waren, gelang der Aufstieg in die Oberschicht. Kolonialwaren – vor allem Tee und Zucker – hatten einerseits im Verlauf des 18. Jahrhunderts auch den Zugang zur breiten Bevölkerung gefunden[55], andererseits erwies sich der Über-seehandel indirekt ebenso als finanzielle Stütze der britischen Oligarchie. Ob zum Mittel direkter kolonialer Intervention ge-griffen werden sollte, darüber gingen die Meinungen aller-dings auseinander. Eine dezidiert imperialistische Haltung fand sich unter den Kolonialbeamten in Britisch-Indien, für die militärische Erfolge mit persönlichen Aufstiegschancen ver-knüpft waren[56].

Letztlich wurden die Entscheidungen über die Expansion auf dem indischen Subkontinent auch von den Kriegsereig-nissen in Europa beeinflußt, in die Großbritannien zu Beginn des Jahres 1793 eingriff. Der Krieg eskalierte zum weltweiten Konflikt, in dem die Expansion in Übersee ebenso zum Vor-gehen der Briten gegen Frankreich gehörte wie eine Koaliti-onsstrategie in Europa. Henry Dundas, der seit 1794 das Amt des Kriegsministers innehatte, definierte die britisch-franzö-sische Feindschaft als einen Kampf globalen Ausmaßes und bezog in seine strategischen Pläne Amerika und Ostasien ein.

Es war nur eine Frage der Zeit, wann es zwischen Groß-britannien und China, der führenden ostasiatischen Groß-macht, zu ersten Annäherungen und eventuell zu Konflikten kommen würde. Die im 18. Jahrhundert noch gültige Auftei-lung der Welt in eigenständige Zivilisationen zeigte erste Ris-se. Die Briten hatten sich mit der Eroberung Bengalens einen Zugang nach Nepal geschaffen, dessen Gorkha-Herrscher 1788 und 1791 in das unter qing-kaiserlicher Oberherrschaft ste-hende Tibet einfielen und den Qianlong-Kaiser zu kostspieli-gen Militärexpeditionen veranlaßten. Fu Kang'an (1750–1796),

---

55 Ebd., S. 69.
56 Vgl. Stig FÖRSTER, Die mächtigen Diener der East India Company. Ur-sachen und Hintergründe der britischen Expansionspolitik in Südasi-en 1793–1819, Stuttgart 1992.

der kaiserliche Oberbefehlshaber im Zweiten Gorkha-Krieg, warf den Briten vor, die nepalesische Invasion unterstützt zu haben, um sich über Tibet – und damit unter Umgehung des maritimen Canton-Systems – einen Zugang zum chinesischen Markt zu verschaffen[57]. Tatsächlich hatten die Briten bereits zweimal versucht, durch Gesandtschaften von Britisch-Indien aus Gespräche mit der Regierung in Lhasa aufzunehmen, um Handelskontakte mit den Tibetern und auf dem Wege über Tibet auch mit dem Qing-Reich aufzubauen. Aber sowohl George Bogle (1746–1781), der 1774 den 6. Panchen Lama aufsuchte, als auch Samuel Turner (1749–1802), der 1783 den Sitz des 7. Panchen Lama in Südwesttibet erreichte, wurde die Weiterreise nach Lhasa untersagt[58]. Sie kehrten mit eindrucksvollen Reiseberichten, aber ohne praktische politische Resultate nach Bengalen zurück[59]. Die Tibeter begründeten ihre abweisende Haltung mit dem Druck der Qing-Regierung, die ihnen jeglichen Umgang mit Ausländern untersagte[60]. Die ersten Kontakte an den geographischen Berührungspunkten der beiden Imperien erwiesen sich somit noch als äußerst schwierig.

---

57 Tatsächlich baten die Gorkha den britischen Generalgouverneur von Bengalen um Truppenhilfe. Dieser beschränkte sich auf die Entsendung eines Vermittlers, der jedoch von den Gorkha abgelehnt wurde. Vgl. dazu Ludwig F. STILLER, S.J., The Rise of the House of Gorkha. A Study in the Unification of Nepal 1768–1816, Kathmandu 1973, S. 214–15 f. Siehe auch Schuyler CAMMANN, Trade through the Himalayas. The Early British Attempts to Open Tibet, Princeton,NJ. 1951, S. 102–43; Alastair LAMB, Tibet in Anglo-Chinese Relations: 1767–1842, in: Journal of the Royal Asiatic Society (Dec. 1957/April 1958), S. 161 ff.

58 Sabine DABRINGHAUS, Das Qing-Imperium als Vision und Wirklichkeit. Tibet in Laufbahn und Schriften des Song Yun (1752–1835), Stuttgart 1994, S. 105–119.

59 Clements R. MARKHAM (Hg.), Narratives of the Mission of George Bogle to Tibet and of the Journey of Thomas Manning to Lhasa, 2nd ed., London 1879; Samuel TURNER, An Account of an Embassy to the Court of the Teshoo Lama in Tibet. Containing a Narrative of a Journey through Bootan, and Part of Tibet, London 1800.

60 TURNER, An Account of an Embassy, S. 253 f.

Während des 18. Jahrhunderts vollzog sich in Großbritannien ein Wandel des Chinabildes. Ein erster Schritt hin zur Universalisierung okzidentaler Kulturwerte zeichnete sich mit dem Umdenken im europäischen Verhältnis zur chinesischen Kultur ab. Die europäischen Vorstellungen über die Chinesen waren im 18. Jahrhundert von den Darstellungen der Jesuiten am Qing-Hof geprägt worden[61]. Aus taktischen Gründen war den Jesuiten an der Übermittlung eines möglichst positiven Bildes des chinesischen Reiches gelegen. Sie schufen mit ihren Berichten über die chinesische Staatsdoktrin des Konfuzianismus und deren Realisierung in den Vorstellungen vieler Europäer das Bild eines rationalen Herrschaftssystems, das auf der Kenntnis der »natürlichen Ordnung« basierte und von einem aufgeklärten Monarchen geleitet wurde. Die chinesische Bevölkerung beschrieben die Jesuiten als gehorsam und von einer harmoniestiftenden Sozialverfassung zusammengehalten, die auf dem Respekt vor Alter und Autorität beruhe. Von der Landwirtschaft gewann der europäische Leser den Eindruck hoher Produktivität. Die Leistungsfähigkeit des chinesischen Handwerks bewiesen die nach Europa exportierten Porzellan- und Seidenwaren[62].

In Anlehnung an die Berichte der Jesuiten und unter dem Eindruck der in Europa verbreiteten chinesischen Produkte entwickelte sich während der ersten Hälfte des 18. Jahrhun-

---

61 Vgl. über die Grundlagen dieses Chinabildes im 17. Jahrhundert Donald F. /Edwin J. VAN KLEY, Asia in the Making of Europe, Bd. 3, Teilbd. 4, Chicago/London 1993, S. 1663–1753. Vgl. als Überblick Raymond DAWSON, The Chinese Chameleon. An Analysis of European Conceptions of Chinese Civilization, London 1967, S. 35–64; Walter DEMEL, Abundantia, Sapientia, Decadencia. Zum Wandel des Chinabildes vom 16. bis zum 18. Jahrhundert, in: Urs BITTERLI/Eberhard SCHMITT (Hgg.): Die Kenntnis beider »Indien« im frühneuzeitlichen Europa, München 1991, S. 129–153.
62 Peter J. MARSHALL, Britain and China in the Late Eighteenth Century, in: Robert A. BICKERS (Hg.), Ritual and Diplomacy: The Macartney Mission to China 1792–1794, London 1993, S. 12.

derts ein neuartiger Dekorationsstil: die Chinoiserie[63]. Sie bestand zunächst aus Kopien, später aus Phantasieschöpfungen, mit denen Möbel, Tapeten, Textilien, Porzellan und Bauplastik geschmückt wurden. Es entstanden weiträumig, mannigfaltig und unsymmetrisch gestaltete »englisch-chinesische Landschaftsgärten« mit Pagoden, Brückchen, Pavillons, Grotten, Badehäusern, Fischerhütten, Einsiedeleien und ähnlichen orientalisierenden Zutaten. Mit Werken wie David Fassmanns »Der, auf Ordre und Kosten seines Käysers, reisende Chineser« (Leipzig 1721–1731) oder Albrecht von Hallers »Usong, eine morgenländische Geschichte« (Karlsruhe 1778) drang die Chinoiserie bis in die Literatur vor[64]. Diese Begeisterung für China in der Epoche der Chinoiserie ging auf eine spezifisch europäische Interpretation der chinesischen Kunst und des chinesischen Kunsthandwerks zurück. Sie entwickelte sich als eine Folgeerscheinung von Formen der europäischen Kunst und des europäischen Denkens und stellte keineswegs eine reine Imitation des chinesischen Stils dar[65].

Die China-Begeisterung[66] schwand mit dem Niedergang der Jesuitenmission, der die Glaubwürdigkeit der jesuitischen Autoren zu erschüttern schien. Die kritische Haltung übertrug sich unmittelbar auf die englische Literatur. Beispiele hierfür finden sich bei Oliver Goldsmith, Samuel Johnson oder Thomas Percy[67]. Im künstlerischen Bereich schien mit dem Übergang vom Rokoko zum Neo-Klassizismus für die chinesischen Formen kein Platz mehr zu sein. Im politischen Denken verdrängten die Ideale des Fortschritts die Wertschätzung von Sta-

---

63 Als Überblick über die Chinoiserie in der Kunst vgl. Madeleine JARRY, Chinoiserie: Chinese Influence on European Decorative Art, 17th and 18th Centuries, New York 1981.
64 WALRAVENS, China Illustrata, S. 271–279.
65 Nigel CAMERON, Barbarians and Mandarins. Thirteen Centuries of Western Travelers in China, New York/Tokyo 1970, S. 292 f.
66 Vgl. dazu das klassische Werk William W. APPELTON, A Cycle of Cathay. The Chinese Vogue in England during the 17th and 18th Centuries, New York 1951.
67 MARSHALL, Britain and China, S. 13.

bilität und Ordnung, wie sie die Jesuiten dem Qing-Staat zugeschrieben hatten. Waren die Visionen vom aufgeklärten chinesischen Despoten zu Beginn des 18. Jahrhunderts noch als kritische Gegenbilder zu europäischen Monarchen attraktiv gewesen, so verloren sie nun ihre Bedeutung. Vor dem Hintergrund einer expansiven Imperialpolitik entwickelte sich vor allem in Großbritannien ein neues nationales Selbstbewußtsein. Die Überlegenheit der Briten gegenüber den Völkern in Übersee erschien in dieser Atmosphäre als eine Selbstverständlichkeit[68]. Spätestens seit seinen großen militärischen Erfolgen im Siebenjährigen Krieg fühlte sich Großbritannien als die stärkste Expansionsmacht der Erde[69].

Von entscheidendem Einfluß auf das Chinabild der britischen Reisenden des späten 18. Jahrhunderts waren die Veränderungen im europäischen wissenschaftlichen Denken, das den Fortschritt in den Mittelpunkt seines Strebens stellte. Es galt, das Wissen über die natürliche und die menschliche Welt zu vermehren. Den westlichen Fortschritt sah man bestätigt in der enormen Steigerung des Warenangebots, in der Ablösung menschlicher Arbeitskraft durch technische Apparate und in dem Reichtum, der dank eines europazentrierten Welthandelssystems nach Europa strömte. Der neue Fortschritt sollte die Dominanz von Kirche, Ritual und Zeremonien, von Aberglaube und Magie sowie von alten Gewohnheiten und Gebräuchen beseitigen. Die europäischen Forschungsreisenden machten es sich nunmehr zur Aufgabe, möglichst viele Daten über fremde Gesellschaften zu sammeln, um diese dann in ein Evolutionsmodell des zivilisatorischen Fortschritts einordnen zu können. Rückständigkeit und Fortschritt entwickelten sich zu den großen Antonymen im Denken des späten 18. und frühen 19. Jahrhunderts. Man betonte zwar die Objektivität als wichtiges Kriterium der Beobachtung und Darstellung, tatsächlich begegnete man den außereuropäischen Kulturen jedoch mit Vorurteilen. Wenn die eigene Gesellschaft der Maß-

---

68 Ebd., S. 14.
69 COLLEY, Britons, S. 101.

stab für die zivilisatorische Fortschrittlichkeit darstellte, konnten andere Völker – zumal außereuropäische – nur ein niedrigeres Niveau erreichen.

In Großbritannien erfolgte die Kritik an chinesischen Verhältnissen entweder auf satirische Weise oder in direktem Angriff. Die Chinoiserie wurde nun als Modeerscheinung abgetan, die ohnehin nur Neureiche und Frauen begeistert habe. Dazu muß man wissen, daß die aristokratische Oberschicht den im Überseehandel zu Wohlstand gekommenen »Neureichen« ablehnend gegenüberstand und ihnen Korruption und Luxussucht vorwarf. Frauen traute man ohnehin keine ästhetische Urteilsfähigkeit zu. Die in den Zeitschriften »The Connoisseur« und »The Gentleman's Magazine« geäußerte Kritik an der Chinoiserie weitete sich auf China allgemein aus[70]. Es kam zu einer »Feminisierung« des chinesischen Menschen. Der Chinese wurde mit negativen weiblichen Attributen der Epoche ausgestattet. Er galt als schwach, eifersüchtig, irrational, launisch und tyrannisch. China wandelte sich vom positiven Gegenentwurf des frühen 18. Jahrhunderts zum vollkommen negativen Gegenbild eines mit maskulinen Attributen versehenen Großbritannien[71]. Kein anderes asiatisches Land erfuhr in der britischen Öffentlichkeit des späten 18. Jahrhunderts eine so drastische Umwertung wie China[72].

Das Umdenken im Verhältnis zu den asiatischen Kulturen ging mit innerbritischen Mentalitätsveränderungen einher. Großbritannien war 1707 mit dem Act of Union zwischen England, Schottland und Wales politisch entstanden und damit im Grunde erst »erfunden« worden. Eine innere Einheit mußte erst noch geschaffen, die regionalen Nationalismen mußten

---

70 James L. Hevia, Oriental Customs and Ideas. Considerations on the Planning and Execution of the First British Embassy to China. Paper Prepared for the International Conference Commemorating the 200th Anniversary of the British Embassy of 1793, Chengde 1993, S. 14 f.
71 Ebd., S. 20.
72 Vgl. Peter J. Marshall/Glyndwr Williams, The Great Map of Mankind. British Perceptions of the World in the Age of Enlightenment, London 1982, S. 169.

überwunden werden. Die vielen Kriege des 18. Jahrhunderts
in Europa und Übersee boten dazu ebenso Gelegenheiten wie
der Protestantismus, der die Britannier gegen die katholischen
Staaten auf dem europäischen Festland verband[73]. Gegen Ende des 18. Jahrhunderts führten Bauernunruhen in Irland, eine Radikalisierung der städtischen Unterschichten in England
und die grenzenlose Furcht vor dem französischen Republi-
kanismus zu einer nationalistischen Strömung, welche die Bedeutung des Staates hervorhob. Die landbesitzende Oberschicht demonstrierte neues Selbstbewußtsein in ihrer Rolle
als Beschützerin von Krone, Kirche und (ungeschriebener)
Verfassung. Posten im militärischen und kolonialen Bereich
boten Chancen für ihr Engagement. Dieser um den Staat besorgte Nationalismus der britischen Oberschicht machte sich
auch in den Überseegebieten bemerkbar. In der Konfrontati-
on mit fremden Kulturen fanden die im Kolonialdienst anein-
ander gebundenen Engländer, Iren und Schotten zu einem britischen Nationalgefühl zusammen. Christentum (Protestantismus), kommerzieller Erfolg und imperiale Eroberung gehörten zu den wesentlichen Elementen des neuen Nationalismus[74]. Kritische Stimmen sahen gerade darin seine
Schwächen, da die Konzentration auf kolonialen Besitz, Überseehandel und die Kriege gegen das »päpstliche« Frankreich
innenpolitisch zur Vernachlässigung des Wohls der jungen Gemeinschaft der Engländer, Schotten und Waliser zu führen
schien[75]. Der Union der Briten fiel es offensichtlich leichter,
ihre Einheit in Übersee zu demonstrieren, als eine gemeinsa-
me Identität in der Heimat zu schaffen.

Der nach außen gewandte Nationalismus paßte zu einer
weiteren, seit der Jahrhundertmitte sich verbreitenden geistigen Strömung in Europa: dem Rassismus. Quasi-biologische
Theorien, Erklärungen über klimatische Unterschiede und die

---

73 COLLEY, Britons, S. 18–54.
74 C. A. BAYLY, Imperial Meridian. The British Empire and the World,
   1780–1890, London 1989, S. 107.
75 COLLEY, Britons, S. 395.

Lehre einer stufenweisen Entwicklung der Menschheit führten zu der Überzeugung vieler Briten, daß sie zu den »herrschenden Rassen« der Erde gehörten[76].

In den entstehenden orientalistischen Wissenschaften beschäftigten sich die oftmals langjährige Erfahrungen im Kolonialdienst aufweisenden Gelehrten lieber mit den klassischen Sprachen und den alten Texten der orientalischen Kulturen als mit der Gegenwart. So widmete sich der weltoffene Orientalist Sir William Jones (1746–1794), der seit 1783 als Richter am Obersten Gericht Britisch-Indiens in Kalkutta tätig war,[77] als Mitbegründer der europäischen Sanskritforschung vor allem der vergangenen indischen Kultur. Er gab sich vollkommen der Untersuchung alter indischer Sprachen hin und kam zu der Erkenntnis, daß die klassischen Sprachen Sanskrit, Griechisch, Latein, Gotisch und Keltisch verwandt sein müßten. Außer mit Nachfahren berühmter indischer Gelehrter, mit denen er über Sanskrit diskutieren konnte, mied Jones hingegen den Umgang mit seinen indischen Zeitgenossen[78]. Aus der Sicht eines Gelehrten des späten 18. Jahrhunderts war es kein Widerspruch, daß Jones einerseits ein allen Europäern überlegenes Verständnis der Inder als erklärtes Ziel seiner Forschungsarbeit angab[79], andererseits Indern bis 1829 der Zutritt in der von ihm ins Leben gerufenen Asiatic Society of Bengal versagt blieb[80]. Auch in Reiseberichten des späten 18. Jahrhunderts wird diese Haltung deutlich. So sehr viele europäische Beobachter die Tradition der fremden Kulturen bewunderten, so kritisch standen sie dem beobachteten Leben dieser Völker gegenüber[81].

---

76 Bayly, Imperial Meridian, S. 109, 147.
77 Garland H. Cannon, The Life and Mind of Oriental Jones. Sir William Jones, the Father of Modern Linguistics, Cambridge 1990, S. 225.
78 Garland H. Cannon (Hg.), Letters of Sir William Jones, Oxford 1970, Bd. 2, S. 148.
79 Cannon, The Life and Mind, S. 272 f.
80 Ebd., S. 320.
81 Man betrachtet eine solche Haltung heute als ein wesentliches Merkmal von »Orientalismus«.

Eine dritte wichtige Strömung neben dem Nationalismus und dem Rassismus/Orientalismus erfaßte Großbritannien unter dem Schock der Revolutionen: der Royalismus. So fand der lange Zeit unbeliebte hannoveranische König Georg III. nun eine positive Resonanz in der britischen Öffentlichkeit. »God Save the King« erklang wieder häufiger bei Theatervorstellungen. Selbst die Karikaturisten gaben sich dem König gegenüber freundlicher[82]. Hofrituale gewannen wieder an Bedeutung. Die Krone war zum symbolischen Zentrum der Nation geworden. Trotz ihrer Schwächen sah man in ihr die einzige einigende Kraft, welche das Königreich und das Imperium zusammenhalten konnte[83].

Vor dem Hintergrund der historischen Entwicklung in China und Großbritannien während des 18. Jahrhunderts wird deutlich, daß beim ersten Zusammentreffen eines britischen Gesandten mit dem chinesischen Kaiser beiderseits eine besondere Art »kultureller Produktion« stattfand[84]. Die innenpolitischen Einflüsse und wechselhaften Fremdbilder innerhalb beider Gesellschaften beeinflußten den Verlauf der Begegnung, die mit einem diplomatischen Fehlschlag und der Abweisung des kulturell Anderen endete.

Die Macartney-Mission: Vorgeschichte und Verlauf

Die ersten britischen Handelsschiffe nahmen im Jahre 1637 unter John Weddell Kontakt mit den Chinesen in Canton auf. In den darauffolgenden Jahrzehnten wurde der China-Handel aufgrund der Wirren des Dynastiewechsels unterbrochen. Erst 1684, als alle innenpolitischen Gegner der Qing-Dynastie ausgeschaltet worden waren, öffnete der Kangxi-Kaiser wieder die Handelshäfen. Die Holländer betrieben ihren China-Handel in Batavia mit chinesischen Kaufleuten, die dort in großer

---

82 COLLEY, Britons, S. 195–236.
83 BAYLY, Imperial Meridian, S. 110.
84 HEVIA, Oriental Customs and Ideas, S. 2.

Zahl vertreten waren. Die Periode zwischen 1685 und 1730 war eine Blütezeit des chinesischen Dschunkenhandels mit der holländischen Niederlassung. Die Briten hingegen zogen den direkten Handelsaustausch in chinesischen Hafenstädten vor, der nach 1699 zur ständigen Einrichtung wurde. Ihre Handelsschiffe liefen zunächst Canton, Amoy (Xiamen) und Ningbo (genauer: Tinghai auf der Ningbo vorgelagerten Insel Zhoushan) an. Nach 1705 beschränkten sich die britischen Kaufleute auf Canton, das die besten Handelsbedingungen zu bieten schien. Ihre chinesischen Handelspartner aus Amoy und Ningbo folgten ihnen und hielten sich während der Handelssaison von Oktober bis März in Canton auf, um sich den Rest des Jahres dann wieder zu ihren Familien in den Provinzen Fujian und Zhejiang zurückzuziehen[85]. Im Verlauf der vierziger Jahre des 18. Jahrhunderts führte die Verflechtung zwischen den Hong-Kaufleuten und den örtlichen Beamten Cantons jedoch zu einer Monopolisierung des chinesischen Außenhandels durch sechs Handelshäuser. In der Folgezeit kam es immer häufiger zu Spannungen mit den britischen Handelspartnern, die 1755 drohten, ihre Schiffe nach Ningbo abzuziehen. 1759 wurde den chinesischen Händlern und Beamten durch das kaiserliche Handelsverbot für alle Häfen außer Canton der Rücken gestärkt[86]. Der maritime Außenhandel blieb nun endgültig auf diese einzige Hafenstadt beschränkt.

Zum wichtigsten Gut im britisch-chinesischen Handel entwickelte sich im 18. Jahrhundert der Tee. Seine Ausfuhr übertraf nach 1717 bereits den chinesischen Seidenexport[87]. Der

85 W.E. CHEONG, The Age of Suqua, 1720–1759. The Early Hong Merchants, in: Karl Reinhold HAELLQUIST (Hg.), Asian Trade Routes: Continental and Maritime, London 1991, S. 217–230.

86 Ebd., S. 227 f.

87 XIAO Zhizhi/XU Fangping, Zhong Ying zaoqi chaye maoyi [Der frühe Teehandel zwischen China und Großbritannien], in: Lishi Yanjiu [Geschichtsforschungen] 1994/3, S. 138 f.; vgl. umfassend Robert GARDELLA, Harvesting Mountains. Fujian and the China Tea Trade, 1757–1937, Berkeley/Los Angeles/London 1994, S. 33 ff.

Tee-Export aus China, der in der Regel ohne größere Probleme abgewickelt wurde, da die Verbindung zwischen den Produktionsgebieten und den Hongs von Canton in den Händen effizienter einheimischer Kaufmannsorganisationen lag, stieg außerordentlich an, nachdem die britische Regierung 1784 die Importzölle auf Tee drastisch gesenkt hatte. Dabei versorgte die East India Company nicht allein den britischen Markt. Sie bestritt während der achtziger Jahre des 18. Jahrhunderts die Hälfte des Teehandels mit China und konnte in den frühen neunziger Jahren ihre europäischen Konkurrenten um ein Vielfaches übertreffen. Die Ausdehnung des Teehandels verschärfte aber das alte Problem der positiven chinesischen Handelsbilanz. Die Steigerung der britischen beziehungsweise britisch-indischen Exporte nach China wurde zu einer Frage des außenwirtschaftlichen Gleichgewichts. Die angeblichen oder tatsächlichen Schwierigkeiten des Zugangs zum chinesischen Absatzmarkt gewannen eine immer größere Bedeutung.

Zunehmend aggressiv reagierten die Vertreter des sog. »Country Trade« – die privaten Kaufleute, die den Handel zwischen Britisch-Indien und China besorgten[88]. Sie erwirkten 1779 und 1780 die Entsendung eines Kriegsschiffes der Königlichen Marine von Indien nach Canton, um Druck auf die Chinesen auszuüben. Ihr Unmut galt nicht nur den Schikanen der kaiserlichen Behörden in Canton, sondern auch der wachsenden Verschuldung ihrer offiziellen chinesischen Geschäftspartner, der Hong-Kaufleute. Die britischen Privathändler versuchten daher, den Handel an den Hongs vorbei direkt mit unlizenzierten chinesischen Kaufleuten zu betreiben. Wie die privaten Kaufleute vor Ort versprachen sich auch die Produzenten in Großbritannien von einem direkten Zugang zum chinesischen Markt eine Verbesserung der Handelsbedingungen im Vergleich zu dem von der East India Company und der Qing-Regierung monopolisierten Austausch[89].

---

88 OSTERHAMMEL, China und die Weltgesellschaft, S. 120 f.
89 MARSHALL, Britain and China, S. 20.

Unterstützung fanden die Befürworter eines freien Zugangs zum chinesischen Markt bei Henry Dundas. Er setzte sich für ein behutsames Vorgehen ein, das die Qing-Regierung möglichst nicht verärgerte, und hielt auch an der Dominanz der East India Company im China-Handel fest. Um so mehr trat er aber für einen direkten Dialog mit der Qing-Regierung in Peking ein. Die Entsendung einer königlichen Mission an den Hof zu Peking war die logische Schlußfolgerung dieser Haltung[90]. Nicht zuletzt hatte man in Großbritannien aus den Berichten britischer Kaufleute in Canton den Eindruck gewonnen, daß der Qianlong-Kaiser persönlich liberaler und den Ausländern gegenüber positiver eingestellt sei als seine Repräsentanten im Süden und vielleicht sogar keine Ahnung von der Willkür der Lokalbeamten habe. Man müsse ihm nur von den Repressalien in Canton berichten, um eine Verbesserung der Handelsgeschäfte mit China zu erreichen[91].

Offiziell sollte die Gesandtschaft als Gratulationsmission an den Qianlong-Kaiser gelten. Auch die früheren portugiesischen und holländischen Missionen hatten ihre Reisen nach China unter diesem Vorwand angetreten[92]. Um die schwierige Cantoner Atmosphäre zu meiden, sollte die britische Gesandtschaft direkt nach Nordchina segeln und den zu Peking nächstgelegenen Hafen aufsuchen. Als Rechtfertigung für die-

---

90 Vgl. die Instruktionen an Lord Macartney vom 8. September 1792, in: Hosca B. Morse (Hg.), Chronicles of the Gast India Company Trading to China, 1635–1834, 5 Bde., Oxford 1926–29), Bd. 2, S. 232–241.

91 Ebd., S. 234.

92 1727 war der Portugiese Alexandre Metello de Sousa e Menezes als Abgesandter des Königs an den Hof des Yongzheng-Kaisers gereist. Sein Landsmann Francisco de Assis Pacheco de Sampaio folgte im Sommer 1753. Er war der erste europäische Gesandte, der mit dem Qianlong-Kaiser zusammentraf und vom Kaiser mit außergewöhnlichen Gesten empfangen wurde. In der Sache blieb er ebenfalls erfolglos. Vgl. Wills, Embassies and Illusions, S. 182 f. Als Überblick über die zwölf europäischen Gesandtschaften, die zwischen 1655 und 1794 den Qing-Kaiser aufsuchten, vgl. Walter Demel, Als Fremde in China. Das Reich der Mitte im Spiegel frühneuzeitlicher europäischer Reiseberichte, München 1992, S. 83–150.

Abbildung 4: Lord Macartney nach einem Gemälde des britischen Hof-
malers Reynolds aus dem Jahre 1764

se ungewöhnliche Route dienten die Geschenke an den Kaiser, deren Größe und Empfindlichkeit einen längeren Transport zu Lande nicht ratsam erscheinen ließen. Da man mit den
Geschenken den Qianlong-Kaiser beeindrucken und sein Interesse für die neuesten britischen Erfindungen wecken wollte, wurden vor allem solche Produkte als Geschenke mitge-
führt. Folglich orientierte man sich bei der Auswahl der Geschenke überhaupt nicht am chinesischen Geschmack, son-

dern an ihrem hohen Nutzwert als zukünftige Handelswaren[93]. Zu den Vorzeigegütern der britischen Produktion gehörten Schwertklingen aus Sheffield, Töpferwaren aus Staffordshire sowie verschiedene Eisen- und Stahlerzeugnisse. Als Beispiele der neuesten Erfindungen führte man eine Taucherglocke, einen Luftballon, eine Luftpumpe und eine Apparatur zur Vorführung von elektrischen Experimenten mit. Hinzu kamen zwei Planetarien, verschiedene verzierte Uhren, zwei Leuchter, ein großes Objektiv, Vasen aus Staffordshire, Figuren von Josiah Wedgwood sowie ein Teleskop[94]. Der Gesamtwert der Geschenke belief sich auf die enorme Summe von 15.610 Pfund. Sie wurden in 600 Paketen verstaut, für die in China auf dem Landweg von Tianjin nach Peking 3000 Kulis, 90 Wagen, 40 Lastsänften und 200 Pferde bereitgestellt wurden. Die Finanzierung der Geschenke sollte durch die East India Company erfolgen, obwohl diese der Gesandtschaftsreise von Anfang an eher skeptisch gegenüberstand[95]. Die Company hatte sich nach dem mißglückten Versuch ihres Übersetzers James Flint, im Jahre 1759 an den Qing-Hof vorzudringen, mit dem Canton-System auf informellen Wegen arrangiert[96]. Ein Schei-

---

93 HEVIA, Oriental Customs and Ideas, S. 23 f.

94 J. L. CRANMER-BYNG, China 1792–1794, in: Peter ROEBUCK (Hg.), Macartney of Lisanoure, 1737–1806. Essays in Biography, Belfast 1983, S. 219.

95 WANG Tseng-tsai, The Macartney Mission. A Bicentennial Review, in: BICKERS (Hg.), Ritual and Diplomacy, 1993, S. 47.

96 Flint wagte 1755 zunächst den Vorstoß in die Hafenstadt Ningbo in Zhejiang. Zwei Jahre später erhielt er vom Provinzgouverneur den Befehl, die Stadt zu verlassen. Flint verließ Zhejiang jedoch nicht in Richtung Canton, sondern fuhr nach Tianjin weiter. Er wollte direkt zum Qing-Kaiser nach Peking vordringen. Flint mußte sich aber damit zufrieden geben, sein Gesuch durch einen örtlichen Beamten dem Kaiser zu übermitteln. Ohne eine Antwort aus Peking abzuwarten, kehrte er nach Canton zurück. Dort wurde er in den Palast des Generalgouverneurs bestellt und zu drei Jahren Gefangenschaft in Macau verurteilt. Danach wurde er für immer aus China verbannt. Sein chinesischer Begleiter Liu Yabian, der ihm bei der chinesischen Fassung seiner Petition geholfen hatte, wurde exekutiert. Vgl. dazu T. H. BARRETT, Singular Listlessness. A Short History of Chinese Books and British Scholars,

tern der königlichen Gesandtschaft würde dem Handel nur schaden, ihr Erfolg könnte hingegen die privilegierte Stellung der Company gefährden. Dundas hielt jedoch an seinem Vorhaben fest und übertrug die gesamte Ausführung der Company, die nun auch für die weiteren Folgekosten der Reise verantwortlich sein sollte[97]. 1787 wurde die Gesandtschaft schließlich unter der Leitung von Charles Allan Cathcart (1759–1788) auf den Weg nach China geschickt[98]. Cathcart starb jedoch noch vor Erreichen des Landes. Daraufhin übertrug Dundas 1791 die Aufgabe dem erfahrenen Diplomaten Lord Macartney (1737–1806).

George Macartney stammte von Schloß Lisanoure in Nordirland[99]. Sein Studium am Trinity College in Dublin beendete er 1759 mit dem Magister Artium. Schon in seinen jungen Jahren knüpfte er Kontakte zu den geistigen Größen seiner Epoche. In London befreundete er sich mit Edmund und William Burke. Während einer Reise durch Europa im Jahre 1760 traf Macartney in Genf mit Stephen Fox, dem Sohn des Whig-Politikers Lord Holland, sowie mit Voltaire zusammen. Nach seiner Rückkehr lernte er über Lord Holland auch Lord Sandwich kennen, einen weiteren späteren Gönner und Freund. Um 1764 entwarf der Maler des Königshauses, Sir Joshua Reynolds, ein Porträt von Macartney. Im gleichen Jahr sollte dieser durch Lord Hollands Einfluß ins Parlament eintreten. Er zog jedoch

---

London 1989, S. 54; Peyrefitte, L'empire immobile, S. 48 f.; Alain Peyrefitte, Un choc de Cultures: La Vision des Chinois, Paris 1991, S. LXXIX–LXXXII.

97 Wang Tseng-tsai, The Macartney Mission, S. 47.

98 Cathcart gehörte zu den Schotten im Patronagenetz Dundas. Der zweite Sohn des 9. Barons Cathcart stammte aus einer alten schottischen Familie. Sein Vater war 1768–1771 Botschafter in Rußland gewesen. Bereits in jungen Jahren wurde er General in der Bengalischen Armee. Vgl. J. L. Cranmer-Byng (Hg.), An Embassy to China, Being the Journal kept by Lord Macartney during his Embassy to the Emperor Ch'ienlung 1793–1794, London 1962, S. 16.

99 Peter Roebuck (Hg.), Macartney of Lisanoure 1737–1806. Essays in Biography, Belfast 1984; Cranmer-Byng (Hg.), An Embassy to China, S. 19–23.

die dank Lord Sandwich erfolgte Ernennung zum britischen Botschafter in Rußland vor. In St. Petersburg gelang Macartney der Abschluß eines Handelsvertrages mit Rußland; eine erhoffte politische Allianz mit Großbritannien scheiterte allerdings an der Ablehnung der britischen Regierung, im Gegenzug das Zarenreich gegen die Osmanen zu unterstützen[100]. 1767 kehrte Macartney nach London zurück und heiratete im darauffolgenden Jahr Lady Jane Stuart, die Tochter des Günstlings des Königs und Premierministers Lord Bute. Zwischen 1769 und 1772 bekleidete er das Amt des Chefsekretärs für Irland. Sein nächster Posten zog ihn wieder in die Ferne. 1775 wurde er zum Gouverneur von Grenada, den Grenadinen und Tobago ernannt. 1779 mußte sich Macartney den französischen Truppen ergeben und kam kurze Zeit nach Paris in Gefangenschaft[101].

Nach seiner Rückkehr nahm er in London Kontakt zu dem 1764 von Sir Joshua Reynolds gegründeten Literarischen Club auf. 1786 wurde Macartney in diese »intellektuelle Aristokratie« aufgenommen, zu deren Mitgliedern Persönlichkeiten der britischen Gesellschaft wie Dr. Samuel Johnson, der geistige Vater der Zeitschrift »The Gentleman's Magazine«, der politische Philosoph Edmund Burke, der Dichter und Dramaturg Oliver Goldsmith, der Orientalist Sir William Jones, der Präsident der Royal Society, Sir Joseph Banks, der Schauspieler David Garrick, der Historiker Edward Gibbon und der politische Ökonom Adam Smith gehörten. Auf den unterschiedlichen beruflichen Hintergrund der Mitglieder wurde besonderer Wert gelegt. Sie alle verband der Glauben an die Erfahrung und an die Untrennbarkeit von Rationalität und Moralität als wichtigen Bestandteilen der Wahrheitssuche. Macartney fand Zugang zu diesem elitären Kreis aufgrund seiner diplomatischen

---

100 Über seine Erfahrungen in Rußland schrieb Macartney nach seiner Rückkehr einen Bericht, »An Account of Russia«, den er 1768 privat verteilte. Vgl. F. W. REDDAWAY, Macartney in Russia, 1767–1767, in: Cambridge Historical Journal 3 (1931), S. 260–294.
101 CRANMER-BYNG, An Embassy to China, S. 17 ff.

Erfahrungen in Westindien, Rußland und später auch in Indien. Mit den anderen Clubmitgliedern verband ihn das Idealbild eines Gentleman, der sich für das Tagesgeschehen ebenso interessierte wie für den Fortschritt der Künste und der Wissenschaften, der sich für das Wohl des Gemeinwesens einsetzte und seine Loyalität gegenüber der Krone zeigte, aber gleichzeitig über jegliche Korruption erhaben war. Diese Rückbesinnung des Literarischen Clubs auf das Ideal des Gentleman läßt erahnen, daß es um diese Werte in der Realität der britischen Gesellschaft nicht gerade gut stand. Ähnlich wie im Qing-Staat wuchsen auch in Großbritannien in den letzten Jahrzehnten des 18. Jahrhunderts Cliquenwirtschaft und politische Korruption. Parlamentarische Sitze waren käuflich und gute Posten ohne Beziehungen unerreichbar. Auch Macartney wußte, wie er sich dem politischen Patronagesystem anpassen mußte, um seine eigene Karriere zu sichern, die 1780 mit der Ernennung zum Gouverneur von Madras fortgesetzt wurde[102]. Da das Machtverhältnis zwischen Madras und Kalkutta nicht eindeutig geklärt worden war, brachte ihn seine neue Stellung in Konkurrenz zu Warren Hastings, dem damaligen Generalgouverneur von Bengalen[103]. Macartney lehnte militärische Mittel in der Auseinandersetzung mit den indischen Fürsten ab und zog diplomatische Lösungen vor. Ein von seinem Sekretär George Staunton ausgehandelter Vertrag mit dem indischen Herrscher Tipu Sultan war Ausdruck dieser Prioritätensetzung, die von Hastings und der britischen Regierung nicht geteilt wurde. Die offizielle Annullierung seiner Vereinbarungen veranlaßte Macartney 1785 zum Rücktritt. Nach seiner Rückkehr zog er sich einige Jahre zurück und lebte teils in London, teils in Lisanoure. Seine Ernennung zum Leiter der China-Mission im Jahre 1791 brachte ihn wieder ins Rampenlicht der Öffentlichkeit.

Die Entscheidung Dundas' für Macartney kam nicht von ungefähr. Macartney zählte zu den erfahrensten Diplomaten sei-

---

102 Ebd., S. 20 f.
103 Keit FEILING, Warren Hastings, London 1966, S. 292–309.

ner Zeit. Er hatte in Rußland mit dem autokratischen Herrscher eines großen Imperiums verhandelt und in Indien den Umgang mit orientalischen Völkern und Potentaten gelernt. Darüber hinaus verfügte er in der britischen Regierung über die notwendigen politischen Freunde. Seine Biographen gestehen ihm zu, daß es Macartney bei seinem Karrieredrang nicht etwa um Reichtum und Macht ging, sondern um den Ruhm, einen erfolgreichen Dienst für den Staat geleistet zu haben. In gewissem Sinn glich Macartney darin seinen chinesischen Gesprächspartnern aus der kaiserlichen Beamtenwelt. Wie ein guter Qing-Beamter, dessen konfuzianisches Ideal des »Edlen« (*junzi*) an einen britischen Gentleman erinnert, widmete Macartney sein Leben dem Staatsdienst. Er hatte eine traditionelle klassische Erziehung genossen[104] und vertrat konventionelle Standpunkte und Lebensziele. Selbstverständlich verfügte er über Landbesitz, zeigte jedoch wenig Interesse für den Handel oder die gewerbliche Produktion. Macartneys negative Reaktionen auf die Französische Revolution offenbaren, daß seine oberste Sorge der Aufrechterhaltung von gesellschaftlicher Stabilität und staatlicher Ordnung galt[105]. All diese Qualitäten zeichneten ihn als geeigneten Repräsentanten des britischen Königs für eine Mission nach China aus.

Macartney hatte Dundas seine Zusage nur unter bestimmten Bedingungen gegeben. Er verlangte dasselbe Gehalt wie während seiner Tätigkeit in Madras, seine Ernennung zum irischen Grafen und eine freie Entscheidung über die Zusammenstellung der Gesandtschaft[106]. Zu Dundas' Zugeständnis-

---

104 Peter ROEBUCK, Early Years 1737–1764, in: ROEBUCK (Hg.), Macartney of Lisanoure, S. 7–10.
105 Peter J. MARSHALL, Britain and China in the Late Eighteenth Century, Paper Prepared for the International Conference Commemorating the 200th Anniversary of the British Embassy of 1793, Chengde 1993, S. 33.
106 Am 28. Juni 1792 wurde er zum Viscomte Macartney von Dervock in der Grafschaft Antrim ernannt. Vom 1. März 1794 an durfte er sich dann Earl Macartney nennen. Vgl. CRANMER-BYNG, China 1792–1794, S. 217 f.

Abbildung 5:
Selbstpoträt
William
Alexanders

sen an Macartney gehörte die Begleitung der Mission durch
ein großes Kriegsschiff, die »H.M.S. Lion« mit 64 Kanonen unter der Leitung von Kapitän Erasmus Gower. Sie sollte den Gesandten und einen Teil seiner Mannschaft befördern. Für die
Geschenke und die restlichen Mitglieder stand die »Hindostan«
zur Verfügung, eines der neuesten und größten Schiffe der East
India Company, das von Kapitän William Mackintosh kom-
mandiert wurde. Die drei Zweimaster »Jackall«, »Endeavour«
und »Clarence« dienten Fahrten in niedrigen Gewässern und
Landgängen. Die Gesamtzahl der von Macartney zusammen-
gestellten Gesandtschaft betrug 95 Personen. Sir George Leonard Staunton (1737–1801) begleitete Macartney – wie bereits
in Madras – als Sekretär und war gleichzeitig sein Stellvertreter. Ihm standen zwei Untersekretäre zur Seite. Sein Sohn

George Thomas Staunton (1781–1859) durfte die Gesandtschaft als Page begleiten. Ihm gelang es während der Hinreise, die chinesische Sprache so gut zu erlernen, daß er später
wichtige Übersetzungsdienste leisten konnte[107]. Für die Betreuung des jungen Staunton sollte weiterhin sein Tutor Johann Christian Hüttner zuständig sein.

Schwierig war es, Dolmetscher für den Gesandten zu finden. In Großbritannien gab es am Ende des 18. Jahrhunderts
noch niemanden, der dieser Aufgabe gewachsen war. Ein italienischer Sprachlehrer verwies Sir George Staunton auf das
Chinesische Kolleg in Neapel. Diese päpstliche Einrichtung
war 1732 zur Ausbildung junger Chinesen von Matteo Ripa gegründet worden[108]. Bis ins 19. Jahrhundert sollte dies in Europa der einzige Ort sein, wo man auf Chinesen stieß[109]. Zwei
chinesische Priester, die ihr Studium am Kolleg bereits abge-
schlossen hatten und auf ihre Ausreise nach Macau warteten,
sollten die Macartney-Mission nach China begleiten, Jacobus
Li und Pablo Zhou[110]. Sie konnten immerhin aus dem Chinesischen in das Lateinische oder Italienische übersetzen[111]. Für
die Übersetzungen aus dem Lateinischen konnte Macartney
dann auf Johann Christian Hüttner zurückgreifen.

---

107 CRANMER-BYNG, An Embassy to China, S. 100; BARRETT, Singular Listlessness, S. 57.
108 Die ersten Chinesen gingen hauptsächlich als Begleiter europäischer
China-Missionare nach Europa. 1650 kam Zheng Manu mit Martin
Martini nach Italien und studierte am Collegium Romanum Theolo-
gie und Philosophie. Er wurde der erste chinesische Jesuit. 1681 reiste
Shen Fuzong mit Philippe Couplet durch Europa und besuchte die
verschiedenen China-Zentren. 1685 half er Thomas Hyde beim Aufbau der Bodleian Library in Oxford. Die meisten Chinesen wurden
von den Jesuiten in China zum Studium nach Frankreich geschickt.
1723 brachte Ripa bei seiner Rückkehr vier Chinesen mit. Die Zahl
der Chinesen, die in seinem acht Jahre später in Neapel gegründeten
Kolleg zu Theologen ausgebildet wurden, blieb gering. Vgl. Jeanette
MIRSKY (Hg.), The Great Chinese Travelers, Chicago/London 1964,
S. 263 f.; CAMERON, Barbarians and Mandarins, S. 263–287.
109 BARRETT, Singular Listlessness, S. 55 f.
110 Zu Chinesen in Europa vgl. FANG Hao, Zhongguo Xitong shi [Die Geschichte der Chinesen im Westen], 2 Bde., Taibei 1983.
111 CRANMER-BYNG, China 1792–1794, S. 218.

Abbildung 6: Allegorie von Charles Grignion (1716–1810) über Lord Macartneys Eintritt in das Chinesische Reich. Der Gesandte wird von einem
hohen chinesischen Beamten eingeführt. Die weibliche Gestalt mit dem
Merkur-Stab in der Hand symbolisiert den Handel. Im Hintergrund stehen
Soldaten des Kaisers

Als Schatzmeister der Gesandtschaft wurde John Barrow
angestellt. Zwei Mediziner sorgten für die ärztliche Betreuung
der Reisenden. Unter den Experten und Wissenschaftlern befand sich neben einem Mechaniker, einem Zeichner, einem
Metallurgisten, einem Uhrmacher, einem Fachmann für ma-

thematische Instrumente und einem Botaniker auch der Maler und Zeichner William Alexander (1767–1816)[112]. Seine zahlreichen Bilder sollten den Europäern tiefere Eindrücke der Sitten und Gebräuche Chinas vermitteln, als dies die meisten Aufzeichnungen der Reisenden vermochten[113]. Schließlich gehörten auch fünf deutsche Musiker unter der Leitung von John Zapfal zur Gesandtschaft. Die militärische Eskorte bestand aus drei Befehlshabern und 40 Soldaten. Die starke Präsenz von Schotten und Mitgliedern der anglo-irischen Gentry machte sich – wie bei anderen Überseeunternehmungen der Epoche – auch unter den Teilnehmern der Macartney-Gesandtschaft bemerkbar. So verwundert es nicht, daß die Chinesen in ihren Dokumenten über die Gesandtschaft von den *hongmao yingjili* – den »rothaarigen Engländern« sprachen[114]. In Anbetracht ihrer geringeren Aufstiegschancen in der britischen Heimat und ihrer finanziell oft schwächeren Position erwies sich der gut bezahlte Dienst in Übersee für Schotten und Anglo-Iren als besonders attraktiv. Zudem konnten sie sich mit den schwierigen Bedingungen in Übersee besser zurechtfinden als viele Engländer[115]. Letztlich machte sich bei der Auswahl der Teilnehmer aber ebenso das auf Schottland zentrierte Beziehungsnetz Henry Dundas' bemerkbar, dem auch Macartney seine Ernennung verdankte.

Macartney erhielt seine Instruktionen sowohl von der East India Company wie auch von der britischen Regierung. Lag der Company vor allem an einer Verbesserung der Handelsbedingungen in China und an einer Erweiterung der Zahl der Handelshäfen sowie an Informationen über chinesische Produkte und Nachfragechancen, so blieb ihre Haltung gegenüber

---

112 Susan LEGOUIX-SLOMAN, William Alexander, in: Europa und die Kaiser von China (Ausstellungskatalog), Berlin 1985, S. 173–186.
113 Vgl. ausführlich Susan LEGOUIX, Image of China: William Alexander, London 1980.
114 Qianlong chao shangyu dang [Archiv der kaiserlichen Dekrete der Qianlong-Regierung], hg. von Zhongguo Diyi Lishi Dang'anguan [Erstes Geschichtsarchiv Chinas], Peking 1991, Nr. 1016, S. 431.
115 COLLEY, Britons, S. 128 f.

Abbildung 7: Karte der Reiseroute der Britischen Gesandtschaft von
Batavia aus nach China und zurück

54

der Gesandtschaftsreise weiterhin skeptisch und vorsichtig. Die britische Regierung hoffte ihrerseits auf die Eröffnung regulärer diplomatischer Beziehungen zum Qing-Staat[116]. Für diesen Fall sollte Staunton als Botschafter in Peking zurückgelassen werden[117]. Daß mit der offiziellen Mission auch ein wissenschaftliches Interesse verbunden war, zeigen die zahlreichen mitgeführten Experten. In diesem Punkt läßt sich die Gesandtschaft durchaus mit den großen Entdeckungsreisen im Pazifik vergleichen, vor allem den drei Expeditionen des Kapitäns Cook. Ziel des Erkundungseifers Macartneys war es im Grunde, die älteren jesuitischen Vorstellungen von China endgültig zu überwinden und die vermuteten Mängel des chinesischen Staatswesens mit einem reichen Datenmaterial »wissenschaftlich« zu untermauern.

Aus diplomatischer Sicht lastete auf der Gesandtschaft ein gewaltiger Erfolgsdruck. Die Gleichstellung mit dem chinesischen Kaiser war für den britischen König eine Selbstverständlichkeit. Folglich mußte Macartney darauf achten, daß während seines Aufenthaltes in China das Ansehen des Monarchen nicht verletzt wurde. Hinzu kam die Kritik der Öffentlichkeit an der kostspieligen, aufwendigen Gesandtschaftsreise, die sich nur durch Erfolge widerlegen ließ[118].

Am 26. September 1792 trat die Macartney-Gesandtschaft in Spithead ihre Reise an. Über Madeira, Teneriffa und die Kapverdischen Inseln ging die Fahrt nach Rio de Janeiro, wo man zwei Wochen verweilte. Im März 1793 erreichte die Mission über die Straße von Sunda das holländische Batavia. Dort lag ein Schreiben von Vertretern der East India Company aus Canton vor, in dem Macartney mitgeteilt wurde, daß der Qing-Kaiser wohlwollend auf die Nachricht über die Gesandtschaft reagiert habe und man sich auf die Ankunft der britischen Mission sorgsam vorbereite[119].

116 Earl H. Pritchard, The Crucial Years of Early Anglo-Chinese Relations, 1750–1800, Washington, D.C. 1936, S. 307–311.
117 Wang Tseng-Tsai, The Macartney Mission, S. 48.
118 Demel, Als Fremde in China, S. 105.
119 Georg Leonard Staunton, An Authentic Account of an Embassy from

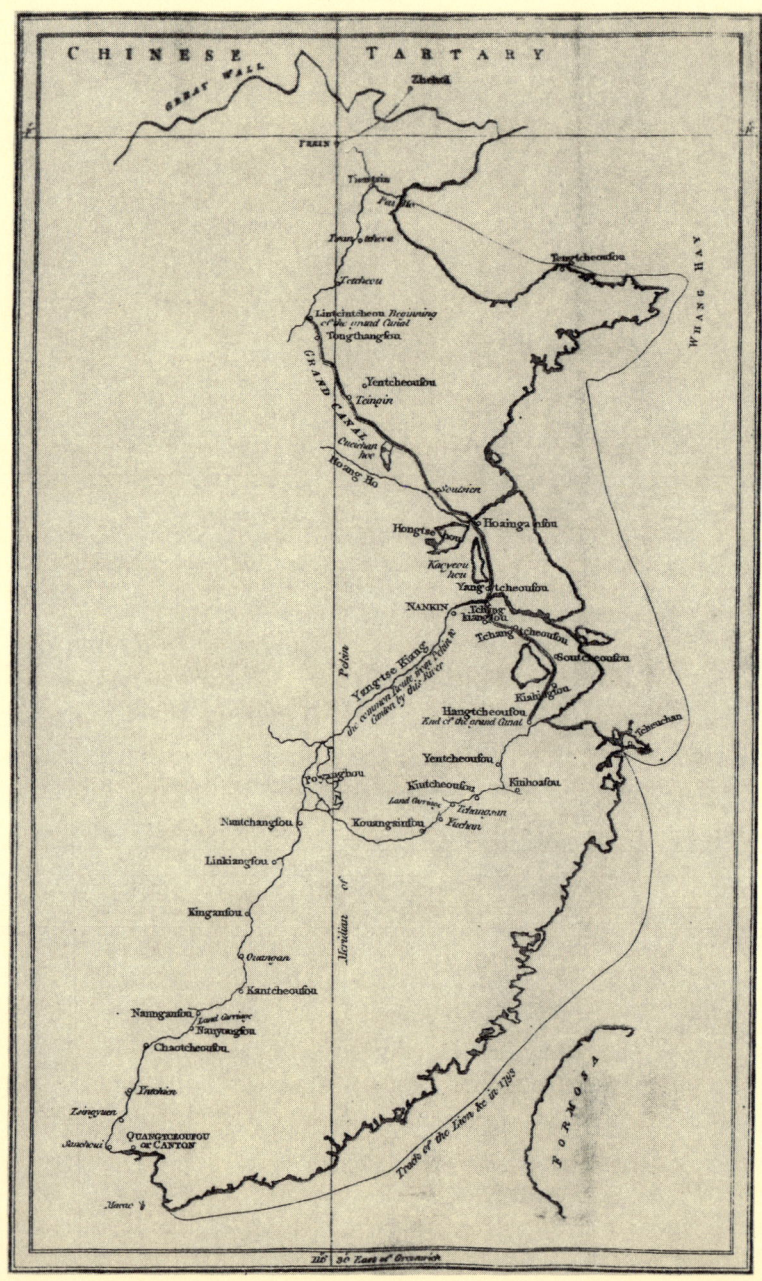

Abbildung 8: Der Reiseweg Macartneys von Macau aus an der chinesischen Ostküste entlang über Zhusan nach Dagu und die Landroute zurück nach Canton

56

Die frühesten Informationen über die tatsächlichen Absichten der Macartney-Gesandtschaft, die in Peking eintrafen, stammten von russischen Geheimagenten aus London. Sie wurden über St. Petersburg an den mongolischen Prinzen Yunduan im russisch-chinesischen Grenzgebiet weitergegeben, der sie dem Kaiser nach Peking übermittelte[120]. Aus Canton hatte der Provinzgouverneur Guo Shixun bereits am 22. Oktober 1792 die Qing-Regierung auf die Macartney-Gesandtschaft aufmerksam gemacht. Ihre wahren Absichten schienen ihm verborgen geblieben zu sein. Er beschrieb sie einfach als Tributmission[121]. Der Qing-Beamte mußte zudem befürchten, daß eine andere Nachricht den Kaiser verstimmt und ihm persönlich Ärger eingebracht hätte. In der Hauptstadt übergab der Qianlong-Kaiser die Angelegenheit an A Gui und He Shen, beide Mitglieder des Staatsrates und gleichzeitig enge Vertraute des Monarchen. Die Tatsache, daß damit zwei innenpolitischen Kontrahenten die Betreuung Macartneys anvertraut wurde, läßt eine schwankende Haltung gegenüber der Gesandtschaft erahnen. Gemeinsam sandten sie zunächst am 3. Dezember 1792 ein Memorandum mit Instruktionen an die Provinzgouverneure in jenen Küstenregionen, an denen die Gesandtschaft vorüberziehen mußte[122]. Gelassen übernahmen sie die Darstellung aus Canton und sprachen von einer »Tributmission«. Am Kaiserhof betrachtete man die Briten schlichtweg als Neulinge im Kreise der Völker, die dem Qianlong-Kaiser huldigten[123]. Daher wurde der britische Gesand-

the King of Great Britain to the Emperor of China, 2 Bde., London 1797, Bd. 1, S. 235–241.

120 Wang Qingyun, Shiqu yuji [Aufzeichnungen aus dem Überfluß des »Shiqu«], Nachdruck, Beijing 1985, S. 286; Peyrefitte, Un Choc de cultures, S. 24.

121 Zhongguo Diyi Lishi Dang'anguan [Erstes Geschichtsarchiv Chinas]: Zhupi zouzhe waijiao [Kaiserlich bestätigte Memoranden – Diplomatischer Teil], Bd. 24, Nr. 1.

122 Zhang Shunhong, Historical Anachronism. The Qing Court's Perception of and Reaction to the Macartney Embassy, in: Bickers (Hg.), Ritual and Diplomacy, 1993, S. 32; Peyrefitte, Un Choc de cultures, S. 6 f.

123 Zhanggu zongbian [Sammlung historischer Dokumente] hrsg. vom

te in einem Atemzug mit den mongolischen Fürsten oder den Repräsentanten von Annam und Burma genannt, mit denen er gemeinsam an den Feierlichkeiten in Jehol teilnehmen sollte[124].

Am 20. Juni legten die Gesandtschaftsschiffe vor Macau Anker. Staunton brachte von seinem Aufenthalt in Macau den Eindruck mit, daß die dort ansässigen Portugiesen der Gesandtschaft nicht sehr wohlgesonnen seien[125]. Hier, vor den Toren des Chinesischen Reiches, trennte sich Pablo Zhou von der Gesandtschaft. Er fürchtete die Folgen der Rückkehr in seine Heimat, die er vor Jahren nicht nur illegal verlassen hatte, sondern die er nun im Dienst einer ausländischen Macht wieder betreten sollte. An Bord nahm Macartney zwei französische Lazaristen, Robert Hanna (gest. 1797) und Louis-Francois-Marie Lamiot (1767–1831), die in der chinesischen Hauptstadt eine Anstellungen als Mathematiker und Astronom suchen wollten[126].

In einem Edikt vom 2. April gestand der Kaiser der Gesandtschaft zu, auf ihrer Weiterreise in den jeweiligen Hafenstädten Handel zu treiben, wenn die örtlichen Behörden für diesen Fall Vertreter der Hong-Kaufleute und Übersetzer aus Canton angefordert hätten[127]. Dies entsprach den üblichen Umgangsformen mit Tributgesandtschaften. Denn ausländische Missionen nach China führten üblicherweise immer auch Kaufleute mit sich. Das war bei der britischen Mission nicht der Fall. Macartney nutzte den nächsten Aufenthalt vor den Zhoushan-Inseln an der Küste der Provinz Zhejiang nur, um

---

Gugong Bowuguan [Museum des Kaiserpalastes], Beijing 1928–1929, Bd. 2, S. 12; Qianlong chao shangyu dang [Archiv der kaiserlichen Dekrete der Qianlong-Regierung], Nr. 867, S. 350.

124 Zhanggu zongbian, Bd. 2, S. 9, 12; Bd. 5, S. 16, 29; PEYREFITTE, Un Choc de cultures, S. 24 ff.

125 CRANMER-BYNG, An Embassy to China, S. 64.

126 Hanna hielt sich seit 1788 in Macau auf, Lamiot wartete seit 1791 auf eine Gelegenheit, nach Peking zu gelangen. Beide begleiteten Macartney jedoch nur bis Tianjin. Dort wurden sie von den kaiserlichen Behörden abgewiesen und kehrten mit dem Gesandtschaftsschiff »Hindostan« nach Canton zurück. Sie erreichten im Juni 1794 ihr Ziel Peking. Vgl. PEYREFITTE, L'Empire immobile, S. 44 f., 482.

127 PEYREFITTE, Un Choc de cultures, S. 26 f.

Staunton auf der Hauptinsel chinesische Lotsen anwerben zu lassen. Da die Chinesen in der Hochseeschiffahrt völlig unerfahren waren und die großen britischen Schiffe nicht wie Dschunken direkt an der Küste entlang dirigiert werden konnten, erwiesen sich die Lotsen als völlig nutzlos[128]. Am 25. Juli ankerte die Gesandtschaft im Golf von Beizhili an der Mündung des Beihe-Flusses vor der nordchinesischen Metropole Tianjin. Zwei Lokalbeamte kamen an Bord der »Lion«, um sich Macartney als seine offiziellen Begleiter für die Weiterreise vorzustellen: Qiao Renjie und Wang Wenxiong. Sie führten reichliche Verpflegung für die Briten mit. Die erste Begegnung mit Repräsentanten des Qing-Kaisers verlief somit sehr erfreulich. Auf den Gesandten blieben die Zeichen der Gastfreundschaft und der Aufmerksamkeit des Kaisers nicht ohne Eindruck. Auch die beiden chinesischen Betreuer gefielen Macartney sofort[129].

Am 5. August 1793 ging die Gesandtschaft in Dagu an Land. Im Tempel des Seegottes (*Haishen Miao*) wurde Macartney von dem Generalgouverneur der Provinz Zhili, Liang Kentang, empfangen, den der Kaiser zur Begrüßung der Gesandtschaft aus der Provinzhauptstadt Baoding nach Dagu beordert hatte. Von ihm erfuhr Macartney, daß Qianlong bereits am 23. Juni nach Jehol in seine Sommerresidenz aufgebrochen war und ihm die Gesandtschaft so bald wie möglich dorthin folgen sollte[130]. In einem Edikt vom 5. August hatte der Kaiser seine Beamten ermahnt, Macartney auf der einen Seite nicht zu demütigen, ihm aber auf der anderen Seite auch nicht zu viel protokollarische Wertschätzung entgegenzubringen; sonst könnte er sich anmaßend geben, den Respekt vor dem zeremoniellen System und der Würde des Chinesischen Reiches verlieren und dadurch das Ansehen der chinesischen Seite verletzen[131]. Folglich war der Verhaltensspielraum von Anbeginn für alle

---

128 PEYREFITTE, L'Empire immobile, S. 50–56.
129 CRANMER-BYNG, An Embassy to China, S. 71.
130 Ebd., S. 75; PEYREFITTE, Un Choc de cultures, S. 56.
131 Qianlong chao shangyu dang [Archiv der kaiserlichen Dekrete der Qianlong-Regierung], Nr. 999, S. 422. Vgl dazu J. L. CRANMER-BYNG,

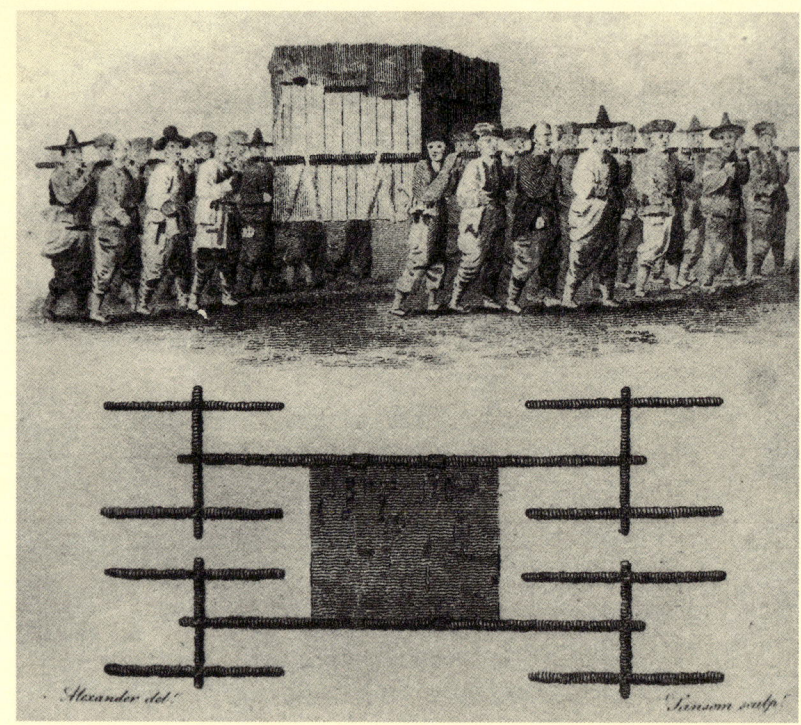

Abbildung 9: Eine der chinesischen Transportkisten für die Geschenke der Britischen Gesandtschaft

Beteiligten eng begrenzt. Bereits wenige Tage nach der kaiserlichen Mahnung kam es in Tianjin zu ersten Spannungen, als Macartney beim Zusammentreffen mit dem Salzkommissar von Zhili, Zheng Rui, der die Gesandtschaft nach Jehol begleiten sollte, sich weigerte, alle Geschenke nach Jehol transportieren zu lassen. Der Gesandte wollte die empfindlichen Instrumente unter den Geschenken nicht unnötigen Strapazen aussetzen und bestand darauf, sie in Peking zurückzulassen[132].

Lord Macartney's Embassy to Peking in 1793, in: Journal of Oriental Studies 4 (1957/58), S. 140 f.; ZHANG Shunhong, Historical Anachronism, S. 32.

132 Qianlong chao shangyu dang [Archiv der kaiserlichen Dekrete der Qianlong-Regierung], Nr. 1003, S. 424 f.; CRANMER-BYNG, An Embassy to China, S. 79 f.

Der Qianlong-Kaiser tadelte Zheng Ruis hartes Auftreten gegenüber Macartney als arrogant und selbstgefällig[133].

Die wohlwollende Haltung des Monarchen änderte sich nach dem Empfang der Geschenkeliste. Liang Kentang und Zheng Rui bezeichneten in ihrem beigefügten Schreiben die britischen Geschenke als für China nicht außergewöhnlich und nicht kostbar genug[134]. Qianlong mißbilligte zudem den selbstbewußten Stil des Gesandten in seinen den Geschenken beigefügten Beschreibungen[135]. Darüber hinaus fand der Kaiser die Bezeichnung Macartneys als »Bevollmächtigten« für einen einfachen Tributüberbringer, wie er ihn sah, unangemessen. Zur Klarstellung sollte die Gesandtschaft nunmehr unter der Flagge »Der Englische Gesandte, der Tribut bringt« (*Yingjili gongshi*) reisen[136]. Macartney reagierte auf die Fahnenaufschrift gelassen und entschloß sich, sie einfach zu übersehen[137]. Nicht ignorieren konnte er aber die ihm von Zheng Rui bereits vorgetragene und vom Staatsrat angemahnte Forderung nach der Einhaltung der höfischen Etikette des Kotaus, ohne den eine Audienz beim Kaiser nicht möglich sei[138]. Alle früheren europäischen Gesandtschaften hatten sich dem Ritual des dreimaligen Kniefalls und neunmaligen Niederwerfens vor dem Kaiser unterzogen[139]. Macartney war jedoch zu diesem – aus seiner Sicht – entwürdigenden Schritt nicht bereit. Es begann ein langwieriger Streit zwischen dem briti-

133 Qianlong chao shangyu dang [Archiv der kaiserlichen Dekrete der Qianlong-Regierung], Nr. 1013, S. 429. Vgl. dazu ZHANG Shunhong, Historical Anachronism, S. 33.
134 Qianlong chao shangyu dang [Archiv der kaiserlichen Dekrete der Qianlong-Regierung], Nr. 1015, S. 430.
135 Ebd., Nr. 1028, S. 438.
136 Zhongguo Diyi Lishi Dang'anguan [Erstes Geschichtsarchiv Chinas]: Zhupi zouzhe waijiaolei [Kaiserlich bestätigte Memoranden – Diplomatischer Teil], Bd. 25, Nr. 16.
137 CRANMER-BYNG, An Embassy to China, S. 88; STAUNTON, An Authentic Account, Bd. 2, S. 130 f.
138 Zhanggu congbian [Sammlung historischer Dokumente], Bd. 7, S. 41.
139 SUN Wenliang/ZHANG Jie/ZHENG Chuanshui, Qianlong di [Kaiser Qianlong], Changchun 1993, S. 460.

schen Gesandten und der Qing-Regierung um dieses Ritual. Um seine fehlende Überzeugungskraft und damit auch Schwäche im Amt nicht einzugestehen, berichtete Zheng Rui dem Kaiser von einer angeblich positiven Haltung Macartneys[140]. In diesem Konflikt zeigten sich die Schwierigkeiten beider Seiten, den anderen in seinem Denken und in seinen Verhaltensweisen zu verstehen. Interkulturelle Verständigungsprobleme sollten den weiteren Verlauf der Mission bestimmen.

Die Haltung der engsten Berater des Qianlong-Kaisers gegenüber Macartney und seinen Begleitern war sehr unterschiedlich. Vor allem Fu Kang'an, der in den politischen Auseinandersetzungen der späten Qianlong-Zeit zur He-Shen-Fraktion gehörte, trat am Kaiserhof entschieden für eine ablehnende Politik ein[141]. Er war gerade von dem zweiten Feldzug gegen die nepalesischen Gorkha aus Tibet zurückgekehrt und warf den Briten vor, die nepalesische Aggression insgeheim zu unterstützen[142]. Aus seiner Sicht konnte man die Briten nur als Unruhestifter behandeln und durfte ihnen keine Zugeständnisse machen. Entsprechend feindselig gab er sich in seinen Begegnungen mit der britischen Delegation. Sein Verhalten übertrug sich auch auf He Shen. Die Tatsache, daß sein politischer Gegenspieler A Gui den Briten positiv gegenüberstand, war für ihn Grund genug, eine Verständigung mit Macartney abzulehnen. Der Qianlong-Kaiser geriet zunehmend unter den Einfluß der He-Shen-Fraktion, der es nicht schwerfiel, den Herrscher davon zu überzeugen, daß die handelseifrigen Briten eine Gefährdung für das oberste Ziel kaiserlicher Politik bedeuteten, nämlich die Aufrechterhaltung der öffentlichen Ordnung.

---

140 CRANMER-BYNG, Lord Macartney's Embassy, S. 149; Qianlong chao shangyu dang [Archiv der kaiserlichen Dekrete der Qianlong-Regierung], Nr. 1073, S. 455.

141 Zur Biographie Fu Kang'ans vgl. Qingshi liezhuan, Bd. 7, S. 1965–1981; Qingdai qibai minren zhuan, Bd. 2, S. 1301–1309; DAI Yi, Qianlong di jiqi shidai, S. 499–510.

142 CRANMER-BYNG, An Embassy to China, S. 86 f.

In der Hauptstadt hatte Qianlong für die Gesandtschaft zwei Wohnanlagen vorbereiten lassen: den Hongya Yuan im Yuanming-Park und einen Gebäudekomplex in der Innenstadt nahe dem Kaiserpalast. Macartney betrat die chinesische Hauptstadt durch das Osttor. Die Mission hielt sich jedoch nicht länger in Peking auf, sondern zog sofort weiter zum kaiserlichen Yuanming-Park, der sich wenige Kilometer nordwestlich der Stadt befand. Hier traf der Gesandte mit einigen Jesuiten zusammen, die vom Kaiser mit der Betreuung der Briten beauftragt worden waren. Außerdem sollten in einem der Paläste des Parks, der Halle Zhengda Guangming, die britischen Geschenke aufgestellt werden[143]. Chinesische Handwerker, Eunuchen und Jesuiten beobachteten den Aufbau der mitgebrachten Instrumente genauestens, um dem Kaiser über den Vorgang berichten zu können[144]. In ihrer Bewertung der wissenschaftlichen Geschenke täuschten sie sich allerdings gewaltig und behaupteten – wohl um dem Kaiser zu schmeicheln –, daß sich die britischen Geschenke mit den Beständen der kaiserlichen Instrumentensammlung durchaus vergleichen ließen und chinesische Experten zu ihrem Bau ebenso in der Lage seien[145]. Ein verhängnisvoller Trugschluß! Denn der Qianlong-Kaiser wurde dadurch in seiner Überzeugung bestärkt, daß die Briten ihm nichts Außergewöhnliches bieten könnten und die Überlegenheit der chinesischen Zivilisation weiterhin nicht in Frage stünde.

Macartney ließ einen Teil seiner Gesandtschaft im Yuanming-Park zurück und zog selbst am 26. August nach Peking um. Im Stadtzentrum war ihm ein Palast mit elf Zimmern zur Verfügung gestellt worden. Dort bereitete der Gesandte die Weiterreise nach Jehol vor. Tagsüber suchten Qing-Beamte

---

143 Qianlong chao shangyu dang [Archiv der kaiserlichen Dekrete der Qianlong-Regierung], Nr. 1042, S. 443.
144 Ebd., Nr. 1102, S. 469. Vgl. dazu ZHANG Shunhong, Historical Anachronism, S. 34.
145 Zhongguo Diyi Lishi Dang'anguan [Erstes Geschichtsarchiv Chinas] (Hg.), Yuanming Yuan [Der Yuanming Yuan Park], Shanghai 1991, Bd. 1, S. 351–354.

und Jesuiten seine Residenz auf, abends unterhielt das mitge-
führte Orchester die Anwesenden[146].

Am 2. September brach Macartney schließlich zum kaiserlichen Sommerpalast nach Jehol auf. Die siebentägige Reise
führte die Gesandtschaft auch über die Große Mauer – ein für
alle Beteiligten eindrückliches Ereignis.[147] Der Einzug in Jehol erfolgte am 8. September auf prächtige Weise. Der Zug
wurde von hundert berittenen Qing-Beamten angeführt, ge-
folgt von der militärischen Eskorte unter ihren Kommandeu-
ren Benson und Parish und der Dienerschaft. Vor den Mitgliedern der Mission marschierten die Musiker. Macartney folgte
in Begleitung von Staunton und dessen Sohn in einer Kutsche.
Der Qianlong-Kaiser beobachtete die Prozession von dem
höchsten Punkt seines Parkes Wanshu Yuan aus[148].

Macartney hoffte, nun in ernsthafte Verhandlungen eintreten zu können. Staunton wurde zwar noch am gleichen Abend
von He Shen, dem mächtigsten Mann am Kaiserhof, empfangen, auf chinesischer Seite gab es hingegen zu keinem Zeitpunkt des Aufenthalts der Gesandtschaft in China einen solchen Gesprächsspielraum. Bereits am 5. August – noch bevor
der Gesandte überhaupt chinesischen Boden betreten hatte –
wurde in einem Memorandum die Rückreise der Gesandtschaft festgelegt und das Schreiben aufgesetzt, welches
Macartney für den britischen König mitgegeben werden
sollte[149]. Eine gewisse Diskussionsbereitschaft und Flexibilität
zeigten die Repräsentanten der Qing-Regierung lediglich in
der Frage des Zeremoniells, in der man sich auf einen Kompromiß einigte[150]. Der Qianlong-Kaiser gestattete dem Gesandten, bei der Audienz einen Kniefall nach britischer Sitte

---

146 CRANMER-BYNG, An Embassy to China, S. 104.
147 CRANMER-BYNG, China 1792–1794, S. 230.
148 CRANMER-BYNG, An Embassy to China, S. 115 ff.
149 Qianlong chao shangyu dang [Archiv der kaiserlichen Dekrete der
     Qianlong-Regierung], Nr. 1161, S. 496. Vgl. dazu CRANMER-BYNG, Lord
     Macartney's Embassy, S. 133.
150 WANG Tseng-tsai, The Macartney Mission, S. 51 f.; SUN
     Wenliang/ZHANG Jie/ZHENG Chuanshui, Qianlong di, S. 460.

auszuführen. Zheng Rui hatte dem Kaiser bis zur Ankunft der Gesandtschaft in Jehol vorgetäuscht, daß die Briten zum Kotau bereit seien. Nun konnte sich Qianlong kaum den Fremden gegenüber die Blöße der Unredlichkeit seines Beamten geben. Zudem erfolgte der Bruch im qingzeitlichen Tributritual ja nicht in Peking vor der versammelten hauptstädtischen Bürokratie, sondern nur im fernen Jehol. Qianlongs Vertrauter He Shen setzte in einem Memorandum an den Hofstaat in der Hauptstadt alles daran, diese Lösung der Kotau-Frage in einem negativen Licht erscheinen zu lassen. In den Augen eines loyalen Qing-Beamten hatte Macartney durch die Verweigerung des selbstverständlichen Hofzeremoniells endgültig sein Gesicht verloren[151].

Die erste Audienz erfolgte am Morgen des 14. Septembers in einem prächtigen Mongolenzelt im Park Wanshu Yuan. Die britischen Gäste mußten bereits um drei Uhr früh aufstehen und drei Stunden auf die Ankunft des Kaisers warten. Qianlong wurde auf einer Sänfte von sechzehn Dienern herbeigetragen und stieg auf seinen Thron. Bei der Übergabe des königlichen Schreibens an den Qing-Kaiser kniete Macartney, wie vereinbart, auf einem Knie nieder und verbeugte sich vor dem Kaiser[152]. Qianlong ließ ihm einige Gegengeschenke überreichen und am nachfolgenden Bankett teilnehmen. Die gesamte Zeremonie dauerte fünf Stunden. Der Gesandte und seine Begleiter schilderten diese Begegnung mit dem Kaiser von China in euphorischen Worten[153]. Um so zurückhaltender gaben sich aber die chinesischen Berichterstatter[154]. Ihre beiläufige Würdigung des Ereignisses stellte im Grunde eine

---

151 CRANMER-BYNG, Lord Macartney's Embassy, S. 158 f.

152 E. H. PRITCHARD, The Kowtow in the Macartney Embassy to China in 1793, in: Far Eastern Quarterly 2 (1943), S. 163–203.

153 CRANMER-BYNG, An Embassy to China, S. 122 ff.; STAUNTON, An Authentic Account, Bd. 2, S. 224–239, 256.

154 Da Qing Gaozong chun (Qianlong) huangdi shi lu [Die Wahren Aufzeichnungen des Gaozong chun Kaisers der Großen Quing-Dynastie Qianlong], Bd. 29, S. 21 306; CRANMER-BYNG, Lord Macartney's Embassy, S. 163.

deutliche politische Stellungnahme dar. Die folgenden Tage vergingen mit einem Besichtigungsprogramm für die Gesandtschaft in den Park- und Tempelanlagen Jehols. Macartney versuchte wiederholt, He Shen zur Aufnahme von diplomatischen Verhandlungen zu bewegen, aber ohne Erfolg. Ihm wurde unmißverständlich klargestellt, daß sein Aufenthalt für die Qing-Regierung nur von rein ritueller Bedeutung war[155]. Dennoch hielt der Gesandte an seinem Bemühen fest, den chinesischen Betreuern die tatsächliche Macht des britischen Imperiums ins Bewußtsein zu rücken. Er hoffte durch ein selbstbewußtes und diszipliniertes Auftreten sowie durch Berichte über technische Erfolge seines Landes den Repräsentanten Chinas Achtung vor England vermitteln zu können. Die Qing-Beamten waren hingegen bestrebt, den Gesandten und seine Begleiter in Ehrfurcht vor den Kaiser zu versetzen, indem sie ein reichhaltiges Besichtigungs- und Unterhaltungsprogramm boten. Dadurch, daß die Gesandtschaft auf ihrer Rückreise durch die reichsten Provinzen Chinas geführt wurde, sollte den Briten ein Bild gesellschaftlicher Stabilität und politischer Ordnung vor Augen gestellt werden.

Macartneys Aufenthalt in Jehol beschränkte sich neben der Gelegenheit des Gesprächs mit dem Kaiser also auf ein touristisches Programm. Am 17. September wohnte er den Geburtstagsfeierlichkeiten bei, ohne aber den Kaiser selbst zu Gesicht zu bekommen[156]. Bei den Theaterveranstaltungen der darauffolgenden Tage gelang es dem Gesandten zwar noch einmal, zu Qianlong vorgelassen zu werden, dennoch erwies sich der gesamte Aufenthalt in Jehol als große Enttäuschung. Die britische Delegation schien von ihrer chinesischen Umwelt noch stärker isoliert zu sein als in der Hauptstadt oder unterwegs. So wurde den Jesuiten in Jehol der persönliche Kontakt mit dem Gesandten untersagt. Nur die für die Betreuung der Gesandtschaft ernannten Qing-Beamten durften

---

155 WANG Tseng-tsai, The Macartney Mission, S. 53.
156 CRANMER-BYNG, An Embassy to China, S. 131.

Macartney in seinen Gemächern aufsuchen oder ihn in ihre Residenzen einladen. Die beiden chinesischen Begleiter Wang Wenxiong und Qiao Renjie zeigten sich im mandschurischen Herrschaftszentrum gehemmter als gewöhnlich[157]. Wie sich später herausstellte, waren auch die Briefe Macartneys an den vor Zhusan wartenden Kapitän Gower nicht weitergeleitet worden[158]. Am 21. September verließ die Gesandtschaft Jehol in Richtung Peking, ohne daß es zu diplomatischen Verhandlungen gekommen wäre. Am 26. des Monats traf Macartney wieder in der Hauptstadt ein. Als der Qianlong-Kaiser vier Tage später nach Peking zurückkehrte, reihte sich der Gesandte in die Scharen der Qing-Beamten ein, die den Kaiser bei seinem Einzug in die Stadt vor den Toren empfangen mußten. Macartneys Hoffnungen auf eine weitere Audienz erfüllten sich nicht mehr.

Die Qing-Regierung wollte die Briten nunmehr so schnell wie möglich loswerden. Macartneys Vorschlag, Peking erst nach dem chinesischen Neujahrsfest zu verlassen, lehnte He Shen bei einem Treffen am 2. Oktober ebenso kategorisch ab, wie er die vorgetragenen Verhandlungspunkte des Gesandten schlichtweg überging und ihn einfach nur nach seinem gesundheitlichen Befinden fragte. Für den Kaiserhof stand längst fest, daß die britische Gesandtschaft noch vor dem Winter die Rückreise antreten sollte[159]. Die Instruktionen für die Arrangements der Rückreise stammten bereits vom 23. September. Nur ein einziges Mal gewährte man Macartney den Zutritt in das Innere der Kaiserstadt: Am 3. Oktober holte Zheng Rui den kränkelnden Gesandten ab und begleitete ihn in den Kaiserpalast. Dort mußte Macartney zunächst drei Stunden lang warten, bis er von den Qing-Beamten empfangen wurde. Im Palast der Höchsten Harmonie (*Taihe dian*) übergab man ihm das Schreiben des Qing-Kaisers an den britischen König[160].

---

157 Ebd., S. 141.
158 Ebd., S.172.
159 Ebd., S. 142, 144–149; STAUNTON, An Authentic Account, Bd. 2, S. 329.
160 CRANMER-BYNG, An Embassy to China, S. 149 f.

Qianlong lehnte in diesem Dokument die britische Forderung nach einer diplomatischen Vertretung in Peking ab. Da der Qing-Regierung der Austausch von ständigen Botschaftern fremd war[161], wirkte das britische Anliegen auf sie verdächtig[162]. An allen den Handel betreffenden Fragen gab sich der Kaiser desinteressiert. China habe alles, was es brauche; die Ausländer benötigten umgekehrt aber chinesische Produkte. Selbst die Russen seien nach dem Ausbau des Grenzhandels in Kjachta wieder aus Peking zurückgedrängt worden. Überhaupt seien die Grenzen des chinesischen Reiches strengstens festgelegt, und es sei keinem Barbaren erlaubt, diese auch nur ein Stückchen zu überschreiten. Der Kaiser begründete in seinem Schreiben die strikte Trennung der Ausländer von seinen Untertanen mit der Furcht vor Zwischenfällen (*du minyi zhi zheng*). Sicherer erschien es, seinem Volk den Kontakt mit den fremden Kaufleuten einfach zu verbieten. Ebenso befürchtete der Kaiser, daß Zollerleichterungen oder die Öffnung weiterer Handelshäfen für die Briten allein zu ähnlichen Forderungen von seiten anderer Staaten führen würden[163].

Dem Gesandten war in diesen Tagen längst bewußt geworden, daß seine Abreise kurz bevorstand und die Qing-Regierung zu keinen weiteren Gesprächen mehr bereit war. Mit einem an den Kaiser gerichteten Forderungskatalog eröffnete er einen letzten Versuch, doch noch etwas zu erreichen. Er wollte damit bewirken, daß den britischen Händlern für ihre Geschäfte auch Zhoushan, Ningbo und Tianjin geöffnet wurden und die Briten Handelsniederlassungen in Peking, und in

---

161 Die europäischen Staaten entwickelten moderne Außenministerien in der Folgezeit des Westfälischen Friedens von 1648. Eine einheitliche Klassifikation für Diplomaten erfolgte erst im Wiener Reglement vom 19. März 1815 und im Aachener Protokoll vom 21. November 1818.

162 Zhanggu congpian [Sammlung historischer Dokumente], Bd. 8, S. 64 f.; Qianlong chao shangyu dang [Archiv der kaiserlichen Dekrete der Qianlong-Regierung], Nr. 1250, S. 537 ff.

163 Qianlong chao shangyu dang [Archiv der kaiserlichen Dekrete der Qianlong-Regierung], Nr. 1258, S. 542 ff.

der Nähe von Canton eröffnen durften. Außerdem sollte der Kaiser die Transitzölle zwischen Macau und Canton abschaffen oder zumindest auf die 1782 festgelegte Höhe reduzieren[164]. Die Antwort Qianlongs erhielt Macartney am Tag seiner Abreise: am 7. Oktober. Darin stellte der Monarch fest, daß die Forderungen des britischen Gesandten weit über die Vorstellungen des chinesischen Reiches von Außenbeziehungen hinausgingen. Diesen britischen Fauxpas entschuldigte der Kaiser mit der Tatsache, daß sich Großbritannien von China wohl zu weit entfernt befinde und man dort keinerlei Kenntnisse vom Reich der Mitte habe. Qianlong befürchtete außerdem, daß Zugeständnisse gegenüber den Engländern andere Länder zu ähnlichen Forderungen veranlassen würden[165]. Der Kaiser von China entließ Macartney ebenso freundlich, aber bestimmt, wie er ihn 47 Tage zuvor durch seine Repräsentanten empfangen hatte.

Bei seiner Abreise aus Peking begab sich Macartney noch einmal zur Residenz He Shens, wo er von dem Minister und einigen Mitgliedern des Staatsrates verabschiedet wurde. Die Rückreise führte die Gesandtschaft zunächst auf dem Kaiserkanal nach Hangzhou, der Provinzhauptstadt von Zhejiang. In dem nahegelegenen Zhoushan sollte sie eigentlich ihre eigenen Schiffe besteigen und nach Canton weitersegeln. Begleitet wurde Macartney von Song Yun (1752–1835). Song Yun war Mitglied des Staatsrates und stellvertretender Präsident des Finanzministeriums. Er hatte Macartney bereits in Jehol durch die Gärten des Sommerpalastes geführt. Während der vierwöchigen Bootsreise von Peking nach Hangzhou war Song Yun für die Reiseleitung und die Kommunikation mit dem Kaiserhof verantwortlich. Er nützte die Gelegenheit, um sich mit Macartney in zahlreichen persönlichen Treffen auszutau-

---

164 CRANMER-BYNG, An Embassy to China, S. 150.
165 Zhanggu congpian [Sammlung historischer Dokumente], Bd. 8, S. 66 f., Da Qing Gaozong chun (Qianlong) huangdi shilu [Die Wahren Aufzeichnungen des Gaozong chun Kaisers der Großen Qing-Dynastie Qianlong], S. 21 320.

schen. Mit diplomatischem Geschick versuchte Song Yun, dem britischen Gesandten Verständnis für die Haltung des Qing-Kaisers nahezubringen, scheute aber gleichzeitig nicht davor zurück, auch die strittigen Fragen des Handels und des Botschafteraustausches offen anzusprechen[166]. Im Unterschied zu den anderen Gesprächspartnern der Qing-Regierung konnte sich Macartney mit Song Yun wegen dessen Russisch-Kenntnissen ohne Übersetzer direkt unterhalten. Denn der Mongole hatte neben vielen Spitzenämtern in der Zentralregierung und in der Verwaltung des chinesischen Kernlandes auch leitende Stellungen im Grenzgebiet bekleidet und war unter anderem Militärgouverneur an der mongolisch-russischen Grenze gewesen. Macartney und seine Begleiter lernten während ihrer Reise die Persönlichkeit Song Yuns sehr zu schätzen. Er gehörte mit Wang Wenqiong und Qiao Renjie zu den wenigen Vertretern der Qing-Regierung, welche die Briten sogar als »Freunde« bezeichneten[167]. Gewisse taktische Überlegungen mögen auch für die sich freundschaftlich gebenden Qing-Beamten eine Rolle gespielt haben. Denn ihr oberstes Anliegen war, daß dem Kaiser kein Anlaß zur Besorgnis gegeben wurde und die Gesandtschaft ohne Schwierigkeiten Canton erreichte. Daher zeigte sich Song Yun in seinen offiziellen Berichten nach Peking immer distanzierter als in den persönlichen Gesprächen mit Macartney[168]. Ungeachtet dieser taktischen Beweggründe belegen diese konstruktiven Gespräche aber, daß ein Dialog zwischen einem chinesischen und einem britischen Diplomaten trotz ihrer verschiedenen Weltbilder durchaus möglich war.

Am 9. November erreichte die Gesandtschaft schließlich Hangzhou. Dort erhielt sie die Nachricht, daß die britischen Schiffe vor Zhoushan bereits in Richtung Canton aufgebrochen

---

166 CRANMER-BYNG, An Embassy to China, S. 162 f., 166–169, 178 f.
167 Ebd., S. 160.
168 Qianlong chao shangyu dang [Archiv der kaiserlichen Dekrete der Qianlong-Regierung], Nr. 1299, S. 558 ff.; Nr. 1342, S. 576 f. Siehe auch DABRINGHAUS, Das Qing-Imperium, S. 70 f.

waren. Daraufhin wurde Macartney auf dem Landweg nach Canton geführt. Als Begleiter für den zweiten Teil der Reise von Hangzhou bis Canton hatte der Qianlong-Kaiser Chang Lin (1745–1811) bestimmt. Er sollte seinen neuen Posten als Generalgouverneur von Guangdong und Guangxi antreten[169]. Auch mit ihm kam Macartney über Höflichkeitsfloskeln hinaus zu konkreten Gesprächen, vor allem über die Handelsbedingungen in Canton, auf die Chang Lin in seiner künftigen Führungsposition Einfluß auszuüben versprach[170]. Durch die Provinzen Zhejiang, Jiangxi und Guangdong zog die Gesandtschaft, zumeist auf Flüssen, nach Canton. Sie erreichte die südchinesische Handelsmetropole am 18. Dezember und wurde im Haus eines chinesischen Hong-Kaufmanns in einem Vorort der Stadt untergebracht. Nach einer fünfzehnmonatigen Abwesenheit von Großbritannien erhielten die Gesandtschaftsmitglieder von den drei Vertretern der East India Company erstmals Informationen und Briefe aus der Heimat. Bis zu seiner endgültigen Abreise aus China führte Macartney noch zahlreiche Gespräche mit den führenden Beamten der Lokalregierung und den Hong-Kaufleuten[171]. Aufgrund seines guten Verhältnisses zu Chang Lin, dem neuen Generalgouverneur der Provinz, konnte sich der Gesandte erstmals frei in

---

169 Ein Mandschure aus dem Gioro-Klan. Vgl. J. J. L. DUYVENDAK, The Last Dutch Embassy to the Chinese Court (1794–1795), in: T'oung Pao 34 (1938), S. 18; Qingshi gao [Kurze Geschichte der Qing-Dynastie], hg. von ZHAO Ersun u. a., Beijing 1928, Kap. 349; Biographien 130, S. 3 f.

170 Qianlong chao shangyu dang [Archiv der kaiserlichen Dekrete der Qianlong-Regierung], Nr. 1260, S. 545; Nr. 1342, S. 577; CRANMER-BYNG, An Embassy to China, S. 180 ff.

171 Wie die Edikte des Generalgouverneurs in den ersten Januartagen des Jahres 1794 zeigen, war Chang Lin tatsächlich zu Reformen in der Praxis des Canton-Handels bereit. Macartneys Mission schien am Schluß doch noch einen kleinen Verhandlungserfolg vorzeigen zu können. Die faktischen Erleichterungen waren jedoch nur von kurzer Dauer. Chang Lins Abberufung im August 1795 beendete bereits die Verständigungsphase vor Ort. Langfristige Verbesserungen ließen sich eben nur auf Anordnung der Zentralregierung in Peking durchsetzen.

einer chinesischen Stadt bewegen. Am 10. Januar 1794 verließ die Macartney-Mission Canton und fuhr zunächst nach Macau weiter. Von dort brach sie am 8. März zur letzten Etappe ihrer Heimreise auf. Noch über ein halbes Jahr sollte vergehen, bis die Gesandtschaft am 5. September wieder in Portsmouth ankam. Ein offizieller Schlußstrich unter diese erste britische Gesandtschaftsreise nach China erfolgte schließlich am 22. des Monats mit Macartneys Vortrag bei Premierminister William Pitt[172].

Zur Deutung der Macartney-Mission

Die Ergebnisse der Gesandtschaft erschienen aus der Sicht der britischen Regierung äußerst dürftig und unbefriedigend. Die Qing-Dynastie war auf ihre Forderungen überhaupt nicht eingegangen. Man hatte Macartney zwar während seines viereinhalbmonatigen Aufenthalts in China höflich empfangen, hatte jedoch auf seine Anliegen kaum reagiert. Vom Zeitpunkt seiner Landung an der nordchinesischen Küste bei Dagu (5. August 1793) bis zu seiner Ankunft in Canton (19. Dezember 1793) war er völlig von der Außenwelt abgeschnitten gewesen. Selbst Briefe des Gesandten an die Besatzung der in Zhoushan zurückgebliebenen Schiffe hatte die Qing-Regierung aus Mißtrauen gegenüber seinen vermeintlichen Absichten nicht weitergeben lassen. Die britischen Abgesandten fühlten sich in China im Grunde als »Gefangene in seidenen Fesseln«. Im allgemeinen war zwar für Verpflegung, Unterkunft und Transport immer gesorgt worden, doch benutzten die Qing-Beamten gerade die materielle Abhängigkeit der Gesandtschaft als Druckmittel. So ließ He Shen Macartney und seine Begleiter wegen der Meinungsverschiedenheiten bezüglich der Kotau-Frage in Jehol einfach mehrere Tage hungern.

---

172 CRANMER-BYNG, An Embassy to China, S. 217; John BARROW, Some Accounts of the Public Life and a Selection from the Unpublished Writings of the Earl of Macartney, 2 Bde., London 1807, Bd. 1, S. 356.

Obwohl es während der strapaziösen Reise zu keinen größeren Zwischenfällen kam, blieb Macartney das Entscheidende versagt: der diplomatische Erfolg. Um so mehr verstärkte seine Reise die zunehmend negative Einstellung vieler Europäer gegenüber der chinesischen Kultur. Rückständigkeit und Zerfall waren die vornehmlichen Kategorien, die man nun auf China anwandte. Stärker als seine Mitreisenden berücksichtigte Macartney selber allerdings den Faktor des Politischen. Er sah die chinesische Zivilisation nicht zum zwangsläufigen Untergang verurteilt, sondern verwies auf die hohe Bedeutung der Qualität staatlicher Führung. Das chinesische Reich sei, so notierte er, ein »altes, gebrechliches Kriegsschiff der Spitzenklasse, das von einer Reihe fähiger und wachsamer Offiziere während der letzten 150 Jahre über Wasser gehalten wurde und das seine Nachbarn allein durch seine Größe und sein Erscheinungsbild einschüchterte, doch wenn einmal ein unzulänglicher Mann das Kommando an Deck erhalten wird, dann adieu zur Disziplin und Sicherheit des Schiffs«[173]. Macartney zollt hier der Staatskunst des Qianlong-Kaisers einen gewissen Respekt. Er sieht aber auch, daß sich ein unreformiertes Ancien Régime in China auf längere Sicht nicht halten würde. Allerdings hält er es keinesfalls für die Aufgabe des Westens, das chinesische System zu destabilisieren. Trotz der enttäuschenden Erfahrungen im diplomatischen Umgang sei ein völliger Bruch mit China zu vermeiden.

Macartney mahnte, daß es unklug sei, China nach europäischen Maßstäben zu beurteilen[174]. In der Übergangsphase vom Zeitalter der Aufklärung zur Epoche aggressiver imperialer Expansion war eine solche Einsicht nicht sehr verbreitet. Ließ man allerdings die anderen Maßstäbe fremder Kulturen gelten, so konnte man das ablehnende Antwortschreiben des Qianlong-Kaisers an den britischen König Georg III.[175] auch verständnisvoller lesen. Die Qing-Regierung

---

173 Cranmer-Byng, An Embassy to China, S. 212 f.
174 Ebd., S. 219 f.
175 Eine englische Übersetzung des Schreibens liegt vor in: Cranmer-Byng, An Embassy to China, S. 337–341.

konnte und wollte die Macartney-Gesandtschaft nicht anders denn als Tributmission interpretieren. Die Entsendung eines Gesandten an den Kaiserhof war im Verständnis chinesischer Kaiser ein Signal für Unterwürfigkeit. Gegenüber den Forderungen des britischen Königs blieb Qianlong nichts anderes übrig, als ihn auf die Unvereinbarkeit mit den Umgangsformen seines Reiches hinzuweisen. Es war nun einmal nicht üblich, ständige Repräsentanten eines Staates in der chinesischen Hauptstadt residieren zu lassen. Zudem konnte man von dem greisen Qianlong-Kaiser ohnehin kaum Innovationen erwarten. Handel hatte im China des 18. Jahrhunderts einen anderen Stellenwert als bei einer europäischen Nation. Obwohl der Qing-Herrscher sich durchaus über die britische Dominanz zur See und Großbritanniens wichtige Rolle im internationalen Handelsverkehr im klaren war[176], konnte er – schon aufgrund seines universalen Herrschaftsanspruches – nicht zugeben, daß sein Land am Ausbau der Handelsbeziehungen mit Großbritannien interessiert sei. Ein Handelsbedürfnis war gemäß dem chinesischen Weltbild nur von seiten eines abhängigen Herrschers möglich. Die Handelskontakte zu den Briten wurden im Qing-Staat lediglich als Mittel betrachtet, um die britischen Aktivitäten an der chinesischen Peripherie besser kontrollieren zu können[177].

Auch in den Beziehungen zu den Europäern zeigte sich die Diskrepanz zwischen Anspruch und Wirklichkeit. Unbeeinflußt von dem immer wieder zum Ausdruck gebrachten Überlegenheitsanspruch der Qing-Dynastie gegenüber den Europäern und im Gegensatz zu dem offiziell bekundeten Desinteresse am Außenhandel, hatte sich der britisch-chinesische Handel im Verlauf des 18. Jahrhunderts so gut entwickelt, daß Tee zu einem wichtigen Exportartikel der chinesischen Wirtschaft geworden war, der mehreren Gegenden Zentral- und Südchinas zu Wohlstand verhalf. Dennoch konnte der Qian-

---

176 Qianlong chao shangyu dang [Archiv der kaiserlichen Dekrete der Qianlong-Regierung], Nr. 1250, S. 537 f.
177 WANG Tseng-tsai, The Macartney Mission, S. 45.

long-Kaiser einen Import britischer Waren offiziell nicht zulassen, da dies aus chinesischer Sicht einem Eingeständnis der Höherwertigkeit der ausländischen Produkte gleichgekommen wäre[178]. Aus Gründen der Herrschaftssicherung erschien es dem Qing-Kaiser folglich einfacher, solch schwierigen Prestigefragen auszuweichen, indem er die Einfuhr fremder Waren überhaupt nicht zuließ. Dem Machterhalt des Qing-Herrschers kam absolute Priorität zu.

Die generellen Vorbehalte der Qing-Regierung gegenüber einer britischen Gesandtschaft und das Unverständnis der Briten gegenüber der chinesischen Kultur führten dazu, daß grundsätzliches gegenseitiges Mißtrauen die Begegnung zwischen ihren Repräsentanten prägte. Als Song Yun beispielsweise in Jehol Macartney in Gespräche über die Russen verwickelte und ihn über diese ausfragte, argwöhnte der Gesandte dahinter die Absicht des Kaisers, ihn auszuspionieren. Umgekehrt machten He Shen Macartneys detaillierte Kenntnisse der Qing-Geschichte, etwa sein Wissen über den Bau des Sommerpalastes durch den Kangxi-Kaiser zu Beginn des 18. Jahrhunderts, äußerst mißtrauisch hinsichtlich der wahren Ziele der Gesandtschaft[179].

Außerdem empfand der Qianlong-Kaiser die Behauptung des Gesandten, daß allein der Aufbau der mitgeführten Geschenke über einen Monat in Anspruch nehmen würde und man sie dann nicht mehr in ihre Einzelteile zerlegen könne, als eine grobe Übertreibung. Überhaupt zeigte sich die Qing-Regierung von den britischen Geschenken nicht sehr beeindruckt. Macartney mußte beim Anblick der in den Pavillons des Sommerpalastes in Jehol ausgestellten Sammlungen ausländischer Geschenke und chinesischen Kunsthandwerks zugeben, daß im Vergleich zu diesen zum Teil exquisiten Arbeiten seine unter dem Aspekt ihres Handelsnutzens ausgewählten Gaben dem Kaiser als wenig bemerkenswert erscheinen

178 WALEY-COHEN, China and Western Technology, S. 1541.
179 CRANMER-BYNG, An Embassy to China, S. 127.

mußten. Bedauerlicherweise war der Kaiser in diesem Punkt aber gleichzeitig auch Opfer der mangelhaften Kenntnisse seiner Beamten. Sie hatten ihm nämlich berichtet, daß die britischen Produkte früheren Geschenken europäischer Staaten ähnelten. Über die wichtige Frage, wie man diese Objekte selbst herstellen könnte, hatten sie sich allerdings keine Gedanken gemacht. Ihnen blieb der hohe technische Entwicklungsgrad einiger Gerätschaften verborgen. Aus ihrer Sicht handelte es sich um Tributgeschenke, denen man nur einen rituellen Zweck zusprach und für deren Herstellung man sich daher nicht interessierte. Folglich hatte auch der Qianlong-Kaiser keine Ahnung von technologischen und wissenschaftlichen Überlegenheit der Briten gegenüber den Chinesen[180].

Wiederholt warf die Qing-Regierung dem britischen Gesandten schroffes Fehlverhalten vor. So hatte sich auch die Bittschrift Macartneys vom 18. September als taktischer Fehler erwiesen. Er hatte in seinem Schreiben Qianlong um die Erlaubnis gebeten, Kapitän Mackintosh zu seinen an der Küste von Zhejiang wartenden Schiffen zurückkehren zu lassen und ihm die Aufnahme von Handelskontakten mit der Lokalbevölkerung zu ermöglichen[181]. Der Qing-Kaiser und seine Berater zeigten sich mißtrauisch hinsichtlich der wahren Motive einer Gesandtschaft, die ursprünglich als Glückwunschdelegation aufgetreten war und nun Forderungen stellte, die diesen Rahmen deutlich überstiegen[182]. Macartney stellte oftmals solche aus der Sicht der Qing-Regierung törichten und anmaßenden Forderungen, die seiner Stellung als einfacher Nachrichtenüberbringer des britischen Königs nicht entsprachen[183]. Der Kaiser reagierte auf Macartneys Schreiben mit dem Memo-

180 Zhang Shunhong, Historical Anachronism, S. 35.
181 Qianlong chao shangyu dang [Archiv der kaiserlichen Dekrete der Qianlong-Regierung], Nr. 1196, S. 513; Cranmer-Byng, An Embassy to China, S. 141.
182 Hevia, Oriental Customs and Ideas, S. 32; Zhang Shunhong, Historical Anachronism, S. 38.
183 Zhanggu congbian [Sammlung historischer Dokumente], Kap. 8, S. 64 f.

randum vom 23. September, in dem er die baldige Abreise der britischen Gesandtschaft festlegte.

Macartney selbst war sich seines wiederholten Gesichtsverlustes in den Augen des Qing-Kaisers nicht bewußt. Er betrachtete es sogar als einen diplomatischen Erfolg, daß er sich bei der Auseinandersetzung um den Kotau durchgesetzt hatte. Denn auch im Denken eines Briten spiegelte sich am Ende des 18. Jahrhunderts in den höfischen Zeremonien das Verhältnis zwischen zwei Staaten wider. War es in der chinesischen Kultur Ausdruck der Untergebenheit, so sah ein Brite in dem Vollzug des Rituals vor dem Monarchen einer fremden Nation die gegenseitige Achtung von Souveränen ausgedrückt. Unterschiedliche Auffassungen gab es auch in bezug auf die Person des Gesandten. Da europäischen Gesandten als Vertretern ihres Monarchen die gleiche Unantastbarkeit zugesprochen wurde wie diesem, galt ein unterwürfiges Ritual wie der Kotau nicht nur als Demütigung des Botschafters, sondern auch als Verletzung der Würde der von ihm repräsentierten Nation. Zudem erschien für einen britischen Gentleman ein Berühren des schmutzigen Bodens als abstoßende Geste. Macartneys Weigerung, den Kotau zu vollziehen, gehört zu den zahlreichen Mißverständnissen zwischen Briten und Chinesen, hatte aber nicht den entscheidenden Einfluß auf den Verlauf der Gesandtschaft, der ihr oft zugesprochen wird. Der holländische Gesandte Van Hoorn, der ein Jahrhundert zuvor in der Hoffnung das Ritual durchgeführt hatte, dadurch schneller mit den Vertretern der Qing-Regierung ins Gespräch zu kommen, konnte am Ende seiner Mission keine politischen Erfolge vorweisen. Wie bei allen europäischen Gesandtschaften vor und nach ihm waren auch Van Hoorns Hoffnungen auf substantielle Gespräche enttäuscht worden[184].

Macartney verließ China in der Hoffnung, durch seine Mission den Chinesen wenigstens seine eigene Kultur besser verständlich gemacht zu haben[185]. Was der Gesandte und seine

---

184 WILLS, Embassies and Illusions, S. 3.
185 CRANMER-BYNG, An Embassy to China, S. 213.

Begleiter auch im nachhinein nicht einsahen, war die Tatsache, daß ihre politischen Ziele sich zum damaligen Zeitpunkt nicht verwirklichen ließen. Es war eben nur denjenigen Europäern gestattet, sich permanent in der chinesischen Hauptstadt aufzuhalten, die wie die Jesuiten in direkten Diensten des Kaiserhofes standen und auf eine Rückkehr in ihr Heimatland verzichtet hatten. Auch die Ablehnung aller den Handel betreffenden Forderungen Macartneys entbehrte nicht einer gewissen Logik. Eine Handelsniederlassung in Peking war aus chinesischer Sicht völlig überflüssig, da der maritime Außenhandel Chinas von den Lokalbeamten in Canton geregelt wurde. Folglich wies die Qing-Regierung die von Macartney noch kurz vor seiner Abreise He Shen übergebenen Forderungen zurück[186]. Die Argumentation des Qianlong-Kaisers entsprach seiner Haltung im Schreiben an den britischen König: es gebe keine Präzedenzfälle und kein praktisches Bedürfnis auf chinesischer Seite. Eine Erfüllung der Forderungen Macartneys hätte eine radikale Reform des geltenden Handelssystems vorausgesetzt, wozu der vierundachtzigjährige Monarch nicht bereit war. Hätte Qianlong einem Ausgleich des Exports von Tee, Porzellan und Seide durch eine steigende Einfuhr ausländischer Waren zugestimmt, wäre es ihm auch schwergefallen, den Handel mit Großbritannien noch als eine einseitige Gunsterweisung des chinesischen Universalherrschers darzustellen. So flexibel sich die Qing-Regierung im Umgang mit den benachbarten »Barbarenvölkern« erwiesen hatte, so unwillig zeigte sie sich in der Reform ihrer Politik gegenüber den fernen Bittstellern. Aus der Sicht des Qianlong-Kaisers waren die Briten trotz ihrer maritimen Stärke nur eines von vielen Völkern an der Peripherie der bekannten Welt. Die beiden Imperien berührten sich am Ende des 18. Jahrhunderts zwar in ihren Grenzgebieten immer häufiger, dennoch wußte man einfach noch viel zu wenig von der anderen Seite, um sie angemessener einschätzen zu können.

---

186 Ebd., S. 150; Morse (Hg.), Chronicles, Bd. 2, S. 214 f.

Daß es der ersten britischen Gesandtschaft nach China bei ihrer Reise auch darum ging, mehr über die chinesische Kultur zu erfahren, zeigen die an ihr teilnehmenden wissenschaftlichen Fachleute. Ihre Aufgabe war es, so viele Informationen über Land und Leute zu sammeln wie nur möglich. Obwohl Lord Macartney einerseits davor warnte, China nach europäischen Maßstäben zu messen, zeigte er sich andererseits von der Weigerung der Qing-Regierung, genau diesen Maßstäben gemäß mit ihm zu verhandeln, tief enttäuscht. Nicht nur bei dem Gesandten selbst, sondern auch bei den anderen Teilnehmern vertieften sich durch die Erfahrungen ihrer Chinareise eher die Vorurteile gegenüber der chinesischen Kultur, als daß man ein besseres Verständnis der Chinesen erlangt hätte. Aus Chinas Fremdheit wurde eine Minderwertigkeit der chinesischen Zivilisation im Vergleich zu den am technischen Fortschritt orientierten Gesellschaften Europas. Da China zu einer Öffnung des Landes nicht bereit war, ordnete man es den stagnierenden Gesellschaftssystemen der Erde zu[187]. Die Berichterstatter der Macartney-Mission machten das »despotische« Regime der Qing-Dynastie für Chinas Rückständigkeit verantwortlich, das jegliches individuelle Engagement zerstöre und dessen autoritäre Unterdrückung über die konfuzianische Familienordnung an die Gesellschaft weitergegeben werde[188].

Mit der Veröffentlichung der Reiseberichte der Macartney-Gesandtschaft verlor das chinesische Reich seine exotische Anziehungskraft[189]. Durch Autoren wie John Barrow wurde dem Land endgültig sein Platz im einem eurozentrischen Zivilisa-

---

187 CRANMER-BYNG, An Embassy to China, S. 384; STAUNTON, An Authentic Account, Bd. 2, S. 330; John BARROW, Travels in China containing Descriptions, Observations, and Comparisons, made and collected in the Course of a short Residence at the Imperial Palace of Yuen-Min-Yuen, and on a subsequent Journey through the Country from Peking to Canton, London 1806, S. 394 f.

188 Ebd., S. 151, 176. Vgl. auch MARSHALL/WILLIAMS, The Great Map of Mankind, S. 141.

189 CRANMER-BYNG, An Embassy to China, S. 342–352.

tionsmodell zugewiesen. Es war damit scheinbar verständlicher und einschätzbarer geworden und hatte die Aura des Geheimnisvollen eingebüßt. Eine kulturelle Annäherung zwischen Europa und China, wie sie noch die Jesuiten versucht hatten, war nach dem Mißerfolg der Macartney-Gesandtschaft nicht mehr möglich. Die Berichte der britischen Gesandtschaftsteilnehmer bewiesen aus der Sicht der Gegner der Jesuitenmission endgültig die Unglaubwürdigkeit von deren Chinabeschreibungen. Die starke Verbreitung der Reiseberichte von Teilnehmern der Macartney-Mission beeinflußte die Stimmung zugunsten einer China verachtenden Politik und trug damit zur zunehmenden Gewaltbereitschaft der Europäer im Kontakt mit China bei.

Daß die Macartney-Gesandtschaft zur Androhung von Gewalt oder ihrer Ausübung noch nicht bereit war, lag nicht allein an ihrer Schwäche, sondern auch an dem starken Einfluß des aufklärerischen Denkens. Lord Macartney zeigte sich noch ganz den aufklärerischen Idealen der Vernunft und der Humanität verpflichtet[190]. Zudem hatten ihn seine Erfahrungen im Umgang mit Soldaten während seiner Laufbahn zur Verachtung des militärischen Berufs als Mordhandwerk an Männern, Frauen und Kindern geführt[191]. Aggressivität äußerte sich bei Macartney und seinen Begleitern einstweilen nur durch scharfe Töne in ihren Reiseerinnerungen, mit denen sie ihre Enttäuschung und ihre wachsende Abneigung gegenüber den Chinesen zum Ausdruck brachten.

Ungeachtet der diplomatischen Niederlage Macartneys in seinen Verhandlungen mit der Qing-Regierung kann die erste britische Gesandtschaftsreise dennoch in einer Hinsicht als Erfolg bezeichnet werden. Erstmals teilte in Europa ein Personenkreis aus verschiedenen gesellschaftlichen Schichten einer breiten Öffentlichkeit seine Eindrücke von der chinesischen Kultur mit. Ungeachtet der Tatsache, daß die zahlreichen Reiseberichte nicht nur objektive Informationen liefern,

---

190 MARSHALL, Britain and China, S. 28.
191 MARSHALL, Britain and China, (Chengde-Papier, wie Anm. 105), S. 35.

sondern auch Meinungen beeinflussen wollten, erweiterten sie das europäische Wissen über China beträchtlich. Allen Autoren ist dabei gemeinsam, daß sie die Chinesen nur als reine Beobachtungsobjekte darstellten. Allein schon die sprachlichen Verständigungsschwierigkeiten machten einen direkten Informationsaustausch zwischen Europäern und den Chinesen extrem schwierig. Macartneys Gespräche mit Song Yun blieben eine große Ausnahme. Nicht zufällig fanden sie fern des Kaiserhofes während der Rückreise der Gesandtschaft von Peking nach Hangzhou statt[192]. In den Reiseberichten von Mitgliedern der Macartney-Mission kamen neben Beobachtungen zur chinesischen Umwelt auch Eigenarten des europäischen Denkens am Ende des 18. Jahrhunderts zum Ausdruck. In den meisten Erinnerungen wurde nicht nur beobachtet, sondern auch sehr ausgiebig interpretiert und persönlich angelesenes Wissen über China reproduziert. Die reine Form des Reiseberichts beschränkte sich hauptsächlich auf das Tagebuch Macartneys selbst, das erst sehr viel später erschien, und auf den Bericht Johann Christian Hüttners.

Johann Christian Hüttner: Der Autor und sein chinesisch-europäischer Kulturvergleich

Für die Teilnehmer der Macartney-Gesandtschaft bot sich die einzigartige Chance, das bisher nur aus den Schriften der Jesuiten und aus den Berichten portugiesischer, holländischer und russischer Gesandtschaften bekannte chinesische Kaiserreich nun mit eigenen Augen betrachten zu können. Die europäische Öffentlichkeit erwartete neue Nachrichten aus dem Reich der Mitte. Nicht nur der Gesandte selbst, sondern auch viele der anderen Teilnehmer bis hin zu Macartneys Kammerdiener (Aeneas Anderson, der freilich keinen Einblick in das diplomatische Geschehen hatte) schrieben ihre Eindrücke

---

192 Cranmer-Byng, An Embassy to China, S. 127, 159, 162 f., 166–169.

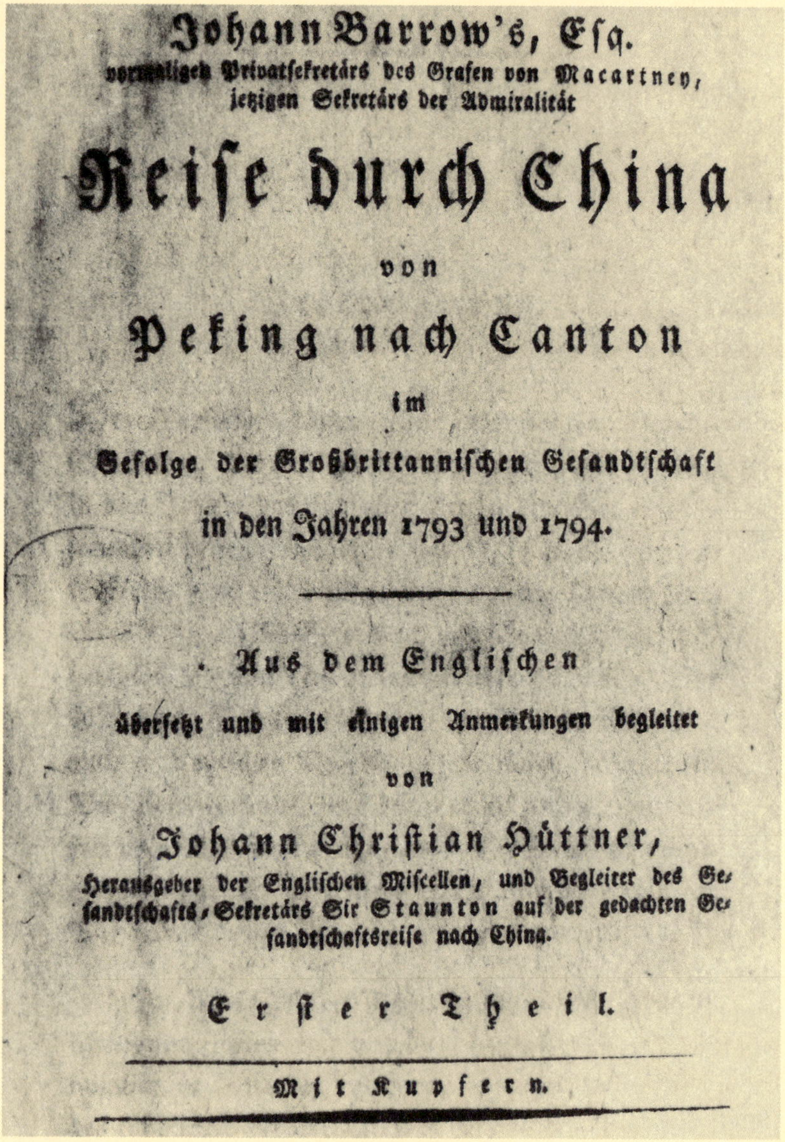

Johann Barrow's, Esq.

vormaligen Privatsekretärs des Grafen von Macartney,
jetzigen Sekretärs der Admiralität

Reise durch China

von

Peking nach Canton

im

Gefolge der Großbrittannischen Gesandtschaft

in den Jahren 1793 und 1794.

Aus dem Englischen

überseßt und mit einigen Anmerkungen begleitet

von

Johann Christian Hüttner,

Herausgeber der Englischen Miscellen, und Begleiter des Ge-
sandtschafts-Sekretärs Sir Staunton auf der gedachten Gesandtschaftsreise nach China.

Erster Theil.

Mit Kupfern.

Abbildung 10: Titelblatt der Übersetzung Hüttners von John Barrows
Werk

nieder. Die Augenzeugenschaft der Reisenden war dabei in vielen Fällen durch Vorurteile und Stereotype getrübt. Die eigene Wahrnehmung galt oft nur als Bestätigung mitgebrachter Einstellungen. Der offenste und unbefangenste Beobachter war Lord Macartney selbst. Es hatte fatale Folgen für die Entwicklung des europäischen Chinabildes, daß seine Aufzeichnungen zunächst unveröffentlicht blieben; erst 1908 wurde sein Reisetagebuch in einer unzuverlässigen Ausgabe teilweise publiziert, erst 1962 dank der Bemühungen des in Hongkong lehrenden Historikers J. L. Cranmer-Byng in einer vollständigen, wissenschaftlichen Edition. Doch sogar der humanistisch-aufgeklärte Lord Macartney bemerkte, daß man die Chinesen als Barbaren betrachten müsse und man sie nicht wie Mitglieder einer zivilisierten europäischen Nation behandeln könne[193]. Die Qing-Dynastie betrachtete er als »Tyrannei einer Handvoll Tartaren über eine Bevölkerung von über 300 Millionen Chinesen«[194]. John Barrow, der später langjährige einflußreiche Marinestaatssekretär, schloß sich dieser Verurteilung des in China herrschenden Kaiserhauses an und warf dem Qianlong-Kaiser gleichfalls »Tyrannei, Unterdrückung und Ungerechtigkeit« vor[195]. Der verletzte Nationalstolz und die tiefe Enttäuschung über den diplomatischen Mißerfolg der Mission sprechen aus den meisten Erinnerungen der britischen Mitglieder. Aus ihrer Sicht ließ sich von einem despotischen, stagnierenden Herrschaftssystem ebensowenig politisches Entgegenkommen erwarten, wie es auch in der Gesellschaft und Kultur Chinas über Kuriositäten hinaus kaum Außergewöhnliches zu beobachten gab[196].

Wie bei aller Reiseliteratur, so muß auch bei den Chinaberichten gefragt werden, wie sich Gesehenes, Gehörtes, Ange-

---

193 MARSHALL, Britain and China, S.22 f. (nach einem unveröffentlichten Manuskript Macartneys).
194 CRANMER-BYNG, An Embassy to China, S. 236.
195 BARROW, Travels in China, S. 360.
196 CRANMER-BYNG, An Embassy to China, S. 264 ff.; BARROW, Travels in China, S. 343, 355.

lesenes und eigenes Räsonnement jeweils mischten. Die Grenzen zwischen Dichtung und Wahrheit waren fließend. Viele der mitgeteilten Beobachtungen lagen überhaupt nicht im Erfassungsfeld des Autors. Dies gilt besonders für alle Aussagen über die Welt der Frauen. Auch das immer wieder kommentierte Verhältnis zwischen Mandschuren und Chinesen entzog sich den Einblicken flüchtiger Reisender. Wie hätten sie sich auch zum Beispiel ein realistisches Bild von der Beliebtheit oder Unbeliebtheit des Kaisers beim Volk machen können? Die Beispiele ließen sich vermehren. Hüttner selbst, der später viel Erfahrung mit der Redaktion und Rezension von Reisebeschreibungen sammeln sollte, hatte in der Tat Anlaß zu der Klage: »Unter zwanzig Reisenden findet man kaum einen Beobachter; die mehresten geben Nachrichten, welche völlig unzuverlässig sind«[197].

Dabei unterschieden sich die Berichte in ihren Wertungsstandpunkten. Am einen Ende des Spektrums stand Aeneas Anderson (beziehungsweise sein Ghostwriter), der hin und wieder unverblümt die alten sinophilen Stereotypen des 17. und frühen 18. Jahrhunderts wiedergab. Das andere Extrem verkörperte John Barrow, der in seiner Sinophobie die kritisch-zynische Haltung der Europäer in der zweiten Hälfte des 19. Jahrhunderts vorwegnahm. An manchen Stellen seines umfangreichen Werkes spiegeln sich sogar moderne Rasse-Positionen wider. Barrow behauptete etwa, daß die Chinesen Gemeinsamkeiten mit den – als anthropologisch geringwertig eingestuften – südafrikanischen Hottentoten aufwiesen[198]. Sein Buch pries er als ein »glaubwürdiges Bild« und als ein Mittel an, dem Leser zur Erkenntnis der »wahren Natur der chinesischen Zivilisation« zu verhelfen[199]. Objektivität sollte mit Hilfe zahlreicher Tabellen und Diagramme erreicht werden. Der quasi-wissenschaftliche Ansatz konnte aber Barrows

---

197 Vorrede des Übersetzers zu: Hindu Gesetzbuch oder Menu's Verordnungen..., Weimar 1797, S. VI.
198 BARROW, Travels in China, S. 184.
199 Ebd., S. 4, 151.

Ethnozentrismus zumindest dem kritischen Leser nicht verbergen. Barrow praktizierte genau das, wovor Macartney in seinem Journal gewarnt hatte: Er bewertete das chinesische Reich nach europäischen Maßstäben.

In der europäischen Öffentlichkeit fanden die Reiseberichte der Macartney-Gesandtschaft großen Anklang. Die Werke von Aeneas Anderson (1795), Sir George Staunton (1797) und John Barrow (1804) erschienen in zahlreichen englischen Auflagen sowie in französischen, deutschen, niederländischen, italienischen und zum Teil sogar russischen und polnischen Übersetzungen. Von dem zweibändigen offiziellen Gesandtschaftsbericht Stauntons kamen in den folgenden Jahren allein in Deutschland fünf verschiedene Ausgaben auf den Markt. Die maßgebliche Übersetzung stammte aus der Feder Johann Christian Hüttners, der auch bei der Zusammenstellung des englischen Orginals mitgewirkt hatte und der 1805 das Werk John Barrows in deutscher Sprache herausgab[200].

Viele deutsche Gelehrte und Schriftsteller verarbeiteten die Reiseberichte[201]. Johann Wolfgang von Goethe beschäftigte sich 1813 mit ihnen. Georg Wilhelm Friedrich Hegel verwendete Stauntons offiziellen Bericht in den zwanziger Jahren des 19. Jahrhunderts für seine Vorlesungen zur orientalischen Welt[202]. 1824 wurde mit Karl Franz van der Veldes »Gesandtschaftsreise nach China« die Geschichte der Macartney-Mission einem breiteren Publikum in Romanform zugänglich. Der Verfasser dichtete Macartney eine Tochter zur Seite, die sich während der Reise in den jungen Leutnant Parish verliebte, dessen Herz allerdings der Tochter eines chinesischen Beamten zugewandt war. Da Parish in Jehol während eines

---

200 Die zweibändige Ausgabe Barrows erschien in der Reihe »Neue Geschichte der See- und Landreisen«.
201 Vgl. Ingrid SCHUSTER, Vorbilder und Zerrbilder. China und Japan im Spiegel der deutschen Literatur, 1773–1890, Stuttgart/Bern 1988, S. 223 f.
202 Georg Wilhelm Friedrich HEGEL, Vorlesungen über die Philosophie der Weltgeschichte, Bd. 2: Die orientalische Welt, 2. Aufl., Hamburg 1923, S. 316.

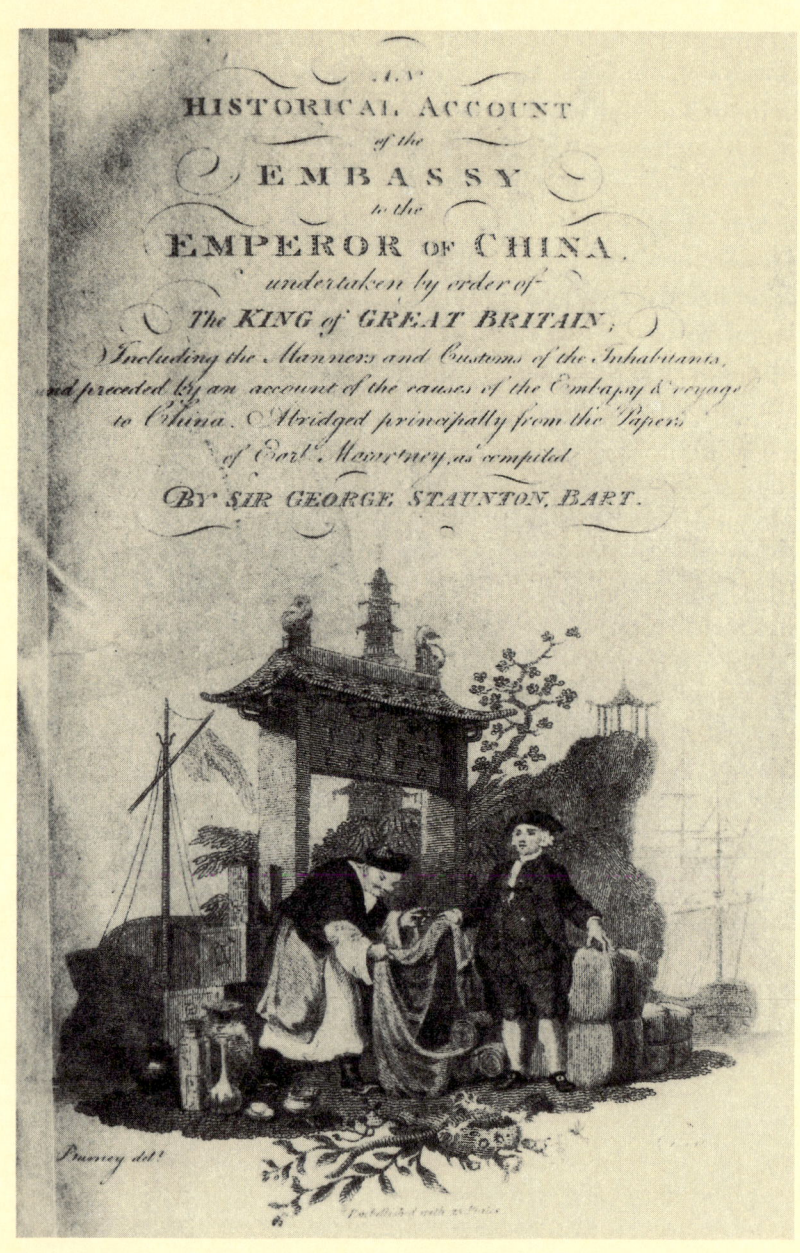

Abbildung 11: Titelblatt von George L. Stauntons Werk

Jagdausflugs einem kaiserlichen Minister das Leben rettete, durfte er zum Dank die Angebetene mit nach Europa nehmen. Die abenteuerliche Liebesgeschichte endete mit einer bikulturellen Doppelhochzeit. Der Roman zeigt den aufgeklärten Humanismus des von Toleranz und Weltoffenheit geprägten Autors. Außerdem erschienen 1805 und 1843 zwei Jugendbücher über die Macartney-Gesandtschaft[203].

Angesichts des vielseitigen Interesses in der deutschen Öffentlichkeit an den Berichten über die Macartney-Mission ist es um so erstaunlicher, daß der einzige Bericht eines deutschen Teilnehmers an der Gesandtschaftsreise kaum Verbreitung fand und Johann Christian Hüttner nur als Übersetzer und Herausgeber der Werke anderer Autoren hervortrat. Dies mag vor allem daran gelegen haben, daß Hüttner zunächst gegen eine Veröffentlichung des an Freunde verteilten Berichts war. Die einzige Veröffentlichung im Jahre 1797 geht auf die Initiative eines Freundes Hüttners, Carl August Böttiger, zurück. Im Unterschied zu den meisten anderen Berichten von der Macartney-Mission wurde Hüttners Büchlein international wenig bekannt. Nur zwei französische Übersetzungen lassen sich nachweisen.

Die Teilnahme eines deutschen Gelehrten an einer Gesandtschafts- oder Forschungsreise einer fremden Nation war in der damaligen Zeit nicht ungewöhnlich. Die politische Zersplitterung in Deutschland erlaubte keine kostspieligen staatlichen Überseeabenteuer. Die deutschen Staaten waren noch zu sehr mit sich selbst beschäftigt, als daß sie sich der außereuropäischen Welt zuwenden konnten. Viele deutsche Gelehrte stellten sich daher in den Dienst fremder Nationen. Johann Reinhold Forster und sein Sohn Georg begleiteten Kapitän Cook auf seiner zweiten Weltumsegelung; Carsten Niebuhr nahm an der dänischen Arabienexpedition teil; mehrere

---

203 1805 in Berlin das von HIRSCHMANN herausgegebene Werk »Macartney: Gesandtschaftsreise nach China« und 1843 in Leipzig ein Band der Reihe »Reisen für die Jugend und ihre Freunde« unter dem Titel »Kreuz- und Querzüge in China«.

deutsche Forschungsreisende – der berühmteste von ihnen war Peter Simon Pallas – standen in russischen Diensten. Johann Christian Hüttner gehört in diese Gruppe. Er kehrte sogar nach der großen Reise nicht mehr in seine Heimat zurück.

Johann Christian Hüttner stammte aus einer Lehrerfamilie. Er wurde am 25. Mai 1766 im sächsischen Guben geboren. 1784 begann er mit seinem Studium der Philologie an der Universität Leipzig. 1788 schloß er seine Universitätsausbildung ab und nahm zunächst eine Hauslehrerstelle in Leipzig an. Ein Leipziger Professor vermittelte ihm bald eine Erzieherstelle bei Sir George Staunton in London. Vor der Macartney-Mission hatte er Gelegenheit, mit Staunton in Großbritannien zu reisen und europäische Metropolen wie Paris, Rom und Neapel kennenzulernen. Der Macartney-Gesandtschaft leistete er dank seiner guten Lateinkenntnisse wichtige Übersetzungshilfe; er übertrug die komplizierten Beschreibungen der britischen Geschenke vom Englischen in die den Jesuiten vertraute lateinische Sprache[204]. Aus China zurückgekehrt, blieb Hüttner zunächst noch bei Staunton und half ihm bei der Zusammenstellung des offiziellen Gesandtschaftsberichts, dessen Übersetzung ins Deutsche er gleichzeitig begann. Auf Stauntons Wunsch hielt er sich dicht an den englischen Wortlaut[205]. Sein Ergebnis gilt heute als die maßgebliche Übertragung von Stauntons Werk[206]. Im gleichen Jahr wie Stauntons Bericht erschien in Deutschland Hüttners eigene Reiseschilderungen. Das Honorar in Höhe von 100 Reichstalern sandte er zur finanziellen Unterstützung an seinen Vater[207]. Über die Umstände der Publikation berichtet C. A. Böttiger in der Vorrede[208].

Im Unterschied zu den Werken Stauntons und Barrows, die er übersetzte und in Deutschland bekannt machte, scheint

---

204 CRANMER-BYNG, Lord Macartney's Embassy, S. 128.
205 Paul GEDAN, Johann Christian Hüttner. Ein Beitrag zur Geschichte der Geographie, Leipzig 1898, S. 10.
206 SCHUSTER, Vorbilder und Zerrbilder, S. 222.
207 GEDAN, Johann Christian Hüttner, S. 17, 21.
208 Siehe S. 93 f.

Hüttners eigener Bericht wenig Verbreitung gefunden zu haben; jedenfalls ist das kleine Buch in Bibliotheken selten zu finden. Die Zeitgenossen haben es so gut wie nie zitiert. Einen weiteren wichtigen Beitrag leistete Hüttner mit der deutschen Ausgabe von Sir William Jones' englischer Übersetzung eines hinduistischen Gesetzestextes, die ihm, vor allem dank seiner Anmerkungen, in der frühen deutschen Sanskritforschung zu Ansehen verhalf. 1796 verließ Hüttner die Familie Staunton und verdiente seinen Lebensunterhalt in den folgenden Jahren als England-Korrespondent für verschiedene deutsche Zeitungen, bis er 1808 als Übersetzer im Foreign Office angestellt wurde. Wie stark er in die britische Gesellschaft integriert war, zeigt sich in seiner Aufnahme in die »Grand Lodge of England« im Jahre 1797 und in seiner späteren Gleichstellung mit den britischen Staatsdienern[209]. Seine Übersetzertätigkeit im britischen Außenministerium führte er bis zu seinem Tod im Alter von 81 Jahren am 24. Mai 1847 aus[210].

Bekannt wurde Johann Christian Hüttner vor allem als Übermittler von Nachrichten aus Großbritannien nach Deutschland. Mit unzähligen Zeitschriftenartikeln führte er die deutschen Leser in die gesellschaftlichen, politischen und literarischen Strömungen Großbritanniens ein. Seine Rezensionen britischer Reiseliteratur vermittelten in Deutschland Informationen über die zahlreichen Expeditionen der Epoche. Als Herausgeber und Autor von 25 Bänden der »Englischen Miscellen«, die in dem berühmten Verlagshaus Cotta erschienen, stellte er für das deutsche Publikum Neuigkeiten aus englischen Zeitungen, Magazinen und neuerschienenen Büchern zusammen[211]. Er wollte damit, wie es in der Vorrede des Verlags hieß, den Gelehrten, den Künstler und Kunstfreund, aber auch den Fabrikanten und Kaufmann ansprechen. Einen

---

209 GEDAN, Johann Christian Hüttner, S. 15.
210 Ebd., S. 18.
211 Vgl. Pia MÜLLER, John Chr. Hüttner's »Englische Miscellen«. Ein Beitrag zur Geschichte der deutsch-englischen Beziehungen um 1800, phil. Diss., Tübingen 1939.

großen Raum nahmen, besonders ab Band 5 (1801), Nachrichten aus dem Bereich der Technik und der Mode ein. Eine Zeitlang war Hüttner der in Deutschland meistgelesene Londoner Kulturkorrespondent. 1814 ernannte ihn Großherzog Karl August von Weimar zu seinem »Literatus« und ließ sich von ihm bis zu seinem Tod im Jahre 1829 regelmäßig Berichte über Politik, Literatur, Kultur und Wissenschaft erstellen. Aus dieser Korrespondenz entstand später ein zwölfbändiges Werk, das unter anderem auch über dreihundert zum Teil sehr ausführliche Rezensionen britischer Reisebeschreibungen enthielt. Hüttner mußte die besprochenen Werke für die Bibliothek des Großherzogs besorgen, der dabei Johann Wolfgang von Goethe als Berater heranzog.

Johann Christian Hüttner gehörte zu den bekanntesten deutschen Journalisten im England seiner Zeit. Auch noch nach seinem Eintritt ins Foreign Office leistete er bei der Kulturvermittlung zwischen den beiden Nationen wertvolle Dienste. August Hermann Niemeyer (1754–1828), ein Theologie-Professor aus Halle, würdigte nach einer Zusammenkunft in London im Jahre 1819 neben Hüttners interkulturellem Einfühlungsvermögen auch seine persönlichen Wesenszüge: »Wenige sind wohl wie dieser in England eingebürgert, ohne deutschen Sinn und Charakter je verleugnet zu haben. Keiner hat uns so tief in das Eigenthümliche Englands blicken lassen, keiner so lebendige Sittengemälde geliefert; sein Gespräch ist ebenso angenehm als seine Schriften. Selbst durch manchen Undank nicht abgeschreckt, bietet er jedem Fremden die erfahrene Hand. Stunden werden in der Unterhaltung mit ihm zu Augenblicken, denn es gibt keine Seite der Literatur oder des Lebens, von der man sich nicht mit ihm berühren könnte«[212].

Hüttners Fähigkeit, zwischen den Kulturen zu vermitteln und trotz aller Gegensätze auch die Sicht des jeweils Anderen miteinzubeziehen, zeigt sich bereits in seinem frühen Reisebericht aus China. Er hatte während der Macartney-Mission

---

212 GEDAN, Johann Christian Hüttner, S. 19.

den großen Vorteil, daß er seine Beobachtungen von einem relativ neutralen, unbeteiligten Standpunkt aus machen konnte und der diplomatische Mißerfolg der Gesandtschaft ihn nicht in seiner Nationalidentität berührte. So konnte er über die »wunden Örter«, wie Böttiger schrieb, behutsam hinweggehen. Hüttner vertrat keine sich den anderen Nationen überlegen fühlende Weltmacht. Er stand nicht unter dem Zwang, eine kostspielige diplomatische Aktion rechtfertigen zu müssen. Auch schrieb er nicht für eine vehement antikatholische Leserschaft, die eine Abgrenzung von den angeblichen Unwahrheiten der Jesuiten erwartete. Schließlich vertrat er auch nicht, wie etwa Barrow, eine explizite Theorie der zivilisatorischen Hierarchisierung. Ihm ging es weniger um ehrgeizige Gesellschaftsanalysen als um die Wiedergabe von Stimmungsbildern, auch wenn er sich selten einem reinen Impressionismus überließ, sondern meist nach Sinn und Funktion des Beobachteten im chinesischen Kontext fragte. Beschreibungen der Kulturlandschaft chinesischer Städte, Parks und Dörfer nehmen einen breiten Raum in seinen Aufzeichnungen ein.

So entstand in aller Kürze ein Panorama der chinesischen Gesellschaft: vom Kaiser und seinen Beamten bis zu Bootsziehern, Fischern und Gauklern. Die reinen Beobachtungen werden unterbrochen von Informationen über die chinesische Schiffahrt, das Straßenbild, die Eßgewohnheiten, die Volksreligion, die Tänze und – am ausführlichsten – über die chinesische Musik. Auch in diesen skizzenhaft analysierenden Teilen seines Reiseberichts bleibt Hüttner den Grenzen seiner Beobachtungs- und Unterrichtungsmöglichkeiten treu und verstrickt sich nicht wie viele seiner Mitreisenden in von der Reiseerfahrung unabhängige Theorien über die chinesische Kultur. Anders als etwa Barrow nimmt er keineswegs den Standpunkt der Allwissenheit ein. Obwohl auch Hüttner selbstverständlich vom technisch-wissenschaftlichen Vorsprung der Europäer gegenüber den asiatischen Kulturen ausgeht, so bleibt er doch in seinem Urteil über China zurückhaltender, als man es von vielen seiner Zeitgenossen gewohnt ist. Er zeigte sich davon überzeugt, daß die Chinesen ihre momentane

Rückständigkeit gegenüber den Europäern aufgrund ihrer großen Imitationsfähigkeit aufholen könnten. Das »Scheitern« der Mission dramatisierte er nicht. Aus seiner Sicht war es bereits ein diplomatischer Erfolg, daß die britische Seite nunmehr mit den Chinesen Verbindungen aufgenommen hatte, die es zukünftig für den China-Handel in Canton zu nutzen galt. Ähnlich wie Lord Macartney konnte sich auch Hüttner nur Diplomatie, nicht aber militärische Gewalt als Mittel des Umgangs mit den Chinesen vorstellen. Wir wissen, daß es knapp fünfzig Jahre nach der Macartney-Mission zum Krieg zwischen England und China kam. Eine solche Entwicklung lag noch völlig jenseits von Hüttners Vorstellungswelt.

Zu dieser Ausgabe

Da es nur eine veröffentlichte Textfassung des Hüttnerschen Berichts gibt und eine Handschrift nicht erhalten zu sein scheint, stellen sich keine Probleme der Textkritik. Hüttners Orthographie und Interpunktion wurden weitgehend den heute gültigen Regeln angepaßt. Seine Schreibung chinesischer Namen und Bezeichnungen, die er, des Chinesischen unkundig, nach dem Höreindruck vornahm, wurde im Text belassen; die Erläuterungen verwenden die heute gebräuchliche Umschrift Hanyu Pinyin, die zum Beispiel alle geographischen Angaben auf modernen Karten identifizierbar macht. Hüttner selbst versah seine Darstellung mit einigen Anmerkungen. Sie werden nicht fortlaufend numeriert, sondern durch Asterisk (*) gekennzeichnet. Der ausführliche Stellenkommentar soll nicht allein das Leseverständnis verbessern. Er soll auch zeigen, daß trotz mancher – oft kaum vermeidbarer – Mißverständnisse Hüttner ein aufmerksamer und nicht selten sorgfältiger Beobachter des chinesischen Reiches am Ende seiner letzten Blüteperiode war.

Farbtafel 1: Ein ausländisches Handelsschiff

Farbtafel 2:
Der chinesische
Begleiter
Wang Wenxiong

Farbtafel 3: Chinesen in einem Dorf betrachten neugierig die Britische
Gesandtschaft

Farbtafel 5: Das nördliche Ende des Kaiserkanals bei der Stadt Tongzhou

Farbtafel 6: Die Macartney-Residenz im Yuanming-Park bei Peking

Farbtafel 7: Blick vom Kaiserpalast auf den Beihai-Park

Farbtafel 8: Im Park der kaiserlichen Sommerresidenz in Jehol

Farbtafel 9: Residenz eines chinesischen Beamten

Farbtafel 10: Der Qing-Kaiser bei der Hirschjagd in der Nähe von Jehol

Farbtafel 11:
Der Qianlong-Kaiser
in der Staatsrobe

Farbtafel 12:
Der Qianlong-Kaiser
empfängt
in Jehol Tribut

Farbtafel 13: Ein Tributüberbringer vollzieht den Kowtow

Farbtafel 14: Der Qianlong-Kaiser trifft vor seinem Zelt im Sommerpalast in Jehol ein, um die Britische Gesandtschaft zu empfangen, 14. September 1793

Farbtafel 15:
Der Qianlong-Kaiser
auf dem Thron

Farbtafel 16:
Der Potala-Tempel in Jehol

Farbtafel 17: Flußszene

Farbtafel 18: Straßenszene in einem Dorf

Farbtafel 19: Der Qianlong-Kaiser reitet in die Stadt ein

Farbtafel 20: Die Schiffe der Gesandtschaft bei der Durchfahrt durch eine Schleuse am Großen Kanal

Farbtafel 21: Die Gesandtschaftsschiffe vor einer der zahlreichen Brücken in Suzhou

Farbtafel 22: Suzhou

Farbtafel 23: Hangzhou

Farbtafel 24: Eine chinesische Reismühle

Johann Christian Hüttners
Nachricht von der britischen
Gesandtschaftsreise durch China
und einen Teil der Tartarei

Vorrede des Herausgebers

Ehe der Verfasser nach China ging, baten ihn einige seiner
Freunde, er möchte ihnen etwas mehr als trockne, abgerisse-
ne Briefnachrichten über ein so selten besuchtes Land zu-
schicken. Sie stellten ihm vor, daß er davon in der Tat weniger
Mühe haben würde, als wenn er in vielen einzelnen Briefen
eben dasselbe wiederholen sollte, da eine Abschrift für alle dienen könnte. Er versprach daher eine kleine Nachricht; doch
mit dem Vorbehalte, daß er gegen weitere Mitteilung und den
Druck gesichert würde. Dieser Vertrag blieb in der Brust seiner Freunde verschlossen; um so mehr kränkte es ihn, als er
erfuhr, daß eine von den Hamburgischen Zeitungen seine Rei-
sebeschreibung angekündigt hätte.[*] Es war ihm nicht in den
Sinn gekommen, sie herauszugeben, obgleich mehrere ihn
darum angelegen hatten. Ungeachtet dieser Unannehmlichkeit hielt er seinen Freunden Wort und schickte gegenwärtige
Nachricht aus Canton; aber kaum war sie an die Behörde ge-
langt, als er selbst nach Europa zurückkehrte. Noch hatten nur
wenige sie gesehen, als er schon schrieb: man möchte sie ja

---

[*] *Er sagte darüber in einem seiner Briefe: »Halten Sie mich doch ja nicht für
unbesonnen genug, so etwas äußern zu können. Ich weiß übrigens sehr
wohl, wer der Mann in London ist, der ungebeten seine Zeitungsauszüge
mit diesem Zusatze bereichert hat. Er war nichts weniger als mein Feind;
aber wäre er es gewesen, so hätte er mir kaum mehr schaden können als
durch diese Indiskretion.«*

nicht weitergeben, da das Tagebuch des Gesandten in den Händen des Königs sei, der es zum Druck befördern werde. Als nachher alle Tagebücher an Staunton abgeliefert waren, der eine authentische Nachricht von der Reise liefern sollte[1] wiederholte Herr Hüttner seine Bitte noch dringender, weil er besorgte,[2] daß irgend jemand in Versuchung geraten möchte, seine Erzählung früher, als das große Werk erscheinen könnte, bekannt zu machen. Um dies zu verhindern, schwiegen die davon, welche Hrn. H.'s Handschrift gesehen hatten, und entschlossen sich, sie ihm, wie er wünschte, wieder zuzustellen. Hierbei blieb es, und bald dachte man auf beiden Seiten nicht mehr an die Sache, besonders da Anderson während der Zeit dem Publikum etwas über die Chinesische Reise hinwarf.[3]

Einige Zeit nach der diesjährigen Ostermesse erfuhr der Herausgeber durch einen Brief aus Leipzig, daß einem angesehenen Buchhändler »die Reise eines Deutschen nach China« angeboten worden sei, daß ihn nur die übertriebenen Forderungen abgeschreckt und daß der Verkäufer hierauf einen andern Abnehmer gesucht und gefunden habe. Es konnte nicht zweifelhaft bleiben, wer der ungenannte Deutsche sei, da Herr Hüttner bekanntlich der einzige im Gefolge der Gesandtschaft gewesen ist. Und doch war es ausgemacht gewiß, daß die feilgebotene Handschrift nicht aus seinen Händen herkommen konnte; sie mußte daher entweder untergeschoben oder ein Raub sein. Es kostete nicht viele Mühe zu erfahren, daß letzteres der Fall wäre. Eine schamlose, bis jetzt noch unbekannte Hand hatte von der nach Deutschland geschickten Privat-Nachricht heimlich eine Abschrift genommen, und Hr. Hüttner sollte auf diese Art, wider Willen und Erwarten, vor das Publikum gezogen werden, ohne nur einmal Vorteil davon zu haben. Seine Freunde fanden, daß die Bekanntmachung nun unvermeidlich sei. Sie hielten es daher für notwendig, ins Mittel zu treten und die Original-Handschrift so geschwind als möglich drucken zu lassen.

Diese umständliche Erzählung wird manchem vielleicht sehr unwichtig scheinen; sie war aber notwendig, um gehörig ins Licht zu setzen, welchen gerechten Anspruch diese Bogen auf die Nachsicht billiger Leser machen dürfen.

Unstreitig würde Herr Hüttner vieles hinzugesetzt, wegge-
lassen, berichtigt und anders gesagt haben, wenn er, als er seine Nachricht schrieb, an Publizität gedacht hätte. Man wird indes bemerken, daß er behutsam über die wunden Örter hin-
weggeschlüpft ist, an denen Anderson unbarmherzig sein Müt-
chen kühlte.

Der Herausgeber hofft übrigens, daß diese kurze Nachricht
von der Britischen Gesandtschaftsreise auch neben Stauntons
noch erwartetem Werke wird bestehen können. Herr Hüttner,
ein unbefangener, talentvoller Mann, sah manches aus seinem
eigenen Gesichtspunkte, und hat, als ein Deutscher, die chinesischen Namen ohne Zweifel bestimmter in Schrift dargestellt, als die Engländer es konnten.

Im August, 1797   C. B.

[Carl August Böttiger][4]

Der Kaiser von China hatte, als er die Nachricht erhalten, daß eine englische Gesandtschaft an ihn unterwegs sei, in Canton[5] und in allen Seehäfen seines Reiches ein Edikt bekannt machen lassen, welches den Mandarinen[6] befahl, ihr alle mögliche Ehre zu erweisen und ihre Reise nach Peking auf alle Art zu befördern; denn die Gesandtschaft sollte, ihrem Verlangen gemäß, Erlaubnis haben, die Gelbe See hinaufzusegeln, »da die Briten, wie bekannt, in der Schiffahrt sehr erfahren wären«[7]. Diesem zufolge gingen die beiden Schiffe, welche die Gesandtschaft und die Königlichen Geschenke für den Kaiser von China an Bord hatten (der *Löwe*, ein Kriegsschiff von vierundsechzig Kanonen, und die *Hindostan*, ein Ostindisches Compagnieschiff)[8], um die Insel Haynan[9] und Macao[10] herum, gerade auf die Straße von Formosa[11] zu.

Wir kamen den ersten Julius 1793 vor Tschus-san[12] in der Provinz Tschekian[13] an. Bis hierher war unsre Fahrt sicher genug gewesen; denn wir hatten Tagebücher englischer Schiffe, die vormals bis nach Tschus-san gehen konnten, wo, ehe der europäische Handel bloß auf Canton eingeschränkt wurde, sich auch eine englische Faktorei befand. Doch von hier weiter hinauf war, so viel ich gehört habe, noch kein europäisches Schiff gekommen; daher mußten wir Lotsen haben. Diese verschafften wir uns mit einiger Schwierigkeit in Tschus-san. Aber die chinesische Schiffahrt, die noch in ihrer Kindheit und folglich scheu ist, unterscheidet sich eben so sehr von der englischen als die eine Nation von der andern. Die Chinesen kriechen hier immer an den Ufern hin und wagen sich nie auf die Mitte des Gelben Meeres; daher halfen uns die Lotsen fast zu gar nichts, als sie auf unserm Schiffe das Land, welches allein ihr Urteil über die Gegend bestimmte, nicht mehr im Gesichte hatten. Dessen ungeachtet, und ohne eine Seekarte zu haben, die uns vor Felsen oder Sandbänken hätte warnen können, segelten wir getrost weiter, mit der Vorsicht, daß die zwei Brigantinen, welche uns begleitet hatten, nun voraus segelten und daß wir in der Nacht unsre Segel entweder ganz einnahmen und einen Anker auswarfen oder nur sehr wenige Segel aufspannten.

Einige Tage über hatten wir sehr windiges Wetter und starke Nebel, so daß der *Löwe*, auf welchem ich war, weder die *Hindostan* noch die Brigantinen sehen und auch auf das wiederholte Feuern von Kanonen keine Antwort erhalten konnte: ein Umstand, der Unerfahrene sehr in Furcht setzen mußte. Aber die Nebel verschwanden; der gute Wind dauerte fort, und wir sahen endlich am 16ten Julius Inseln und Vorgebirge an der chinesischen Küste, welche Sir Erasmus Gower, Kapitän des *Löwen*,[14] mit folgendem Namen benannte: Cape Macartney 36° 50' N. L. Long. 102° 30'. – Cape Gower 36° 55' N. L. Long. 102° 36'. – Staunton's Islands 36° 46' N. L. Long. 122° 25' E. of Greenwich.

Wir kamen am 20sten Julius in der Gegend von Miaotau[15], welches ein kleiner Ort in der Provinz Schantong[16] ist, vor Anker. Obgleich unsre Piloten, die so sehr in ihren Nachrichten voneinander abwichen, in der einzigen Versicherung übereinstimmten, daß unsre großen Schiffe wegen des untiefen Wassers nicht mit Sicherheit bis vor Taku[17] gehen könnten, so wurde es doch für notwendig gehalten, einen Versuch zu machen, da zu fürchten war, daß die Geschenke für den Kaiser, wenn sie so weit über Land nach Peking gebracht würden, wie die Mandarinen vorschlugen, Schaden leiden möchten. Daher schickte der Gesandte eine der Brigantinen ab, um die Tiefe des Wassers genau zu ergründen und andre nötige Nachrichten einzuziehen. Wir erfuhren bald, daß in dem großen Meerbusen, welcher von Corea, Leaotong[18] und von den chinesischen Provinzen Petscheli[19] und Schantong eingeschlossen wird, das Wasser, nach dem Teile des Landes zu, wo Taku liegt, viel zu seicht sei, als daß unsre großen Schiffe sich dorthin wagen dürften; denn selbst die Brigantine, welche nur einige Fuß Wasser brauchte, war verschiedene Male auf den Grund gestoßen. Nun wurde das dritte kleine Fahrzeug unsers Geschwaders, eine sogenannte *Snow*, nach Taku gesendet, um mit den Mandarinen über die Landung der Gesandtschaft und der Geschenke zu unterhandeln. Ich war auf beide kleine

Expeditionen mit abgeschickt und kann nicht genug sagen, wie sehr mir alles das auffiel, was ich hier zuerst von diesem sonderbaren Lande sah. Die vielen hundert Junken,*[20] denen wir begegneten, das Gewimmel der Leute auf denselben, ihr Anzug, ihre Geräte, der Gesang, mit welchem sie ihr Rudern begleiteten, die Bauart und Bequemlichkeit ihrer Schiffe, die Reinlichkeit und dann auf dem Lande die Häuser, Soldaten, Zeremonien und hundert andre Dinge erregten meine Neugier eben so sehr, als unsre Schiffe, unser Anzug, unsre Sprache und unsre Sitten die Aufmerksamkeit der Chinesen beschäftigten. Sie wunderten sich besonders, daß wir unsern Hals einwickeln, unsern Körper in so enge Kleider einzwängen, den wahren Umriß der Glieder ohne Scheu zeigen und die Haare mit weißem Staube bestreuen könnten; worauf wir denn in der Tat nicht viel zu antworten hatten[21]. Die Zeuge unsrer Kleider gefielen ihnen, so wie unsre Wäsche, unsre Degen, Uhren, Ketten, Schnallen und besonders unsre Schuhe und Stiefeln, da sie von der großen Kunst der Engländer, das Leder zuzubereiten, keinen Begriff haben.

In Taku oder in Tung-ta-ku-paiho[22] waren drei Mandarinen**, welche die Gesandtschaft empfingen: Tsching-ta-dschin***[23], ein Tartar[24] von sehr großem Range, Aufseher über die Salzzölle[25] des Reiches, bei dieser Gelegenheit so genannter Gesandter des Kaisers und Ober-Aufseher aller der Geschäfte, welche die englische Gesandtschaft betrafen; dann Tscho-ta-dschin[26], ein sehr gelehrter bürgerlicher[27]

---

* *Junk im Englischen, Ionc Französisch, Iunke Holländisch, kommt vermutlich von dem chinesischen Worte: Tschwang, Schiff, her.*
** *Mandarin ist ein portugiesisches Wort von mandare und bezeichnet jeden öffentlichen Beamten im Chinesischen Reiche, seine Würde sei groß oder klein, militär oder zivil. Das chinesische Wort dafür ist quang oder quang-fu. Die Grade des Mandarinats sind so verschieden, wie es die vielen Würden in einem so großen Reiche sein müssen. Man erkennet den Grad der Würde an der Farbe der Knöpfe, welche die Mandarinen auf der Mitte ihrer Hüte tragen: rot ist die erste; dann folgen blau, weiß und vergoldet. Rot und blau haben Unterabteilungen in dunkel und durchsichtig.*
*** *Ta-dschin heißt großer Mann und ist ein allgemeiner Titel vornehmer Leute.*

Mandarin und Befehlshaber des Bezirks der großen Stadt Tiensing[28] in Petscheli; endlich Wang-ta-dschin,[29] ein militärischer Mandarin von der Würde eines Obersten in unsern Armeen. Diese drei Herren versicherten uns, daß sie von dem Kaiser die gemessensten Befehle hätten, die Königlichen Geschenke (denn diese wurden immer zuerst genannt), die Gesandtschaft und das Gepäck derselben sicher an den Ort ihrer Bestimmung zu bringen. Sie setzten zu diesem Behufe[30] sogleich eine Menge Junken oder große Lastschiffe in Bereitschaft; und diese stießen in Zeit von zwei Tagen zu unsern Schiffen, welche nicht über vier Stunden weit von Taku vor Anker lagen.

Wir fürchteten, daß die großen und schweren Stücke, welche unter den Geschenken waren, bei dem Ausladen in die chinesischen Junken leiden möchten, aber wir irrten uns. Was den Chinesen an Geschicklichkeit abging, ersetzten sie durch Vielheit der Hände, durch Aufmerksamkeit und zum Teil durch körperliche Stärke, die, ob sie gleich bei weitem nicht mit europäischer, besonders englischer Matrosenkraft (welche in der Tat bewundernswürdig ist) verglichen werden darf, doch größer war, als man sie bei einem Volke erwarten sollte, das sich meistens nur von Reis und Wasser nährt, da hingegen unsre Matrosen täglich Fleisch und starke Getränke genießen.

In einigen Tagen war alles eingeschifft, und am 5ten August verließen wir, nach einer zehn Monate langen Fahrt aus Europa, unsre Schiffe, um in chinesischen Fahrzeugen auf der Küste der Provinz Petscheli ans Land zu gehen. Die Gesandtschaft bestand aus hundert Personen. Als der Gesandte aus dem Schiffe ging, wurde er, seinem Range gemäß, mit neunzehn Kanonenschüssen und drei Hussas salutiert.

Wir kamen nach einigen Stunden mit der Flut nach Taku, wo sich der Fluß Pai-ho[31] in das Meer ergießt. Die ganze Gegend dort herum hat das Ansehn eines nur erst seit kurzem vom Meere verlassenen Landes. Der Hafen wird immer seichter, und das Ufer nimmt zu. Aus Canton, Fukien[32], Tschekian, Tschiannan[33] und Schantong, besonders aber aus Nanking[34], kommen hier beständig die Küste herauf Hunderte von großen Junken mit Produkten der südlichen Provinzen an und nehmen Erzeugnisse der nördlichen Provinzen, meistens Salz, wieder mit. Die nahe Hauptstadt des Reiches und ihre wachsende Volksmenge macht, daß dieser Handel sich von Tage zu Tage vermehrt.

Die Geschenke und unsre Sachen wurden hier von den Chinesen auf kleinere Junken geladen, und wir selbst hatten sehr bequeme Fahrzeuge, auf welchen wir unsre Reise durch die Provinz Petscheli fortsetzten; denn da der Gesandte erfuhr, daß man zwar nicht gerade bis nach Peking zu Wasser kommen, aber doch dieser Stadt sehr nahe gehen könnte, so zog er mit Recht die Wasserreise einer unbequemern zu Lande vor, wo wir von der Unbequemlichkeit der Wagen, von der Hitze, vom Staube und vom Ungeziefer ungemein würden gelitten haben. Die Barken, auf welchen wir uns einschifften, hatten außer der Vorkammer für die Bedienten ein großes Mittelzimmer mit Tischen und Stühlen, gewöhnlich vier Bettstellen und hinten eine Küche. Die Fenster waren teils von Austerschalen, teils von Papier aus Corea, und beweglich. Im Schiffsraume, welcher mit starken Dielen bedeckt war, die man an einem Ringe aufhob, hatten wir hinlänglichen Platz für unsre Koffer und Sachen. Die Wände, Stühle, Tische und der größte Teil des Schiffs waren mit dem vortrefflichen gelblichen Firnis überzogen, den die Chinesen aus einem Baume, Tsi-chu* genannt (Rhus varnix Linn.), zubereiten und der an Glanz und an Feinheit die europäischen Firnisse bei weitem übertrifft.

Die Länge dieser Reiseschiffe ist im Durchschnitt dreißig Fuß, die Breite acht. Die Kampanje[35] erhebt sich allmählich, wie auf unsern Schiffen; die Schanze oder das Verdeck ist ganz flach, ohne Geländer. Die Schiffer schliefen in einem sehr engen, etwa 2 1/2 Fuß hohen Orte, welcher sich unter dem Vordecke hinstreckte. Wir hatten in diesen Schiffen alle Bequemlichkeiten, eine ausgenommen, welche wir Europäer für die notdürftigste halten. Die Segel sind meistens aus großen Matten gemacht.

---

* *Dieser Baum wächst vornehmlich bei Kan-tschu-fu in der Provinz Kiansi* [Jiangxi].

Da wir gegen den Strom gingen und nicht immer guten Wind hatten, so wurden unsre Schiffe mit einem an dem Mastbaume befestigten Seil am Ufer fortgezogen, aber nicht von Pferden, wie in Holland und England, sondern von sehr armen Leuten, die schlecht für diese schwere Arbeit bezahlt wurden und allen Ungemächlichkeiten des heißen Wetters ausgesetzt waren. Die Seile, deren man sich zu diesem Ziehen bedient, sind aus der Rinde des Bambusrohrs geflochten und scheinen zu diesem Behufe sehr dienlich zu sein, ob sie gleich die Stelle der härnen und hänfnen Seile (welche beide Arten in China sehr gut sind) zu anderm Gebrauche nicht ersetzen würden. Auf jedem dieser Reiseschiffe befindet sich, entweder in der Küche oder im Vorzimmer, ein kleiner Götze, dessen Altar nach dem Vermögen des Kapitäns ausgeschmückt ist. Man setzt ihm täglich sein Mal von Fleisch und Früchten vor und zündet gewisse kleine Stäbchen an, die mit Räucherwerk überzogen sind. Überdies pflegt auch der Herr des Schiffes an besondern Tagen, z. B. beim Eintritt in einen andern Fluß, bei Mangel des Windes und bei stürmischem Wetter, auf dem Vorderteile des Schiffes auf folgende Art zu opfern: Er setzt Fleisch und andre zugerichtete Speisen dorthin, steckt an beide Seiten Räucherstäbchen, bückt sich dreimal mit dem Haupte zur Erde und zündet dann eine Menge Schwärmer an, um durch den großen Lärm, den sie machen, die vielleicht schlafende Gottheit aufzuwecken. Hierauf brennt er vieleckige, übersilberte oder überzinnte Papiere an, welche überall verkauft und zu jedem Opfer gebraucht werden; dann bückt er sich wieder und beschließt das Opfer damit, daß er etwas Salz und Brühe der dargebrachten Gerichte in das Wasser wirft. Das Übrige nimmt er zurück, um es mit seiner Familie zu verzehren. Während dieser Zeremonien stehen die andern Schiffer unbeweglich hinter dem Herrn des Schiffes, ohne ein Wort zu sprechen.

Die Chinesen halten das Vorbord des Schiffes für sehr heilig, vermutlich weil sie dort opfern oder weil dieser Teil den Flußgottheiten gewidmet ist: Niemand darf sich dort hinsetzen und noch weniger irgendeine Unanständigkeit begehen.

Das Vergnügen, welches wir auf dieser angenehmen Wasserreise genossen, wurde einigermaßen durch den Lärm eines großen ehernen Beckens (chinesisch Lu) unterbrochen, welches mit einem hölzernen Klöppel geschlagen wird, um den Ziehern anzudeuten, wann sie langsamer oder geschwinder fortgehen oder wann sie stehen bleiben sollen. Dieses betäubende Getöse ließ uns in mancher Nacht kein Auge zutun und reizte uns zu Verwünschungen, die indes eben so fruchtlos waren als Bitten. Brachten wir ja eine Nacht hin, ohne von diesen Becken beunruhigt zu werden, so raubten uns die Hitze, welche im August in dieser Provinz unerträglich ist, und blutgierige große Mücken (Muskitoes) die nächtliche Ruhe. Die Einwohner sind an beides gewöhnt; sie finden es nicht so unbequem als wir und reisen auf solchen Fahrzeugen, wo sie nur können. Es gibt auch wenige große Städte, die nicht durch irgendeinen Fluß oder Kanal mit den übrigen Teilen des Reiches verbunden wären, obgleich die Hauptstadt selbst diese Bequemlichkeit nicht hat.

Die Chinesen mußten sich sehr geschmeichelt finden, als sie eine Gesandtschaft aus einem so fernen Lande in so vielen Schiffen erblickten; denn auf den Flaggen derselben stand mit großen Buchstaben in der Landessprache: »Dies sind die Leute, welche dem großen Kaiser Geschenke bringen«*. Alle Augenblicke begegneten uns entweder Lastschiffe oder Reiseboote von verschiedener Bauart, auf denen die Schiffer und Reisenden, mit und ohne Brillen[36], sich drängten, im Vorbei-

---

* *Als in dem Verzeichnisse der Geschenke, die mit nach Dschecho genommen wurden, das Wort* Kung, *welches auf den Flaggen stand und von den Mandarinen an die Stelle des Wortes* Lo *gesetzt worden war, dem Gesandten nicht gefiel; erklärten sie ihm hinlänglich, daß* Kung *weiter nichts als* Geschenke *bedeute, und trugen kein Bedenken, ein andres Wort an dessen Stelle zu setzen, wodurch aller Verdacht wegfallen mußte.* Kung *drückt mehr Achtung aus und wird gemeiniglich bei* Geschenken *gebraucht, die man dem Kaiser macht. Man sagt ja auch in Europa höflich* Dienste *anstatt* Gefälligkeiten. *Mithin ist die Meinung von der Unschicklichkeit der Flaggen-Schrift unbegründet, eben so wie die Verdolmetschung des Wortes* Kung *durch* Tribut.

fahren so viel wie möglich von uns zu sehen. Meistens drückten ihre Mienen das größte Erstaunen aus; viele lachten aber bei unserm Anblicke aus vollem Halse und wiesen mit den Fingern auf irgendeine Sonderbarkeit an unsern Personen oder Anzügen. Das Land war ganz flach; aber der Anbau der Felder, durch die der Fluß in den mannigfaltigsten Windungen irrte, zeugte überall von dem größten Fleiße. Die Dörfer und Städte, welche zuweilen angenehme Aussichten gewährten, die ungeheure Anzahl der neugierigen Leute, die sich an den Ufern versammelt hatten, um uns zu sehen, die scheuen Weiber, welche zwischen Haustüren und über Mauern guckten, und die Sitten der uns umgebenden Chinesen gaben unsrer Aufmerksamkeit hinlängliche Beschäftigung.

Von dem Augenblicke an, da die Gesandtschaft in China eintrat, übernahm der Kaiser alle ihre Kosten und Ausgaben bis auf die größten Kleinigkeiten. Täglich brachte man uns die besten Lebensmittel in Überfluß auf unsre Boote. Der Gesandte wünschte zwar, mit seinem Gefolge auf eigne Kosten zu reisen; aber man antwortete ihm höflich, der Kaiser könne das nicht geschehen lassen, da Gastfreiheit gegen Gesandte eines der ersten und ältesten Landesgesetze sei.

Am 11ten August kamen wir in Tiensing an, welches die zweite Stadt der Provinz Petscheli ist. Hier wohnt der Songtu[37] oder Unterkönig, Befehlshaber der Provinz. Dieser alte würdige Herr[38], den wir nachher wieder in der Tartarei sahen[39], behandelte den Gesandten und sein Gefolge mit der aufrichtigsten Freundschaft, gab uns ein, nach chinesischer Art, prächtiges öffentliches Frühstück, ließ seine Schauspielergesellschaft den ganzen Morgen unserm Ankerplatze gegenüber spielen, schickte uns Früchte, Lebensmittel, Seidenzeuge und Fächer zum Geschenke und würde uns länger in Tiensing bei sich behalten haben, wenn der Gesandte nicht gewünscht hätte, so bald als möglich an den Ort seiner Bestimmung zu kommen. Ehe wir uns der Stadt näherten, sahen wir zwei englische Meilen lang ungeheure Lasten von Salz, welches man teils hier, teils in den südlichen Provinzen aus Seewasser macht, aufgehäuft und mit Matten bedeckt.

Da der Paiho, auf welchem wir fuhren, durch die Stadt fließt, so hatten wir hier zuerst Gelegenheit, uns einen Begriff von dem Umfange der inländischen chinesischen Schiffahrt zu machen. Außer den Reiseschiffen, die überall in großer Menge vor Anker lagen, sahen wir wohl an 600 beladene große und kleine Lastschiffe, an deren Hinterteilen mit großen Charakteren[40] geschrieben stand, woher sie kamen und was sie geladen hatten. Ich übertreibe hier nichts, sondern gebe bloß eine Mittelzahl aus denen, die ich nennen hörte. Alle vor Anker liegenden Fahrzeuge waren mit Leuten vollgepfropft, und an den seichten Stellen des Flusses standen sie im Wasser, um die Fremden zu sehen, denen der Songtu so viele Ehre erzeigte. Wenn das Volk nicht glaubte, daß diese Achtung einem Gesandten zukäme, so waren schon unsre gelben Wimpel hinlänglich, es damit auszusöhnen, weil Gelb die Kaiserliche Farbe ist.

Wir hatten ein paar Tage hindurch guten Wind und kamen am elften unsrer Reise (am 16ten August) vor Tongschu[41] an. Da die Geschenke für den Kaiser und unser Gepäck zu Lande nach Peking gehen mußten, welches einige Verzögerung verursachte, so blieben wir hier ein paar Tage in den Nebenwohnungen eines Bonzentempels[42] vor Tongschu. Es stand uns völlig frei, in die beiden Tempel zu gehen, die von diesen Wohnungen eingeschlossen wurden. Man verehrt hier eine gewisse Jungfrau, welche die Lucina der Chinesen ist[43]. Unverheiratete Frauenzimmer wenden sich an sie, um von ihr einen Gatten zu erflehen, und verheiratete kinderlose Frauen, um fruchtbar zu werden. In diesen Gebäuden waren wir der lästigen Neugier der Leute nicht so ausgesetzt wie auf den Schiffen und genossen einige Tage lang mehr Ruhe als vorher. Freilich schreckten uns hier zuerst in unsern Schlafkammern und Koffern Skorpionen und Hundertfüße von ziemlicher Größe; aber diese Insekten, an welche Europäer aus unsern Breiten nicht gewöhnt sind, machten uns bloß behutsam und verletzten uns nicht.

Für die königlichen Geschenke und für unser Gepäck waren zwei große Mattenhäuser am Ufer erbauet. Dorthin wurde alles geschwind und unbeschädigt aus den Lastschiffen gebracht; aber wie sollte es nun unversehrt nach Peking kommen? Nichts war leichter! Tausende von armen Leuten standen bereit, das, was nicht zur Achse gehen konnte (und das war fast alles) auf ihren Schultern fortzubringen. Herr Barrow[44], dessen Amt es erforderte, bei dem Fortschaffen der Gepäcke gegenwärtig zu sein, sagte, daß an 3000 Träger dazu erforderlich gewesen wären. Die Mandarinen hielten strenge Ordnung, und unsre schwersten Kisten wurden durch Verteilung der Last bequem fortgetragen. In zwei Tagen war alles fertig, und wir selbst reisten am 21sten August nach Peking ab. Dies ist nur etwa zwei oder drittehalb deutsche Meilen von Tongschu entfernt, und es führt ein breiter, mit starken Quadersteinen gepflasterter Weg von hier nach der Hauptstadt. Außer den ersten Personen der Gesandtschaft und dem Dolmetscher, welche in Sänften getragen wurden, fuhren alle übrigen Herren des Gefolges, ferner Künstler, Musiker, Soldaten und Bedienten, in zweirädrigen Wagen, welche uns mehr erschütterten, als wir wünschten, und mich an die sanften Stöße der Postwagen in meinem lieben Vaterlande[45] erinnerten. Hierzu kamen Sonnenhitze und erstickende Staubwolken, welche von den zahlreichen Reisenden an beiden Seiten der Straße erregt wurden und diesen Tag nicht zu dem angenehmsten unsrer Reise machten.

Die Erwähnung des Dolmetschers erinnert mich, daß es hohe Zeit ist, über diese in einem entfernten Lande so notwendige Person etwas zu sagen. Der Gesandte hatte einen gebornen Chinesen mit sich aus Europa gebracht. In Neapel ist ein so genanntes Chinesisches Kloster, worin geborne Chinesen auf Kosten der Propaganda[46] zu Priestern und Missionaren der katholischen Religion erzogen werden. Von dort ließ die englische Regierung zwei kommen, welche mit der Gesandtschaft nach ihrem Vaterlande zurückgingen. Doch wagte es nur einer, der Pater Jakob-Ly[47], den Gesandten bis nach Peking zu begleiten. Dieser würdige Geistliche, ein durch Herz und Kenntnisse sehr schätzbarer Mann, welcher dem Collegium in Neapel viele Ehre macht, war der Gesandtschaft sehr nützlich.

Wie vielen Schaden hätte er tun können, wenn er nicht der ehrliche Mann gewesen wäre, für den der Gesandte ihn hielt und als den er, wie ich gewiß weiß, ihn immer befunden hat! Weil er die Ideen des Gesandten besser als ein Ausländer in seine Muttersprache übertragen konnte, so war er als Dolmetscher jedem europäischen Missionar aus Peking weit vorzuziehen. Für die Bedürfnisse des Augenblickes lernten wir alle einige chinesische Brocken. Aber der junge Staunton[48] hat es schon damals zu einer Fertigkeit im chinesischen Sprechen, Schreiben und Lesen gebracht, die jedermann in Erstaunen setzte. Er wurde vom Gesandten verschiedene Male mit gutem Erfolge als Dolmetscher gebraucht.

Man wußte, daß die Gesandtschaft an diesem Tage nach Peking kommen würde; die Wege waren daher schon weit vor der Stadt mit Menschen angefüllt, und jeder wünschte, die Fremden, wie ebenso viele ausländische Wunder, von denen die sonderbarsten Gerüchte unter dem Pöbel verbreitet waren, zu sehen. Wenn wir des großen Gedränges oder des langen Zuges wegen anhielten, so wurden unsre Wagen augenblicklich mit Leuten umringt. Bald befühlten sie unsre Kleider, bald wunderten sie sich über die sonderbare Farbe unsrer Hände, bis wir die Handschuhe (für sie sehr lächerliche Dinge) abzogen. Einige hielten uns für Männer ohne Bärte; kurz, alles um und an uns war ihnen neu, und unsre Wagen, wenn sie hielten, glichen Guckkästen, zu denen sich ein Haufen nach dem andern drängte. Die Vorstädte, welche auf der Seite, wo wir hereinkamen, über eine Stunde lang sind, und das wachsende Getümmel von Fußgängern, Reitern und Fahrenden kündigten die Nähe einer von den größten Städten in der Welt an[49].

Peking ist von einer sehr hohen und ziemlich dicken Mauer umgeben. Die hohen, mit Kanonen besetzten Tore stellen sich von weitem majestätisch dar[50]. Welch eine Erwartung des Innern erregen sie! Sobald wir in die Stadt eingetreten waren, fing der Ungestüm des Pöbels an, uns unerträglich zu werden, und wir konnten nicht umhin, die Gegenwart der Soldaten, so lange wir durch die Stadt fuhren, für nötig zu halten, ob wir

Abbildung 12: Eines der nordwestlichen Stadttore Pekings

gleich ihre Unmenschlichkeit nicht billigten. Ehe ich etwas andres bemerken konnte, fesselten die vielen Sänften der Damen, die oft von zwanzig Leuten getragen und von eben so vielen begleitet wurden, meine Aufmerksamkeit. Ich weiß nicht, wie viele Farben daran verschwendet waren und wie viele Troddeln, Bänder und Zieraten davon herabhingen. Was diesen Sänften an Geschmack fehlte, ersetzten sie durch Größe und Kostbarkeit. Das Auge wurde zunächst auf die häufigen Vergoldungen an den Außenseiten der Häuser gezogen; aber es ermüdete bald durch den Flitterstaat großer vergoldeter Charaktere auf langen Brettern an den Läden, stark vergoldeter Türme und Geländer, grell abstechender Farben und einer Menge von bunten Papierlaternen, die von allen Häusern hingen. Die Straßen sind breit, allein nicht gepflastert. Sie werden im Sommer gewässert; doch dessen ungeachtet ist der Staub erstickend. Die Häuser haben keine Stockwerke, wenigstens in der Regel, von der man nur selten eine Ausnahme sieht, doch haben viele Häuser Gallerien und Altane. Die Vorderteile der Häuser, welche mehrenteils zu Läden und Werkstätten bestimmt sind, haben keine Fenster; aber eine Tür führt in das Innere zu den eigentlichen Wohnungen, die man von der Straße nicht sehen kann[51]. Die Ziegel der viereckigen, an den

Abbildung 13: Die Sänfte eines hohen Beamten

Winkeln aufwärts gebogenen und spitzig zulaufenden Dächer sind zwar gebackne Steine, aber von grauer Farbe. Mitunter sieht man Häuser, deren Dachziegel mit glänzender, gelber Glasur überzogen sind. Es ist nicht zu leugnen, daß die Läden aller Art ihre Waren sehr vorteilhaft ausgelegt haben und reich aussehen. Hin und wieder hat man Triumphbogen errichtet, teils von gehauenen Steinen, teils von Holz[52]. Sie sind mit Bildhauerei verziert, vergoldet, sehr bunt angestrichen und oben mit Dächern versehen; aber, es sei nun wahrer oder verwöhnter Geschmack, sie haben nicht das Erhabene, welches nach europäischen Ideen von Architektur in dieser Art Gebäuden herrschen sollte. Ich erinnere nicht, daß die Straßen von einer ungeheuren Menge Herumträger, Marktschreier, Buden, Bettler, Müßiggänger, Wagen, Pferde u.s.w. wimmelten; das versteht sich in einer großen Stadt von selbst. Irgendwo habe ich gelesen, man sehe in den Straßen von Peking nicht ein einziges Frauenzimmer. Diese Behauptung ist ungegründet; denn wir sahen nicht nur viele gemeine, sondern auch wohlgekleidete und schöne Frauen auf den Straßen, in den Häusern und auf den Gallerien.

Es währte nahe an zwei Stunden, ehe wir an die Mauern der Tartarstadt kamen (denn Peking wird in die Chinesische und Tartarische Stadt geteilt). Bei dieser gingen wir vorbei, und da wir nicht sogleich unsre Wohnung in Peking beziehen konnten, so reisten wir etwa noch eine deutsche Meile weiter bis nach einem Kaiserlichen Palaste Yuen-min-yuen[53], wohin einstweilen auch alle Geschenke und Gepäcke getragen wurden. In einem von dem Kaiser Camhi[54] hier angelegten kleinen Parke werden einige Gartenhäuser noch zuweilen von dem jetzigen Kaiser bewohnt; und diese räumte man der Gesandtschaft ein. Die Chinesen lieben in ihren Gärten künstliche Felsen, kleine Hügel, wilde Baumgruppen, Wasser und beschattete Häuser; aber die letztern ausgenommen, fanden wir alles vernachlässigt und verfallen[55]. Einige Zimmer waren mit schönen Gemälden verziert, die wegen der genauen Nachahmung der Gegenstände und wegen ihrer lebhaften Farben von Kennern bewundert wurden; die Seitengebäude waren fast unbewohnbar. Die außerordentliche Hitze würde uns das Leben verleidet haben, wenn man uns nicht hier, und nachher in Peking sowie in der Tartarei, Eis genug gegeben hätte, dessen man sich in China in der heißen Jahreszeit häufig bedient.

Nicht weit von diesem Parke ist ein größerer Palast, den der jetzige Kaiser erbauet hat und sehr oft bewohnt[56]. Hier wurden einige der Königlichen Geschenke aufgestellt, z. B. zwei prächtige Kronleuchter von der Arbeit des berühmten Parker, eine Himmels- und eine Erdkugel, ein Planetarium, Uhren u.s.w. Chinesische Paläste sind von den europäischen ganz verschieden. Dieser hier besteht aus einem Parterre, welches ein weites Zimmer, etwa 90 Fuß lang und 40 Fuß breit, enthält. Von außen ist es sehr glänzend und hat viel vergoldetes Schnitzwerk, als goldne Drachen, Blumen u. dergl., wovon ein Teil mit Eisendraht einförmig überzogen ist, um die Schwalben abzuhalten. Von fern wird das Auge dadurch geblendet, aber man durfte nicht nahe hinzu gehen, weil man sonst die grobe Arbeit und die schlechte Vergoldung des Schnitzwerkes bemerkte. Das Zimmer ist mit weißen Marmorfliesen gepflastert, und in der Mitte steht ein Thron mit Stufen. Rund herum geht ein Geländer mit fein gearbeitetem Schnitzwerk aus dunkelrotem Holze; an beiden Seiten des Thrones stehen zwei geschmackvolle große Fächer von Federn. Oben liest man in großen Charakteren von Gold: Tschinn tu quann min, »das wahrhaft große und strahlende Licht«[57]. Der Thron ist mit gelbem und der Fußboden mit rotem Tuche bedeckt; Sing- und Schlag-Uhren, Kunstwerke und chinesische Gemälde verzieren die Seiten. Die Fenster sind von bloßem weißem Papiere, welches in Corea gemacht wird; aber da das Dach ein wenig hervorsteht, so kann der Regen sie nicht treffen. Das Dach ruhet auf dicken Hölzern, rot angestrichenen Pfeilern. Vor dem Eingange zum Palaste stehen zwei kolossalische eherne Drachen mit fünf Klauen (dies ist das Kaiserliche Wappen). Weiter vorn ist ein ähnliches Gebäude errichtet, auch bloß Parterre, vor welches zwei metallne groteske Löwen gestellt sind; es hat aber kein Zimmer, sondern ist eine Art von Eingang oder offenem Saale. Der Raum zwischen diesem und dem Palaste

Abbildung 14: Der Kaiserthron im Yuanming-Park mit der Inschrift
»Wahrhaft großes, strahlendes Licht«

bildet einen weiten ansehnlichen Hof, der mit großen Quadern
aus feinkörnigem Granit gepflastert ist. Die größten derselben
sind 10 Fuß lang und 4 Fuß breit. Der Palast ruht auf einer etwa vier Fuß hohen und mit Stufen versehenen steinernen Ba-
sis. Hinter dem Palaste ist ein angenehmer kleiner See, um
welchen künstliche Grotten, Felsen und hohe Bäume angebracht sind, die eine herrliche Aussicht bilden. Wir sahen hier
eine Menge Eunuchen von großem Range, die wegen ihres
Übermutes, ihrer Zudringlichkeit und Unwissenheit sich vor
andern chinesischen Hofleuten auszeichnen[58]. Während unsres Aufenthalts in Yuen-min-yuen am 21. August war eine
Mondfinsternis; und sobald der Schatten eintrat, konnten wir
deutlich einen großen Lärm in der nahen kleinen Stadt Kian-
hai-tien hören[59]. Kleine Glocken, Becken, Klappern und eine
Art Trommeln machten ein so gewaltiges Getöse, daß der

111

Drache, welcher den vollen Mond in seinen Klauen hielt, vor Schrecken bald wieder losließ.

Nach einigen Tagen verließen wir Yuen-min-yuen und reisten nach Peking in einen großen und geräumigen Palast zurück, der aus verschiedenen bequemen Gebäuden bestand. Er hatte ehemals einem vornehmen Mandarin zugehört, welcher erst Hupu, d. i. oberster Zoll-Einnehmer in Canton [60], und nachher Kaiserlicher Aufseher des Salzwesens in der Provinz Petscheli gewesen war, aber wegen seiner Erpressungen und Ungerechtigkeiten angeklagt, seines Vermögens beraubt und ins Gefängnis geworfen wurde, wo er auch gestorben ist.

Um die zahlreichen Bedürfnisse so vieler Personen, als unser waren, den Mandarinen bekannt machen zu können, war es sehr wünschenswert, mit irgendeinem der europäischen katholischen Geistlichen in Verbindung zu kommen. Der Gesandte erhielt zu diesem Behufe einen französischen Missionar, den Pater Rox [61], welcher täglich in den Palast kam und der Gesandtschaft sehr nützlich war.

Es wäre hinlänglich gewesen, dem Missionar bei dieser Gelegenheit einige Bediente anzuweisen, durch welche er leicht alles uns Nötige würde haben herbeischaffen können. Aber man hatte – ich weiß nicht, ob aus Aufmerksamkeit oder Mißtrauen – wenigstens zwölf Mandarinen dazu bestimmt, daß sie uns, auf des Missionars Anzeige, mit den Notwendigkeiten versorgen sollten. Es war lustig anzusehen, wie diese den ganzen Tag über im Palaste hin und her liefen, als ob sie die wichtigsten Geschäfte zu verrichten hätten. Einer war der Milch-Mandarin, der andre der Brot-Mandarin, ein dritter Mandarin-Türhüter. Einige mußten auf unser Betragen Acht geben, und noch andere waren damit beschäftigt, alles haarklein an den Kaiser zu berichten, was wir taten, brauchten und bekamen. Nichts war lästiger als die Zudringlichkeit der Mandarinen, welche sich in ganzen Scharen nicht nur bei unsern Mahlzeiten versammelten, um unsre Gebräuche bei Tische zu sehen, sondern auch in unsre Schlafkammern drangen. Jeder Mandarin hatte wenigstens einen Knaben bei sich, der die Tabakspfeife, eins ihrer größten Bedürfnisse, trug; folglich traten allemal so viele Bedienten als Herren herein. Diese hatten wieder ihre Freunde, welche vorgestellt sein wollten: denn von den entferntesten Gegenden des Reiches waren Mandarinen angekommen, um uns zu sehen; und diese Fremden, für die man sie wenigstens ausgab, wurden nicht ohne ansehnliche Geschenke an die Mandarinen, welche die Aufsicht über den Palast hatten, zugelassen. Selbst die beiden Herren, welche uns bei der Landung empfangen und hierher begleitet hatten, konnten nur mit Mühe zu uns kommen; man verlangte von ihnen Geld, weil als gewiß angenommen wurde, daß sie bereits sehr kostbare Geschenke von der Gesandtschaft erhalten hätten.

Die chinesischen Hofleute, deren Anzahl sehr beträchtlich ist, haben meistens kleine, wenig einbringende Ämter, leiden Mangel, sind in Schulden und warten auf Gelegenheiten, Geld zu erpressen[62]. Dies war damals leichter für sie als jemals; denn sie rechneten dem Kaiser alles, was wir brauchten, zehnfach an und gaben wenigstens den Soldaten und Bedienten nicht allemal so viel, als nötig war. Übrigens scheuten sie sich nicht im geringsten, das zu fordern, was ihnen gefiel; besonders hatten unsre Uhren dieses Glück, weshalb mehrere bei der Gesandtschaft keine Uhren mehr trugen. In Yuen-min-yuen, wo verschiedene Herren sich mit der Zusammensetzung des Planetariums beschäftigten, traf es sich, daß ein italienischer Missionar, der ihr Dolmetscher war, seine Uhr herauszog. Ein vornehmer Hofmann sah und bewunderte sie. Abends schickte er seinen Bedienten zu dem Missionar und ließ sich die Uhr ausbitten, welche dieser auch nicht verweigern durfte. Der Hofmann schickte ihm dafür einige Büchsen Tee und andere Kleinigkeiten, die an Wert nicht den zwölften Teil der Uhr betrugen. Dergleichen Züge erfuhren wir mehrere.

Es fehlte in diesem Palaste an einem bequemen Orte für unsre Küche: ein Umstand, den viele von uns eben nicht sehr bedauerten, als sie die chinesische Kocherei kennen lernten. Einige Kenner verglichen sie mit der französischen Art zu kochen. Die chinesischen Gerichte sind sehr zusammengesetzt und ganz klein geschnitten, weil man sich, wie bekannt, nicht der Messer und Gabeln, sondern der Eßstäbchen bedient. Selbst Früchte, z. B. Appelsinen, werden kleingeschnitten aufgetragen. Ihre Brühen sind sehr schmackhaft, und es fehlte weder an Verschiedenheit der Gerichte noch an Gefälligkeit für das Auge, wenn sie aufgetragen sind. Die Chinesen machen keinen Gebrauch von Milch; daher kostete es viele Schwierigkeiten, dieses Bedürfnis zu erhalten. Ich habe oft die Chinesen ihre Verwunderung darüber ausdrücken sehen, daß wir Milch trinken können.

Wir befanden uns nun mitten in Peking, aber man erlaubte uns nicht herumzugehen, wohin wir wollten, sondern wir waren beinahe wie in ein Gefängnis eingeschlossen. Daraus ist nicht zu schließen, daß es an Achtung für die Gesandtschaft gefehlt hätte; ich glaube vielmehr, daß im ganzen darüber nicht zu klagen war. Man gab die sonderbaren Begriffe, welche die Chinesen von den Europäern haben, unsern Anzug, die Furcht vor einem Auflaufe und andre Dinge als Gründe an; indes konnten vielleicht verborgnere Ursachen diese Unannehmlichkeit verursachen. Ebensowenig wurde es den Chinesen erlaubt, zu uns zu kommen. Aber unser Aufenthalt in Peking dauerte nur so lange Zeit, als wir notwendig brauchten, um unsre Sachen ein wenig in Ordnung zu bringen. Denn wir eilten, dem Kaiser vorgestellt zu werden, der eben damals auf seinem Sommersitze in Dschecho (auf den Karten Geho)[63] in der tartarischen Provinz Leaotong war. Es wurden einige Geschenke mit dort hin genommen.

Am zweiten September reisten wir aus Peking in die Tartarei ab. Der Gesandte und der Sekretär[64] der Gesandtschaft waren in einem englischen Wagen, den sie zu ihrem eignen Gebrauche mitgebracht hatten und der überall mit großer Verwunderung betrachtet wurde. Das Gefolge ritt, und die Übrigen fuhren. Wenn ich eine Probe von dem sonderbaren Klange chinesischer Wörter geben wollte, so würde ich die Namen der Städte und Örter auf unsrer Reise nach der Tartarei anführen; aber da die meisten derselben unbeträchtlich sind und auf keiner Landkarte stehen und da wir alle Nächte in den Kaiserlichen Palästen schliefen, in welchen der Kaiser selbst zu

Abbildung 15: Die Große Mauer

übernachten pflegt, so ist es unnötig, die Namen der kleinen
Örter anzugeben. Eine kleine Stadt ist indes zu merkwürdig,
als daß ich sie nicht erwähnen sollte. Sie liegt an der berühmten Chinesischen Mauer, welche die Grenze zwischen China
und der Tartarei macht, und heißt Chu-pa-ku, d. i. zwischen
oder an der Mauer[65].

Etwa eine Viertelstunde vorher kamen wir durch das Tor
Nan-tien-ming, d. i. Tor des mittäglichen Himmels[66], welches
auf einer kleinen Anhöhe liegt. Wir sahen die große Mauer
(auf Chinesisch Tschan-tschung)[67] schon einige Tage vorher;
aber hier kamen wir ganz nahe an ihr vorbei und bestiegen
sie. Freilich ist eine Mauer nur eine Mauer; aber eine so alte,
welche die kriegerischen Tartarn 2000 Jahre lang und, wenn
wir den Chinesen glauben, noch länger von China abgehalten
hat, verdient doch wohl einige Aufmerksamkeit. Ich hörte damals den Ausspruch des berühmten Samuel Johnson[68] wiederholen, »daß einem Manne Ehre machen würde, sagen zu
können, sein Großvater habe die Chinesische Mauer gesehen.« Diese Antiquität kann aber jetzt den Wirkungen der Zeit
nicht mehr widerstehen: An vielen Orten ist sie eingefallen;
und nur an einigen hat sie sich noch vollkommen erhalten,

wovon man auf die Güte der Steine und des Kalkes schließen kann. Die Mauer ist in der Mitte mit Erde und Schutt ausgefüllt und etwa 10 Fuß breit. Alle 200 Schritte sind Türme, die aber jetzt keine Besatzung mehr haben. Am bewundernswürdigsten ist es, daß sie über die steilsten Gebirge ununterbrochen fortgeht. An dem Orte, wo wir sie bestiegen, sahen wir zwei andre Mauern in einiger Entfernung voneinander, aber in derselben Richtung. Vielleicht ist sie überall, wo man mehr von dem Einfallen der Tartarn zu befürchten hatte, doppelt oder dreifach[69]. Unter die Seltenheiten, die wir von dieser Reise mitbringen wollten, legte jeder auch Stücke von den Steinen und dem Kalke dieser uralten Mauer, nicht ohne Hoffnung, sie mit großem Gewinne an irgendeinen der europäischen Antiquare zu verkaufen. Der Hauptmann Parish[70] von der Leibwache des Gesandten machte an Ort und Stelle eine sehr genaue Zeichnung der Mauer.

Um Chu-pa-ku wurde die Gegend, durch welche wir reisten, gebirgig und mitunter malerisch. Wir hatten beständig Dörfer im Gesichte. Die Felder waren wohlbebauet; aber die Gegend scheint arm an Wasser zu sein. Unsre mäßigen Tagereisen erstreckten sich fast nie über drei deutsche Meilen und wurden durch die Entfernung der Paläste bestimmt, in welchen der Kaiser selbst zu übernachten pflegt. Hier kamen wir jedesmal zum Mittagessen an, und den übrigen Teil des Tages brachten wir in den Gärten zu, welche bei jedem dieser Paläste angelegt sind. Während der ganzen Reise trübte nicht ein Wölkchen den Himmel. Der Weg war mittelmäßig; und wenn unsre Pferde hinkten, stolperten oder ganz und gar nicht fort wollten, wenn unsre Sättel nur einen oder gar keinen Steigbügel hatten oder wenn die Bedienten der Mandarinen mit den bessern Pferden früh fortritten und uns ihre halb verhungerten Rosinanten zurückließen, so gab uns das nur um so mehr Stoff zu Scherzen, über die wir alle Unbequemlichkeiten vergaßen. Wir lernten bei dergleichen Unfällen, daß es in China ein Zeichen der Aufmerksamkeit ist, das Pferd eines andern ungeheißen mit der Reitgerte anzutreiben: eine Höflichkeit, die wir anfänglich ganz für das Gegenteil ansahen.

Ich darf nicht erinnern, daß wir überall die Augen der Leute auf uns zogen. Das war sehr natürlich; aber die Ursachen des Anstaunens lagen nicht bloß in unsern Personen und Anzügen. Gewissen Gerüchten nach hatten wir die außerordentlichsten Dinge unter den Geschenken für den Kaiser. Eines Tages näherte sich unserm Dolmetscher ein Mandarin sehr schüchtern und geheimnisvoll mit der Frage, ob es nicht möglich sei, ihm und einigen Freunden, die ausdrücklich deswegen hierher gekommen wären, die wunderbaren Seltenheiten zu zeigen, welche wir dem großen Kaiser mitgebracht hätten. Der Dolmetscher stutzte und bat den Fremden, sich näher zu erklären, was für Seltenheiten er meinte. Ja, antwortete jener, ich habe in Peking und andern Orten gehört*, daß ihr unter andern eine Henne mitgebracht habt, die täglich fünfzig Pfund Kohlen zu ihrer Nahrung braucht und mit nichts weiter gefüttert wird, ferner einen anderthalb Fuß hohen Zwerg, einen Elephanten von der Größe einer Katze, ein Kopfkissen, welches die magische Kraft besitzt, jeden, der sein Haupt darauf legt, augenblicklich, wohin er nur wünscht, zu versetzen u.s.w. Der Fremde schien so sehr von der Wahrheit dieser Gerüchte überzeugt zu sein, daß es einige Mühe kostete, ihn aus seinem Irrtume zu bringen. Er war offenbar niedergeschlagen, als er hörte, daß er die Wunderdinge unmöglich sehen konnte, da wir sie nicht hätten. Diese Gerüchte waren übrigens für den gemeinen Chinesen um so glaubwürdiger, da Gesandte aus den benachbarten kleinen Reichen dem Kaiser alle Zeit sonderbare Vögel, Tiere und andre Naturseltenheiten zum Geschenk bringen[71]. Es traf sich sonderbar genug, daß wir auf dem Wege mehrere Tage nach einander Dromedaren, mit Holzkohlen beladen, begegneten: ein Umstand, durch welchen verschiedne Leute, die von unsrer Wunderhenne gehört haben mochten, in ihrem Wahne bestärkt werden konnten.

Das Merkwürdigste auf dem Wege von Peking nach Dschecho war die Kaiserliche Straße, welche sich an 22 deutsche

---

* *Man versicherte uns, es hätte dort in den Zeitungen gestanden.*

Meilen (418 Lys = 125 engl. Meilen) [72] erstreckt und jedes Jahr zweimal ganz von neuem gebauet wird. [73] Sie läuft mitten auf der Heerstraße zwischen diesen beiden Örtern hin, ist zehn Fuß breit und einen Fuß hoch und besteht aus Sand und Letten, welchem man durch Benetzen und Stampfen die Festigkeit einer Tenne gibt. Der Anblick dieser Straße erinnert an die Reinlichkeit des Fußbodens in einem Besuchzimmer. Nicht nur die Blätter der Bäume, sondern sogar der Staub werden sorgfältig abgekehrt; und alle zweihundert Schritte sind an beiden Seiten Wasserbehälter angelegt, in welche das Wasser oft sehr weit her und mit großer Mühe gebracht wird, um die Straße anzufeuchten. Vielleicht gibt es keinen schönern Weg in der Welt als diesen, ehe der Kaiser darüber reist. Wir fanden auf unsrer Hin- und Herreise die Leute überall mit diesem Straßenbau beschäftigt. Tag und Nacht sind in gewissen Entfernungen Wächter angestellt, um Verwegene abzuhalten; denn es ist niemandem ohne Ausnahme erlaubt, diesen Weg zu betreten, ehe der Kaiser darüber gereist ist [74]. Dann aber wird die Straße preisgegeben und natürlich bald zernichtet, weshalb sie zweimal des Jahres, wenn der Kaiser in die Tartarei reist und von dort zurückkehrt, gemacht werden muß. Hohe und steile Berge, welche zu übersteigen sind, werden nicht für Hindernisse gehalten; und wo Flüsse im Wege sind, da werden neue Brücken gebaut und mit Erde bedeckt. Wo es der Raum nur irgend zulassen will, sind an beiden Seiten Nebenstraßen für die zahlreiche Begleitung des Kaisers, mit nicht viel geringerer Sorgfalt gemacht. Wenn Luft und Sonnenstrahlen sich von Sterblichen ebenso wie die Erde behandeln ließen, so zweifle ich nicht, daß die Chinesen ihrem großen Kaiser ein ausschließendes Recht zu reiner Luft und zu milderen Sonnenstrahlen zugestehen würden.

Der kleine Teil der Tartarei, durch den wir auf dieser Reise kamen, ist zu nahe an China und zu sehr mit diesem Reiche verbunden, als daß man eine große Verschiedenheit zwischen beiden wahrnehmen könnte. Vermischte Ehen der Tartarn und Chinesen, einerlei Regierung, einerlei Sprache bringen natürlicher Weise dieselben Sitten hervor [75]. Da aber ein

Volk seinen eigentümlichen Charakter nie gänzlich verleugnen kann, so leuchten auch hier einige Züge hervor, die den Tartarn merklich von dem Chinesen unterscheiden. Reisende beschreiben den erstern als roh, hart und gerade; und so fanden wir ihn wirklich. Wenn er stammhafter in seinem Körperbau, plumper in seinen Sitten, unreinlicher in seinen Wohnungen ist als der Chinese, so findet man dagegen auch weder die betrügerische Zweideutigkeit, noch die feige Grausamkeit seines Nachbars an ihm. Obgleich die Tartarn ärmer sind, so sehen sie doch mit einer Art von Stolz auf die Chinesen herab, denen sie Monarchen geben. Selbst der gemeine Tartar gehorcht nur mit Mühe einem chinesischen Mandarin, und ich habe verschiedne Beispiele gesehen, die den sehr wohl gegründeten Haß beider Völker gegeneinander bestätigen. Die Führer der Gesandtschaft Tscho-ta-dschin und Wang-ta-dschin fanden, ob ihnen gleich ihre eigentümliche Würde und ihre außerordentliche Macht bei dieser Gelegenheit das größte Ansehen gaben, in der Tartarei dennoch oft große Schwierigkeiten, uns mit Mundvorrat zu versorgen, und gaben die Halsstarrigkeit und den Hochmut der Tartarn zur Ursache an; selbst Schläge, die sie reichlich austeilten, halfen nichts.

Wir fanden in den Bergen der Tartarei die Kröpfe wieder, welche man in den Alpen und andern gebirgigen Gegenden an den Bewohnern wahrnimmt.

Der siebente Tage war der letzte unsrer Reise. Wir frühstückten in einem Tempel, wie verschiedne Male vorher. Die Bonzen halten es für keine Entheiligung ihres Idols, an beide Seiten des Altars Tische zum Frühstücke stellen zu lassen; es ist aber auch bekannt, daß die chinesischen Götter weit mehr Lebensart verstehen als die steifen Götter andrer Nationen. Nichts ist hier gewöhnlicher, als vor den Altären Tabak zu rauchen, Tee zu trinken und andre Erfrischungen in guter Gesellschaft zu genießen, während daß Räucherstäbchen unter der Nase der Gottheit glimmen.

Der Gesandte hielt seinen Einzug in Dschecho[76] in Staat: Leibwache, Bediente, Musik und Gefolge gingen in ihren verschiedenen Uniformen voraus, und er selbst mit dem

Gesandtschaftssekretär folgte im Wagen. Es war ein Palast vor der Stadt für ihn zubereitet. Die Lustschlösser europäischer Fürsten kündigen sich meistens durch prächtige Alleen, schöne Gebäude und Kunstwerke an, und die Häuser der Einwohner pflegen geschmackvoll zu sein. Man wird aber getäuscht, wenn man diese Begriffe zum Sommeraufenthalte des großen Tartar-Khans mitbringt. Dschecho gleicht mehr einem Dorfe als einer Stadt. Zwei oder drei Mandarinen-Häuser ausgenommen, findet man in der Stadt nichts als elende Hütten, krumme Straßen und große Unsauberkeit. Die Kaiserlichen Paläste, der prächtige Park und die reichen Lama-Tempel[77] machen damit einen großen Abstich. Allein die Wahl der Gegend ist für den ruhigen Sommeraufenthalt eines der emsigsten Fürsten in der Welt sehr glücklich[78].

Dschecho liegt unter 40° 58' Nördl. Breite in einem fruchtbaren Tale. Dieses ist von den Seiten mit Bergketten umgeben, die zu den lachendsten Weingärten umgeschaffen, zu Ölpflanzungen genützt oder mit andern Fruchtbäumen und Gartengewächsen auf das vorteilhafteste besetzt werden könnten, wenn der lässige Tartar den fleißigen Chinesen nachahmen wollte.

Die erste Zeit unsres Aufenthaltes in Dschecho verstrich uns traurig, und daran war Hofkabale schuld. Der gute alte Herr, welcher jetzt China regiert[79], wird, trotz aller seiner Behutsamkeit, ebenso sehr wie andre Fürsten hintergangen. Die chinesischen Jahrbücher wußten von keiner solchen Gesandtschaft in vorigen Zeiten; denn wirklich sind alle früheren viel unbeträchtlicher gewesen. Der Kaiser hielt es für eine ehrenvolle Begebenheit seiner Regierung, eine Gesandtschaft von einem der mächtigsten Fürsten, aus großer Ferne und mit kostbaren Geschenken, zu erhalten. Dies machte ihn ungeduldig, sie zu sehen. Es war bekannt, daß er täglich davon sprach, und er wünschte auch, dem Gesandten mehr Ehre zu erzeigen, als sich je ein Europäer rühmen konnte, in China erhalten zu haben*. Was konnte verbindlicher sein als ein

---

* *Dies sagten uns die Mandarinen vor; aber die Chinesen verschönern und übertreiben eben so gern wie ein gewisses Volk in Europa.*

Befehl an seinen ersten Minister, daß er dem Gesandten entgegengehen sollte! Allein dies geschah nicht. Englands Feinde hatten der Gesandtschaft verschiedne gute Dienste geleistet, die um so kräftiger wirkten, da sie von einem sehr mächtigen Manne, dem Vizekönige von Canton, der eben am Hofe war, unterstützt wurden[80]. Dieser übermütige Songtu (wie die Chinesen die Unterkönige nennen), welcher in Canton gewohnt gewesen war, die Engländer auf das verächtlichste zu behandeln, konnte nicht ohne Neid ein Zeuge von der ehrenvollen Aufnahme der Gesandtschaft sein. Er benutzte allen Einfluß seines großen Ranges und seiner Verwandtschaft mit dem Kaiser (dessen Schwiegersohn er ist), der Gesandtschaft zu schaden. Dies gelang ihm einigermaßen; besonders hatte er den ersten Minister eingenommen[81]. Man machte Schwierigkeiten, welche die Vorstellung bei Hofe verzögerten. Die erniedrigende chinesische Hofsitte, sich neunmal vor dem Kaiser zur Erde zu bücken, vertrug sich nicht mit der Würde eines Britischen Gesandten[82]. Lord Macartney verwarf sie; und da er standhaft bei seiner Weigerung beharrte, so wurde die englische Hofzeremonie, ein Knie zu beugen, anstatt der asiatischen, für die Audienz festgesetzt.

Während dieser Verhandlungen trug sich etwas zu, das ich als unbedeutend übergehen würde, wenn nicht auch Kleinigkeiten, welche die Sitten malen, Aufmerksamkeit verdienten. Die Mandarinen sahen mit heimlichem Unwillen, daß der Gesandte in den Konferenzen kühl seine Würde behauptete und seine Meinung mit der Freimütigkeit sagte, die ihm zukam. Sie wagten sich nicht an ihn selbst, versuchten es aber, seinem Gefolge eine Erinnerung zu geben, der sie viele Wirksamkeit, ihn abzuschrecken, zutrauten. Sie teilten zwei Tage lang die Lebensmittel so sparsam aus, daß viele über Hunger klagten; auch war alle Gelegenheit zum Einkauf abgeschnitten. Indes, da dieses lächerliche Verfahren ganz das Gegenteil von dem hervorbrachte, was sie gehofft hatten, und da sie aus einigen Äußerungen die Gefährlichkeit ihres Benehmens schlossen, so waren sie klug genug, einen Irrtum vorzugeben und den Vorsatz, uns in untertänigen Gehorsam zu hungern, fahren zu lassen.

Am 14ten September, acht Tage nach unsrer Ankunft, wurde die Gesandtschaft dem Kaiser vorgestellt. Man geht hier sehr früh nach Hofe; denn es ist chinesische Sitte, einige Stunden auf die Ankunft des Kaisers zu warten, welches die meisten Hofleute nötigt, in Zelten vor dem Kaiserlichen Parke, wo die Audienz gegeben wird, zu übernachten. Wir standen mit dem frühesten Morgen auf, um zeitig genug anzukommen, und erwarteten den Anbruch des Tages im Parke. Dieser hat außer den Teichen, Gebäuden und Baumpflanzungen der Kunst wenig, aber der Natur viel zu danken. Der nördliche Teil besteht aus Bergen, die sich in mannigfaltigen Gestalten, bald schroff, bald durch Klüfte geteilt und bald in Klumpen, bis auf eine hohe Spitze erheben, von wo man die ganze Gegend übersieht. Gegen Westen begrenzen den Park ersteigbare Hügel.

An der Südseite waren tartarische Zelte errichtet, welche vor allen andern sich dadurch auszeichnen, daß sie völlig rund und gewölbt sind und von keinen Pfählen unterstützt werden. Sie bestehen aus geschickt ineinander geflochtenen Bambusrohr-Splitzen, worüber eine Art von dickem, grobem Filze gespannt ist. Eins war weit höher und breiter als die andern, gelb überhängt und mit Fußteppichen, gemalten Laternen und Papiergehängen ausgeschmückt. Vorn hatte es einen bedeckten Eingang, an dessen beide Seiten Kissen gelegt und niedrige Tische mit sehr mannigfaltigen Erfrischungen gestellt waren. Hinten sah man einen Thron für den Kaiser errichtet. Die Chinesen gaben diesem Zelte ausschließlich den tartarischen Namen: Mungkubó, dessen eigentliche Bedeutung unser Dolmetscher mir nicht zu sagen wußte[83]. In einem der kleinen Zelte erwartete der Gesandte mit seinem Gefolge die Ankunft des Kaisers. Unterdessen kamen die Hofleute, welche meistenteils Tartarn waren, häufig ohne alle Umstände dorthin. Mit der gewöhnlichen Plumpheit ihrer Nation betasteten und wiesen sie mit Fingern auf jeden von uns wie auf Wachsfiguren, die für Geld gesehen werden. Die Chinesen haben mehr Sitten.

Weil der Geburtstag des Kaisers herannahete, so war jetzt der Hof am glänzendsten. Alle tartarischen Prinzen, die dem

Kaiser als ihrem Lehnsherrn Tribut bezahlen, verschiedne chinesische Unterkönige, Befehlshaber von Bezirken, Städten u.s.w., kurz Mandarinen* aller Arten, über fünf- bis sechshundert, waren hier versammelt, und ihre Bedienten, ferner Soldaten, Gaukler, Musiker, machten eine ebenso große Anzahl aus. Man wies uns andre Gesandten von schwärzlicher Gesichtsfarbe, welche auch an demselben Morgen vorgestellt wurden. Ihre langen Gewänder waren von rotem Samt, mit Gold besetzt; sie trugen Turbane, kaueten Areca[84] und gingen barfuß. Da die Chinesen nicht die besten Geographen sind, so konnten sie uns auch nicht mehr als das chinesische Wort sagen, mit welchem sie das Vaterland dieser Gesandten benennen. Aller Wahrscheinlichkeit nach war es Pegu[85].

Etwa eine halbe Stunde nach Tagesanbruch sahen wir einen Reiter herbeieilen, bei dessen Ankunft sich das Gedränge in Reihen ordnete. Dies war das Zeichen von des Kaisers Annäherung. Alles wurde nun still. Man hörte in der Ferne Musik und Beckenklang, und in allen chinesischen Gesichtern war der Eindruck, welchen die Erwartung von etwas Außerordentlichem macht. Was auch immer ein Europäer von dem Pompe eines asiatischen Fürsten denken mag, er wirkt mächtig auf die Sinne und durch sie auf das Herz des schwärmerischen Morgenländers.

Nach einiger Zeit kamen die ersten Minister, in Gelb gekleidet, auf schneeweißen Schimmeln geritten; sie stiegen aber in einiger Entfernung vom Kaiserlichen Zelte ab und stellten sich in Reihen. Unmittelbar darauf folgte der Zug. Musik

---

* *Außer den Knöpfen und Pfaufedern an den Hüten, aus denen man den Rang jedes Mandarins erkennen kann, sieht man bei Hofe noch zwei andre Kennzeichen der höhern Würden. Die Staatsgewänder aller Mandarinen haben auf der Brust und auf dem Rücken viereckige reiche Stickereien; aber Unterkönige, Kolaos, d. i. Kabinettsminister, und Prinzen haben runde, nicht nur auf der Brust und dem Rücken, sondern auch auf den Schultern ihrer Gewänder. Ferner sieht man viele in Gelb gekleidet: eine Farbe, die bloß von den Vornehmsten und von solchen getragen wird, denen der Kaiser Erlaubnis dazu erteilt, z.B. Kolaos, Vizekönigen, Verschnittenen.*

und eine kleine Wache gingen voraus; dann kam der Kaiser auf einem stark vergoldeten offenen Stuhle, von sechzehn Leuten getragen. Hinten schlossen sich die Minister und einige der vornehmsten Mandarinen an. So wie der Zug in die Reihen trat, fiel alles nieder und berührte die Erde mit dem Gesichte. Die Englische Gesandtschaft ließ sich bei der Annäherung des Kaisers auf ein Knie nieder; aber der Kaiser hieß uns sogleich aufstehen, hielt einige Zeit still und unterredete sich mit dem Gesandten sehr herablassend[86]. Die ungezwungenste Freundlichkeit verbreitete sich über die Miene des alten Monarchen; er sprach langsam und mit einer hinreißenden Herzlichkeit. Seine Augen, denen dreiundachtzig Jahre noch nicht alles Feuer geraubt haben, blickten Seelenruhe, und seine Züge verrieten noch jetzt, daß er einer der schönsten jungen Leute gewesen war. Er ist hager und wohlgewachsen; in seinen Bewegungen herrschen Würde und Anmut; seine Kleidung ist ganz einfach, ohne den mindesten Schmuck. Wer seine Jahre nicht weiß, hält ihn für einen Mann von fünfzig.

Der Kaiser wendete sich von unserm Gesandten zu den Schwarzen und wurde, nach einer kurzen Unterredung mit ihnen, in das Zelt auf den Thron getragen. Lord Macartney, der Gesandtschaftssekretär, dessen Sohn und der Dolmetscher folgten ihm bis an die linke Seite des Thrones: eine Nähe, welche sehr ehrenvoll und, so sagte man uns, ohne Beispiel war. Das Gefolge blieb in einiger Entfernung unter den übrigen Hofleuten. Die Sonne ging soeben auf und erleuchtete den ganzen weiten Park; ein rosiger Morgen sank herab. Der Gesang einer feierlichen Hymne, von sanfter Instrumentalmusik begleitet, die in den Ton einer hellen Cymbel stimmte[87], unterbrach die tiefe Stille. Jetzt folgte die Zeremonie mit den neun Verbeugungen, welche in der Gegenwart des Kaisers gemacht werden müssen. Die Hofleute fielen auf ihr Gesicht nieder, der Gesandte und sein Gefolge beugten bloß ein Knie. Darauf ging der Gesandte auf den Thron und überreichte den Brief des Königs in einer kostbaren, viereckigen, goldenen Kapsel, auf welcher das Königliche Wappen in Email mit Brillianten besetzt war. Jetzt ließ sich alles nieder, um einige Erfrischungen zu nehmen. Aber wer nicht gewohnt ist, sich auf seine kreuzweis gefalteten Beine zu setzen, kommt dabei in große Verlegenheit. Es werden bloße Kissen an die Erde gelegt, auf welchen die Chinesen, wie alle Morgenländer, mit großer Bequemlichkeit niederkauern, da hingegen ein Europäer, den seine engen Kleider hindern, nicht weiß, wo er die Füße lassen soll, sich ermüdet und eine sehr lächerliche Figur macht.

Unterdessen sahen wir verschiedene Mandarinen, die dem Kaiser Tee brachten, langsam hintereinander herschreiten. Einer trug die goldene Teekanne, der andre die Tasse, ein Dritter ein andres Gefäß. Jeder hielt das, was er trug, mit beiden Händen vor die Stirn, und alle gingen mit solcher Feierlichkeit zum Throne, als ob sie sich einer Gottheit naheten. Der Kaiser schickte, zum Zeichen seines besondern Wohlwollens, eine Art Wein und einige Speisen an die Anwesenden und gab dem Gesandten, welcher sich auf der linken Seite (das ist, im Orient, der ehrenvollern) befand, und denen, die neben ihm waren, mit eignen Händen Tee. Für jede solche Aufmerksamkeit, die in den Augen der Mandarinen unschätzbar war, wurden Verbeugungen gemacht, die wegen der öftern Wiederholung am Ende in der Tat belästigten. Der Kaiser unterhielt sich währenddessen mit dem Gesandten, fragte nach dem Wohlbefinden des Königs von Großbritannien und überreichte ihm für diesen ein aus weißem Achat geschnittenes Zepter. Dem Gesandten und Sir Georgen gab er auch dergleichen von geringerem Werte, und außerdem schenkte er ihnen von seiner Seite gelbe seidne Beutel, wie die Chinesen sie am Gurt ihrer Gewänder zu tragen pflegen. Er war sehr gütig gegen den jungen Staunton, über dessen Kenntnis der chinesischen Sprache er viel Vergnügen blicken ließ[88]. Dann traten vor dem Zelte Ringer, Gaukler und Tänzer auf, von denen einige sehr unterhaltend waren. Wir sahen diese Belustigungen an einem der folgenden Tage besser; daher übergehe ich sie jetzt.

Nach Beendigung der Spiele kehrte der Kaiser zurück. In einiger Entfernung von den Zelten waren die Kaiserlichen Geschenke für den König und die Gesandtschaft ausgelegt, und sie wurden von dem ersten Minister übergeben. Sie bestanden

Abbildung 16: Der Quianlong-Kaiser schenkt George Thomas Staunton eine Geldbörse während seines Empfangs der Britischen Delegation im Zelt der Sommerresidenz in Jehol

aus seidnen und baumwollenen Zeugen, aus Tee, Laternen, Porzellan, Zucker, seidnen Beuteln und Fächern. Man kann sich gewisser Bemerkungen nicht enthalten, wenn man Laternen mit kostbaren mathematischen Instrumenten, seidne Beutel und Fächer mit Gewehren von der feinsten Arbeit und mit sehr vielen teuren englischen Fabrikwaren vergleicht. Doch teils bringt China nichts Besseres hervor, teils muß man auch daran denken, daß der fünfmonatliche Aufenthalt der Gesandtschaft, die aus hundert Personen bestand, der chinesischen Regierung Kosten verursachte, welche den Wert der englischen Geschenke völlig aufwogen.

Es verstrich in Dschecho nach diesem Tage fast keiner mehr, an dem wir nicht nach Hofe gegangen wären und, der Landessitte zufolge, Geschenke erhalten hätten. Der Kaiser war allezeit sehr gnädig und ließ die Gesandtschaft durch seine Minister überall herumführen. Unter diesen war Hoa der erste[89]. Man nennt ihn entweder den großen Kolo, weil er einer von den sechs vornehmsten Ministern ist, welche Kolos heißen, oder Hoa-tschun-tchan, d. i. Hoa vom mittlern Hofe[90]. Er ist ein wohlgebildeter Mann in mittlern Jahren, von edlem Anstande und einnehmenden Sitten. Körperliche Schmerzen, welche den freien Gebrauch seiner Füße sehr einschränken, und vielleicht verborgner Kummer haben seiner Miene jenen Eindruck des Leidens gegeben, der zum Mitgefühle stimmt; eine offne Stirn, durchdringende Augen und das ausdrucksvolle Mienenspiel, welches seine Worte begleitet, verraten den Mann von Kopf und Entschließung. Er war ein heimlicher Feind der Gesandtschaft. Da seine Unpäßlichkeit ihm nicht erlaubte, den Gesandten herumzuführen, so übernahm es Ssung-ta-dschin, ein andrer Minister, welcher uns nachher auf der Rückreise von Peking begleitete[91].

Es waren verschiedne Paläste im Parke hin und wieder zerstreuet, welche gesehen zu werden verdienten. Einige sind bloße Parterre, andre haben ein Stockwerk, aber fast alle stehen am Wasser und werden von hohen Bäumen beschattet. In dem Stile der Bauart ist keine Verschiedenheit, sie haben alle einen Plan. Die Zimmer sind weit, hoch und durch Papierfenster erleuchtet, die Fußböden mit Tapeten belegt. Eine Menge englischer Singuhren, meistens von der Arbeit des bekannten Cox, machen die vornehmste Zierde dieser Paläste aus. Die Gemälde, welche oft ganze Wände bedecken, stellen die Siege des Kaisers, seine Jagdvergnügungen und Hofzeremonien vor. Kenner finden, daß sie mit unsäglicher Mühe und mit der lebhaftesten Farbenmischung vollendet, aber ohne Erfindung, ohne Geist sind. Die Geduld der chinesischen Kunst erscheint noch mehr in den mühsamen Schnitzwerken aus Holz, welche überall an den Wänden hangen, ferner in den geschnittenen Steinen, die man hier antrifft. Besonders verdient ein weißer und schwarzer Achat, 3 Fuß lang, 19 Zoll breit und 2 Fuß hoch, in einer hölzernen Einfassung, die auf einem steinernen Piedestale ruhte, bemerkt zu werden. Eine geschickte Hand hat ihm die Gestalt eines Felsens gegeben, aus welchem Bäume wachsen. Auf beiden Seiten sind chinesische Verse, von des

Kaisers Dichtung, eingegraben[92]. Es wäre unbillig, die Überlegenheit europäischer Kunst hier zu erwähnen.

In jedem Zimmer stand ein großer Stuhl von bräunlichem Holze, künstlich geschnitzt und mit reichen Goldstoffen überzogen. Auf allen Stühlen lagen Zepter von Achat, in Form einer Blume; sie sind, wie der Minister sagte, Zeichen des Glücks und Wohlstandes im Reiche. Man fand keine andern Stühle in den Zimmern, weil es, selbst für die Großen des Reiches, wider die Hochachtung ist, sich in Gegenwart des Kaisers auf einen Stuhl zu setzen. Dies wird so weit ausgedehnt, daß sich niemand, selbst wenn der Kaiser abwesend ist, in irgendeinem Zimmer seiner Paläste niedersetzen darf. Wenigstens sagte man dies einigen der Herren im Gefolge, welche, von dem Gange im weiten Park ermüdet, ein wenig ausruhen wollten. Auf den Tischen lagen Bücher, Tusche, schwarze Steine, um ihn zu reiben[93], Pinsel und Papier. Auch große und kleine Spiegel und mitunter breite Glasscheiben in den Scheidewänden, aber nie in Fenstern, machten einen Teil der Verzierung in den Zimmern aus. Alles war der Würde des Besitzers angemessen; aber mit einer Ausnahme. Wie verderbt auch die europäischen Sitten sein mögen, so schämt sich doch bei uns selbst der verworfenste Mensch gewisser Dinge. Nicht so in China. In einem dieser Paläste waren unter andern Kunstwerken zwei Knabengestalten, mit gebundenen Händen und Füßen, aus weißem Marmor sehr schön gearbeitet, in Stellungen, die offenbar bestätigten, daß das Griechische Laster in China seine Abscheulichkeit verloren hat[94]. Ein alter Eunuch machte uns darauf mit unverschämtem Lächeln aufmerksam. Ob der Kaiser selten in dieses Zimmer kommt, wie einige vermuteten, oder ob er es nicht mißbilligt, ist schwer zu bestimmen. Wie dem auch immer sein mag – er ist sehr andächtig; außer verschiednen Tempeln hat er in zwei oder drei Palästen des Parks Altäre.

Ein etwas verstecktes, übrigens sehr angenehm gelegenes Haus unterschied sich von den übrigen. Die Zimmer waren kleiner, sehr bunt mit Gemälden, Schnitzereien und Seltenheiten ausgeziert und mit Ruheplätzen versehen; sie hatten

Gitter vor den Fenstern, abgesonderte Zugänge und Treppen. Der Augenschein lehrte, und man machte auch kein Geheimnis daraus, daß dieser Ort ein Harem war. Ob aber die Frauen ihn auf immer oder nur, den Fremden zu gefallen, verlassen hatten, wäre eine zu neugierige Frage gewesen.

Eines Morgens, als der Gesandte mit dem Gefolge im Park frühstückte, wurde ein Puppenspiel gegeben. Nichts gleicht den Marionetten mehr, als was man hier sah. Die Eunuchen ahmten die Stimmen vortrefflich nach, und es ist nicht zu leugnen, daß der chinesische Hanswurst eben so gut ist wie der deutsche und daß beide nur von dem englischen Punch übertroffen werden. Indessen ist man ein wenig betäubt, wenn man ein chinesisches Schauspiel von irgendeiner Art gesehen hat; denn während der Vorstellungen wird mit einem großen ehernen Becken, mit Klappern und andern Instrumenten der unausstehlichste Lärm gemacht.

Am 17ten September war der 83ste Geburtstag des Kaisers, und der Gesandte ging mit seinem Gefolge wieder nach Hofe. Diesmal versammelte man sich in einem der Kaiserlichen Päläste. Hier wurden eben die Feierlichkeiten, welche vorhin beschrieben worden sind, wiederholt; sie fingen aber mit einer auffallenden Zeremonie an. In der Mitte des Hofes, der die Versammlung faßte, war ein ziemlicher Raum mit einem roten viereckigen Stücke Tuch belegt, auf dessen Zipfeln vier Männer, mit großen Peitschen zu ihren Füßen, standen. Sobald der Kaiser auf dem Throne war, hoben sie zu gleicher Zeit ihre langen Peitschen von der Erde auf, dreheten sich in gleichzeitigen Bewegungen herum, schwenkten die Peitschen und knallten mit voller Gewalt auf die Erde. Sie taten dies neunmal, aber mit Zwischenpausen; nach drei Hieben wurden die Peitschen niedergelegt und in einigen Minuten wieder aufgehoben. Vielleicht haben andre die Meinung dieser sonderbaren Zeremonie erfahren; mir wollte es durchaus nicht gelingen, auf wiederholte Fragen eine befriedigende Antwort zu bekommen[95]. Man darf vermuten, daß der Ursprung dieses Gebrauches aus dem frühesten Altertume der chinesischen und tartarischen Geschichte herrührt und daß nur wenige ihn wissen. Auf die göttliche Verehrung des Kaisers muß er wohl Beziehung haben. Dies läßt sich aus dem Nebenumstande der Zahl Neun mutmaßen, welche bloß bei den Verbeugungen vor dem Kaiser beobachtet wird und nicht allein am chinesischen Hofe, sondern auch in andern Ländern, wo die Menschheit um ihre Rechte betrogen wird, ausschließlich dem Despoten zukommt*.

Der Kaiser hatte an diesem Tage keine öffentlichen Belustigungen; er brachte den größern Teil desselben in seinem Lama-Tempel hin, wo die Priester vor und nach dem Geburtsfeste fasteten und Gebete sangen. Aber am folgenden Tage wurde im Park ein Feuerwerk gegeben, wozu die Gesandtschaft und alle Fremden eingeladen waren. Die Chinesen sind als große Feuerwerker berühmt. Dies hatte Erwartungen erregt, die aber völlig getäuscht wurden. Großer Lärm, das Charakteristische in den Vergnügungen dieses Landes, ist hier nicht vergessen; der Knall wird stärker und öfter gehört als bei uns. Übrigens ist diese Kunst, welche in Europa das Auge bezaubert, hier noch in ihrer Kindheit. Folgendes verdient allein eine Erwähnung: Ein großer Kasten mit verschiedenen Abteilungen und einem papiernen Boden, welchen man unten anzündete, wurde zwischen zwei Säulen hinaufgezogen; der durchbrannte Boden ließ lange Reihen von Laternen herabfallen, die sich alle in einem Augenblicke gleichsam selbst angezündet hatten und oben befestigt waren. Die übrigen Abteilungen des Kastens brannten eine nach der andern durch und

---

* In dem Briefe des Afrikanischen Fürsten von Dabomeh an George I., König von GroßBritannien, den Mr. Henniker im Jahre 1789 im Engl. Parlamente vorlas, findet man folgende Stelle: »Denn Du bist, wie ich höre, der größte unter den weißen Königen, und ich halte mich für den größten unter den schwarzen, oder für einen Kaiser, da ich so viele Könige unter mir habe, welche es nicht wagen dürfen, in meine Gegenwart zu kommen, ohne zur Erde zu fallen und mit ihrem Munde neunmal den Staub zu berühren, ehe sie ihn öffnen, um mit mir zu sprechen; und wenn sie Würden oder Gunstbezeigungen von mir empfangen, müssen sie die Sohlen meiner Füße mit den Haaren ihres Hauptes abwischen, u. s. w. M. s. European Magazine, June 89. – Pallas, Mongol. Völk. S. 198. bemerkt, »daß die Mongolen die Zahl Neun heilig halten.«

warfen auf verschiedene Seiten eine gleiche Menge angezündeter Laternen herab, bis ihre Anzahl an fünf- bis sechshundert stieg. Dergleichen Laternenkästen waren mehrere. Übrigens ist nicht zu vergessen, daß man das ganze Feuerwerk bei Tage abbrannte, welches alle Wirkung vollends verhinderte und vermutlich nicht geschehen sein würde, wenn der Kaiser, dessen Schlafzeit um sechs Uhr abends ist, es wagte, sich der Abendluft auszusetzen. Indem das Feuerwerk in einiger Entfernung abgebrannt wurde, tanzten vor dem großen Zelte an zweihundert Personen, die alle olivenfarben gekleidet waren und Laternen in der Hand hielten. Ihre mannigfaltigen Figuren und der Gesang, mit welchem sie ihre Bewegungen begleiteten, hatten für Auge und Ohr mehr Angenehmes als das Feuerwerk.

Darauf folgten andre Belustigungen. Zuerst traten Ringer auf, immer zwei zugleich[96]. Sie waren über und über, aber leicht bekleidet, liefen von entgegengesetzten Seiten aufeinander zu und rangen oft an fünf Minuten, eh einer den andern zu Boden warf, welches gemeiniglich durch heftige Stöße in die Kniekehlen bewirkt wurde. Der Fall des einen endigte den Streit, und der Sieger neigte sich zur Erde gegen den Kaiserlichen Thron.

Nun traten Tänzer aus verschiedenen asiatischen Nationen auf, teils mit, teils ohne Waffen. Jede Nation hatte ihre eigne Instrumentalmusik und sang zu ihrem Tanze, nach Art der ältesten Völker. Die verschiedenen Waffen und musikalischen Instrumente würden Aufmerksamkeit verdient haben, wenn die Umstände eine nähere Betrachtung derselben erlaubt hätten. In den Bewegungen der Tänzer war weder Leichtigkeit noch Anmut. Sie hatten fast alle große Stiefeln an und waren übrigens unbequem gekleidet; dessen ungeachtet sah man sie mit Vergnügen. Der Nationaltanz enthält allemal etwas vom Volkscharakter und ist der natürlichste Ausdruck der Freude und Liebe, deren Äußerungen, es sei nun durch ihre unmittelbare Zauberkraft auf die Sinne oder durch die Erweckung ehemaliger Eindrücke, zum Mitgefühle stimmen. Die russischen und polnischen Nationaltänze gleichen den tartarischen sehr. Ein Tartar unter den Tänzern hatte die Würde des blauen Knopfes [97]: eine Gunstbezeigung, die mehr ein Zeichen von der Parteilichkeit des Kaisers für seine Landsleute als von der Vorzüglichkeit des Tänzers sein mochte. Aus dem, was nachher folgte, sah man, daß die Chinesen in der Gefügigkeit und in dem geschickten Gebrauche ihrer Glieder keiner Nation etwas nachgeben. Folgendes Beispiel hiervon war unterhaltend. Ein Mann legte sich auf die Erde und hob seine Beine auf, so daß er ein L bildete. Man legte ein sehr schweres steinernes rundes Wassergefäß, 2 1/2 Fuß hoch und 1 1/2 Fuß im Durchmesser, mit dem Bauche auf die Sohlen seiner Stiefeln, und dies drehte er zum Verwundern geschwind herum. Aber man erstaunte, als auf das Gefäß ein Knabe gestellt wurde, der es zum Schauplatze seiner Kunst machte; er zwang die geschmeidigen Glieder seines kleinen Körpers in die sonderbarsten Stellungen, kroch auf eine sehr gefährliche Art mit dem Kopfe voran hinein und durch eine fürchterliche Verzerrung seiner Glieder wieder heraus. Die Schwere des Gefäßes hätte, bei der kleinsten falschen Bewegung, Mann und Knaben zerschmettert.

In dem sogenannten Radschlagen und den Salti mortali sind die Chinesen so geübt wie unsre besten Seiltänzer; und im Halten des Gleichgewichtes, welches sie mit unglaublicher Leichtigkeit verrichten, werden sie vielleicht von keinen Europäern übertroffen. Einige Feuertöpfe oder Erdpatronen, die eine halbe Stunde lang mit betäubendem Geprassel die Luft erfüllten, ohne das Auge durch Neuheit anzuziehen, beschlossen die Vergnügungen dieses Tages. Der Kaiser wurde kurz vor Sonnenuntergang fortgetragen, und jeder eilte dann, sich der nächtlichen Kälte zu entziehen, die hier in diesem Monate schnell auf eine sehr drückende Tageshitze folgt: ein Wechsel, der gefährliche Krankheiten nach sich zog und einigen unsrer Leute das Leben kostete.

Am folgenden Tage wurde in Gegenwart des Kaisers ein Schauspiel gegeben, dem auch die Gesandtschaft beiwohnte. Im Park ist ein besonderes Schauspielhaus erbauet, welches aus einem erhöhten Parterr und aus zwei Stockwerken besteht.

Es wird von einem Hofe umgeben, den verschiedene Gebäude mit sehr guten Zimmern, in einem regelmäßigen Vierecke, einschließen. Der Kaiser befand sich in dem Teile dieser Gebäude, welcher den Bühnen (es sind nämlich ihrer drei über einander) gegenüber ist. Diese Bühnen haben keine Dekorationen an den Seiten, aber den Hintergrund begrenzt eine durchbrochene, mit Blumen und Vergoldungen verzierte Wand mit zwei Türen. Das Schauspiel bestand in Turnieren und in dem Aufzuge eines Meergottes. In den ersteren fehlte es nicht an Verschiedenheit; und Zuschauer, die nie etwas Besseres gesehen hatten, mußten Vergnügen daran finden. Diejenigen Schauspieler, welche alte Helden, große Krieger oder Könige auf der chinesischen Bühne vorstellen, bemalen sich das Gesicht über und über mit schwarz und weiß, haben lange Bärte, an jeder Schulter zwei Flügel, große Spieße und schreien, anstatt zu sprechen[98]. Dergleichen Helden erschienen hier viele in sehr verschiedenen Anzügen, welche, so wie die Anzüge der übrigen Schauspieler, von den reichsten Stoffen und seidnen Zeugen waren. Der Aufzug des Meergottes brachte eine Menge Meerungeheuer auf die Bühne. Sie konnten in der Luft nicht schwimmen; daher hatte man ihnen zwei oder vier Menschenfüße geliehen, und sie schritten mit großer Ordnung hintereinander über die Bühne. Wenn man sich nun noch überdies erinnert, wie freigiebig die Chinesen bei ihren Schauspielen mit Klappern, Becken und sogenannter Musik sind, so wird man leicht einsehen, daß es nicht wenige Geduld erforderte, drei Stunden lang Zuschauer zu sein.

Als der Kaiser an diesem Morgen mit dem Gesandten sprach, sagte er zu ihm: »Ihr dürft nicht glauben, daß ich meine Zeit bei Schauspielen verderbe. Ein Kaiser hat genug Geschäfte; aber an festlichen Tagen, wie der Tag meiner Geburt ist, mache ich, nach der Sitte meiner Vorfahren, eine Ausnahme.« Es war nun nichts mehr in Dschecho zu sehen übrig als die Lama- und Bonzentempel, sechs oder sieben an der Zahl, in welche der Kolo Sung-ta-dschin[99] die Gesandtschaft führte. Sie standen in kleinen Entfernungen voneinander und hatten Vorhöfe und Außengebäude. Man sah überall Verschwendung, teils von massivem Golde und Silber, teils auch von Vergoldungen, ferner kolossalische und sehr possierliche Vorstellungen von Göttern, Göttinnen und Tieren, z. B. Elephanten und Schlangen. Vor ihnen standen Speisen, Früchte und Räucherwerk. Von der Bauart dieser Tempel kann ein der Architektur Unkundiger nichts weiter sagen, als daß sie alles andere übertraf, was man hierzulande in dieser Gattung sah. Aber der Augenschein lehrte, daß nicht die mindeste Vergleichung, weder in der Erhabenheit des Stils noch in dem Geschmacke der Ausführung, mit den italienischen Meisterstücken statthaben konnte.

Einer der Tempel war mit hölzernen und durchaus vergoldeten Bildsäulen von Bonzen angefüllt, die sich durch vorzügliche Heiligkeit ausgezeichnet haben [100]. Nichts würde unterhaltender gewesen sein, als von der Geschichte dieser Bonzen etwas zu erfahren; aber unser Dolmetscher wollte unglücklicherweise entweder nicht danach fragen oder uns nichts von dem, was er gehört hatte, mitteilen. Als Missionar hielt er es für seiner unwürdig oder wohl gar für sündlich, über das, was die Religion des Landes betraf, Aufschlüsse zu geben.

In zwei andern Tempeln fanden wir die Lamapriester in großer Menge an der Erde sitzen und tartarische Gebete für das Wohl des Kaisers singen [101]. Der tiefe Baß, den sie aus ihren Kehlen röchelten, und die Halbtöne, in welche sich jeder Satz auflöste, gaben zur Vergleichung mit der Stimme eines gewissen Tieres Anlaß. Einige hatten trockenen Reis und Wasser neben sich stehen, woraus man auf ihre strenge Diät zu dieser Zeit schließen konnte.

Der merkwürdigste unter diesen Tempeln war der Putolah* oder der Tempel mit dem goldnen Dache [102], zu welchem mehr als achthundert Lamapriester gehören sollen. Der Hügel, auf welchem er gebauet ist, beherrscht das Tal von Dschecho. Von

---

* Aus Tieffenthaler, Description de l'Inde. chez Bernoulli I.; p. 427. sieht man, daß le chateau òu le Lama gron, c'est à dire, le grand maitre & prince du Tibet, reside, s'appelle Patala ou Patara ou Poutala. Eben daselbst findet man eine Abbildung desselben.

außen sieht man den Tempel nicht, sondern bloß das Außengebäude, welches ihn in einem Vierecke umgibt und 75 Ruten lang und 65 breit ist. Man steigt auf zwei langen Treppen in einen weiten, mit Quadersteinen gepflasterten Hof, auf dessen Mitte der Tempel steht. Er bildet ein regelmäßiges Viereck und ist etwa 100 Fuß hoch. An den vier innern Seiten des Außengebäudes sind die Zimmer der Lamapriester. Das Auge wird hier in jeder Richtung von Vergoldungen und grellen Farben beleidigt; alles ist überladen. Eben derselbe Geschmack herrscht auch im Innern des Tempels. Die Idole haben reiche Anzüge, und die Wände schimmern von Gold. Auf einem Altare standen zwei sehr schön gearbeitete goldne Modelle von Pagoden; sie waren mit Juwelen besetzt und gehörten sonst vermutlich zu den Kunstwerken, welche Cox für China verfertigen ließ. Auch hier saßen die Lamapriester in großer Anzahl auf der Erde und sangen tartarische Hymnen. Das Außengebäude des Tempels hat ein flaches Dach mit doppeltem Geländer. Von dem Innern konnte man auf das goldne Dach des Tempels in der Mitte sehen. Die Anzahl der Ziegel mag an zwei- bis dreitausend steigen; sie sind alle von der Größe gemeiner Dachziegel und, wenn man den Mandarinen glauben will, durchaus dichtes Gold. Ich selbst hörte den Kaiserlichen Minister zu dem Dolmetscher sagen, daß sie gediegenes Gold wären. Man könnte, um die Wahrheit dieser Antwort zu bestätigen, die ungeheuren Schätze des Kaisers und den chinesischen Geschmack anführen; indes wurde bei der Gesandtschaft allgemein, und vielleicht nicht mit Unrecht, geglaubt, daß die Ziegel bloß mit starken Goldplatten überzogen wären[103]. Die Aussicht, welche man von dem flachen Dache hat, ist zwar nicht so abwechselnd und ausgebreitet wie im Parke, aber um so sanfter und gefälliger.

Hier kann ich vielleicht am rechten Orte der großen Ähnlichkeit erwähnen, welche die Lamapriester und Bonzen mit den Priestern einer gewissen christlichen Konfession haben[104]. Ihre Haare sind abgeschoren und ihr Haupt mit einer schwarzen viereckigen Mütze bedeckt, wie sie Väter in Klöstern zu tragen pflegen; ihre Kleidung ist weit, lang und vom

Schnitte eines Klostergewandes. Die Lamas und Bonzen wohnen in großer Gesellschaft beisammen und haben die Gelübde der Keuschheit, der Verschwiegenheit und des Gehorsams. Im Putolah sah man viele Abbildungen einer weiblichen Figur mit einem Kinde im Arme[105]. Die Göttin, welche man in den Bonzentempeln verehrt, hat viele Ähnlichkeit mit der Jungfrau in der christlichen Religionsgeschichte. Heilige Bonzen werden nach ihrem Tode abgebildet und in Tempeln aufgestellt; wenn man dies auch nicht Kanonisation nennen kann, so ist es im Grunde doch eben dasselbe. Aus diesen und verschiedenen andern Tatsachen schlossen einige in der Gesandtschaft, daß eine so große Ähnlichkeit ohne wirkliche ehemalige Verbindung nicht statthaben könnte. Es läßt sich dawider einwenden, daß die Nachrichten über den Ursprung und die Verfälschung der christlichen Religion in christlichen und nichtchristlichen Geschichtsbüchern nichts von China erwähnen, sondern daß vielmehr dieses Land durch einen unerklärbaren Zufall erst nach weit mehr als einem Jahrtausende den Christen bekannt geworden ist, und endlich, daß sich aus Ähnlichkeiten nichts Sicheres schließen läßt, da verschiedene Ursachen einerlei Wirkungen hervorbringen können. Aber was auch immer von dieser Meinung, deren Für und Wider hier unparteiisch aufgestellt ist, zu halten sein mag: so wird doch jeder, der China gesehen hat, es sehr wahrscheinlich finden, daß zwischen diesem Lande und Europa ein früherer Verkehr stattgehabt habe, als die Geschichte angibt[106]. Im Falle, daß dieses einst bewiesen werden sollte, müßte man wohl gar auch das Schießpulver aus dem Verzeichnisse *deutscher* Erfindungen wegstreichen[107].

Die Gesandtschaft verließ Dschecho am 1sten September und kehrte auf dem vorigen Wege zurück. Von den Ruhrkranken, die wir hatten, starb einer am zweiten Tage unsrer Rückreise. Die beiden Mandarinen, welche uns beständig begleiteten, waren über diesen Todesfall höchst betroffen, weil sie fürchteten, daß er ruchbar werden und sie in große Ungnade bei Hofe bringen möchte. Man muß nämlich wissen, daß es in China niemandem erlaubt ist, in einem Kaiserlichen

Palaste zu sterben, damit der Kaiser nicht an seine Menschheit erinnert werden möge. Daher mußte mit unserm Toten auf einige Stunden noch das Gaukelspiel des Lebens gespielt werden. Er wurde, als ein hoffnungsloser Kranker, in die Außengebäude des Palastes gebracht, wo der Arzt ihn förmlich besuchte und ein Wächter Speisen und andere Notwendigkeiten für ihn forderte. Der Tote wurde am andern Morgen, wie ein Kranker, in seine Sänfte gehoben, um seine Reise fortzusetzen; und nachher gab man vor, daß er unterweges gestorben sei. Ein andrer Kranker, den die Folgen seines fürchterlichen Übels keinen bessern Ausgang hoffen ließen, verzweifelte an der Geschicklichkeit unsres Arztes und ließ einen chinesischen rufen. Dieser befühlte wenigstens zehn Minuten lang den Puls des Kranken, bald an der rechten, bald an der linken Hand, nahm die Miene des tiefsten Nachdenkens an, tat einige Fragen an den Kranken und hielt dann eine lange Rede über Wärme und Kälte im Körper, welche für jeden Anwesenden unbegreiflich war und von einigen das Galimatias eines Quacksalbers genannt wurde. Die Wurzel, sagte er, welche ich schicken werde, wird die Wärme gleich wieder herstellen und den Kranken augenblicklich gesund machen[108]. Aber das Übel wurde nach dieser wundertätigen Wurzel größer, und der Kranke genas bloß durch langsamere, doch gewissere Mittel der bescheidenern europäischen Heilkunde. Dieses einzige Beispiel soll nicht mehr beweisen, als es kann. Die Missionare, und besonders der seit unsrer Anwesenheit in China verstorbene Amiot[109], sprechen von vielen chinesischen Ärzten als von geschickten und bescheidenen Männern. Es würde anmaßend sein, dies zu leugnen; allein es gibt in Europa viele Leute, welche, durch die Nachrichten über China verführt, schwach genug sind, zu glauben, daß unsre Ärzte den chinesischen bei weitem nachstehen. Diese Torheit könnte, wenn sie nicht zu offenbar wäre, auch dadurch widerlegt werden, daß die Chinesen gerade das Gegenteil glauben. Nicht nur die beiden verdienstvollen Ärzte der Gesandtschaft wurden häufig von den Chinesen um Rat gefragt und heilten mit leichter Mühe Krankheiten, gegen welche man in China gar kein

Mittel kannte, sondern auch sogar ein europäischer Quack-salber, der an der Spitze der Missionare in Peking steht, hat wegen seiner vermeinten Kenntnisse in der Arzneikunde großen Einfluß bei dem ersten Minister des Kaisers erhalten.

Wir trafen am 26sten September wieder in Peking ein. Der Kaiser folgte in einigen Tagen und ging nach Yuen-min-yuen, wo der Gesandte und sein Gefolge auf ihn warteten, um die übrigen Geschenke zu überreichen. Was bei dieser Gelegen-heit und in den zwei darauf folgenden Wochen vorfiel, ist dem Erzähler unbekannt, weil er an der schon erwähnten Krank-heit darnieder lag. Kaum fing er an zu genesen, als die Ge-sandtschaft ihre Rückreise antrat. Mißtrauen gegen Fremde hat die Chinesen von jeher ausgezeichnet: sie erlauben nie ei-ner Gesandtschaft, über einige Monate zu verweilen, wie man leicht aus den bekannt gemachten Beschreibungen der vori-gen Gesandtschaften sehen kann. Die Abreise der englischen wurde noch aus einem andern Grunde beschleunigt. Land-reisen sind fast überall unbequemer als Wasserreisen, aber be-sonders in China. Der Gesandte wünschte daher, auf den Flüs-sen und Kanälen bis nach Tschus-san zu gehen und sich dort im *Löwen* einzuschiffen. Dies würde der Frost, der hier schon im November die Gewässer verschließt, unmöglich gemacht haben, wenn nicht bei guter Zeit Anstalten zur Rückkehr ge-troffen worden wären. Sie wurde am 7ten Oktober angetreten. Das Sendschreiben des Kaisers an den König in England, in verschiedenen Sprachen geschrieben, wurde ein paar Stunden vor der Abreise dem Gesandten mit großen Feierlichkeiten überreicht[110] und von Peking bis Tongschu durch einen rei-tenden Boten vor seiner Sänfte hergetragen. Alle Briefe an den Kaiser oder von ihm werden in ein besonderes Futteral gelegt, in gelbseidenes Zeug eingewickelt und auf den Rücken des Überbringers zu Pferde gebunden. Die gelbe Farbe gibt jedem Reisenden schon von weitem einen Kaiserlichen Botschafter zu erkennen. So bemerkte man, daß bei der Annäherung des Briefträgers, der vor dem Gesandten herritt, die Reitenden von ihren Pferden stiegen und die Fahrenden und Fußgänger aus-wichen und stillhielten. Diese Tagereise war kurz; und da in

Tongschu die erforderliche Anzahl von Fahrzeugen bereitlag, so schiffte sich die Gesandtschaft sogleich am folgenden Tage auf dem Paiho ein.

Der Kaiser ließ die Gesandtschaft aus besonderer Achtung vor dem Kabinettsminister Ssung-ta-dschin, der schon oben erwähnt worden ist, begleiten. Er gewann bald aller Herzen; denn seine Bescheidenheit, sein unverstelltes Wohlwollen und die liebenswürdigste Bereitwilligkeit, gefällig zu sein, wo er nur konnte, zeichneten diesen vortrefflichen Mann aus. Ihm waren die beiden Mandarinen, Tscho-ta-dschin und Wang-ta-dschin, unsre bisherigen Begleiter, welche wieder das mühsame Geschäft hatten, die Gesandtschaft mit allem Nötigen zu versorgen, untergeordnet. Sie mußten nicht nur beständig reitende Boten mit Briefen vorausschicken, um die nötigen Lebensmittel für so viele Leute herbeizuschaffen, sondern auch, ungeachtet ihres großes Ranges, sehr oft persönlich bei der Austeilung derselben auf den verschiedenen Fahrzeugen, in die wir verteilt waren, gegenwärtig sein; denn einige Untermandarinen, welche eigentlich diese Besorgung hatten, handelten im Anfange der Reise so unredlich, daß sie nicht nur die Hälfte der Lebensmittel zurückbehielten, sondern auch zuweilen einige von unsern Schiffen ganz und gar übergingen. Dies würde sie beide ihres Amtes bald überdrüssig gemacht haben, wenn sie nicht wirkliche Zuneigung zu der Gesandtschaft gehabt hätten. Täglicher Umgang mit uns hatte ihnen eine bessere Meinung von den Europäern beigebracht; sie liebten und bewunderten die Offenheit und Aufrichtigkeit des englischen Charakters. Gegenseitiges Zutrauen und gegenseitige Gefälligkeiten begründeten eine Freundschaft, welche ununterbrochen fortdauerte und auf beiden Seiten das Vorurteil gegen ganze Nationen heftig zu erschüttern schien, das die Menschheit so sehr entehrt, aber selbst unter den aufgeklärtesten europäischen Völkern noch so häufig ist. Dscho-ta-schin und Wang-ta-dschin waren beide aus der Provinz Petscheli und sollten uns bloß bis an die Grenzen derselben begleiten. Aber sie hielten es für sehr schmeichelhaft, als Lord Macartney den Kaiser ersuchte, ihnen zu erlauben, daß sie die Gesandtschaft auf der ganzen Rückreise begleiten durften, welches auch gern bewilligt wurde.

Da wir keine Zeit verloren und keinen Stillstand machten, ausgenommen, wo wir mußten, so sind folgende Nachrichten natürlicherweise sehr unvollkommen. Es war uns unmöglich, etwas mehr zu sehen, als was gerade in der Gegend lag, durch welche die Flüsse und Kanäle gingen.

Die Reise wurde auf dem Paiho bis nach Tiensing fortgesetzt, wo wir rechts in einen andern Fluß, der sich in den Paiho ergießt, einlenkten. Da es stromauf ging, so zog man bei widrigem Winde die Fahrzeuge am Ufer fort; aber obgleich die dazu ausgelesenen armen Leute bezahlt wurden, so zwang man sie doch entweder oder behandelte sie so übel, daß zuweilen alle Zieher eines Fahrzeuges auf einmal fortliefen und die Flotte einige Stunden zurückhielten. Solche Unfälle stießen den Schiffen, in welchen die Gesandtschaft war, seltner zu als denen, in welchen sich die Mandarinen und ihre Leute befanden. Eines Tages wurde sogar der Minister mehr als vierzig Lys (d. i. chinesische Meilen) hinter uns zurückgelassen. Die armen Wichte wurden zwar, wenn man ihrer habhaft werden konnte, mit dem Bambusrohre dafür bestraft; aber das Weglaufen fiel nicht sehr auf und schien etwas Gewöhnliches zu sein.

Wir traten bald in die Provinz Schantong ein. In dieser fängt bei Lin-sching [111] der berühmte Kaiserliche Kanal an [112], vermittelst dessen man, mit sehr wenigen Ausnahme, von Canton bis nach Peking zu Wasser reisen kann. Er geht bis nach Hang-tschu-fu [113] in der Provinz Tschekian und hat zweiundsiebzig aus großen Granitwerkstücken gebauete Schleusen (wenn sie anders so zu nennen sind), bei denen Kaiserlicher Zoll bezahlt wird. Sie haben keine Tore, sondern bloße Bretter, die herabgelassen werden, um das Wasser zu hemmen, und sind wegen ihrer Enge den Schiffen sehr gefährlich. Man sagt, daß sich wirklich viele Unglücksfälle zutragen, wenn die Fahrzeuge nicht gerade die Mitte zu nehmen wissen. Um die Stöße weniger gefährlich zu machen, werden an beiden Seiten Kissen und Strohbündel herab gelassen. Bei Nacht sind sie mit vielen Laternen erleuchtet. Was aber der Missionar Le Comte[114] von dem mühsamen Beistande der Schleusenleute beim Durchfahren der Schiffe erwähnt, hat jetzt nicht mehr statt. Es fällt in die Augen, daß die europäischen Schleusen gegen die chinesischen auf das vorteilhafteste abstechen; aber man ist in diesem Lande so sehr von der Vortrefflichkeit und Unverbesserlichkeit aller Sachen überzeugt, daß der Vorschlag zu einer Änderung verlacht oder gar für strafbar angesehn werden würde.

Die Reise war noch nicht weit in dieser Provinz fortgesetzt, als der Gesandte die Nachricht erhielt, daß unser Kriegesschiff Tschus-san verlassen hätte. Das zurückgelassene Kauffahrteischiff würde zwar die Gesandtschaft haben an Bord nehmen können, aber nicht ohne die größte Beschwerlichkeit. Dies erregte bei dem Gesandten den Wunsch, die Reise durch China bis Canton fortsetzen zu können, wozu der Kaiser, sobald es ihm vorgestellt wurde, seine Erlaubnis gab.

Die Provinz Schantong ist mehr eben als gebirgig und hat verschiedene angenehme Gegenden, kommt aber bei weitem der Provinz Tschiannan nicht bei, in welche wir zu Ende des Oktobers traten. Selbst die Chinesen halten diese Provinz für die reichste und vortrefflichste[115]. Als China noch Kaiser aus seiner eignen Nation hatte, war Nanking die glänzendste Stadt des Reiches und die größte der Welt[116]. Ihr Name ist selbst dem unwissendsten Europäer wegen eines allgemein getragenen Zeuges bekannt, das in Menge hier verfertigt wird[117]. Alles, was aus dieser Provinz, besonders aus Sotschu[118] und Nanking, kommt, wird von den Chinesen für vorzüglich gehalten. Der größte chinesische Fluß Hoang-ho oder Quang-ho, d. i. gelber Fluß, ergießt sich aus Tschiannan ins Meer[119]. Wir gingen quer darüber her. Er schien breiter zu sein als der Zusammenfluß der Rhone und Saone bei Lyon. Der Strich Boden, über welchen er fließt, ist vielleicht ausgedehnter als irgendein Flußbett auf der Erde. Er entspringt in den Grenzgebirgen der Provinz Setschuen[120], fließt durch einen Teil der Tartarei, mitten durch China in einem Laufe von dreihundert deutschen Meilen und ergießt sich endlich in das Orientalische Meer. Der

Abbildung 17: Ein chinesischer Soldat

142

Schaden, welchen dieser Fluß verursacht, ist ungeheuer. Er zerstört oft ganze Städte, trotz der vielen Dämme, die ihn in seine Ufer einzuschränken suchen. Daher führt er eine Menge Ton und Erde mit sich, besonders wenn es regnet, welches ihm eine trübe, gelbliche Farbe und den Namen des gelben Flusses gibt.

Der Kanal, welcher vom Hoang-Ho durchschnitten wird, nahm unsre kleine Flotte sogleich wieder auf, als wir über den Fluß gegangen waren. Wenn an den Ufern weder Städte, noch schöne Gegenden, noch etwas anderes unsre Aufmerksamkeit beschäftigte, so sahen wir wenigstens Soldaten. Es ist hinlänglich, hier überhaupt zu erinnern, daß die Gesandtschaft überall in China, auf ihren Land- und Wasserreisen, militärische Ehrenbezeigungen erhielt. Außer den Besatzungen in Städten und Dörfern findet man fast alle halbe Stunden auf der Straße und an den Flüssen Soldatenwachen. Sie waren allezeit unterm Gewehre, wenn wir vorbeikamen, stimmten ihre Musik an und salutierten mit den Kanonen. Dies geschah selbst in der Nacht; und bei großen Städten war es ein herrlicher Anblick, die Soldaten in langen Reihen am Ufer hin, mit Laternen, deren Schein aus dem Wasser zurückstrahlte, zu sehen[121]. Der Kaiserliche Kanal läuft in dieser Provinz viele Meilen weit an der Seite großer Seen durch Märsche[122] hin. Diese sind, wo es nur irgend möglich ist, mit Gräben durchschnitten; das Erdreich ist erhöht und zu Reisfeldern genutzt. Hier und da sieht man Häuser und kleine Baumgruppen. Die ganze Gegend ist ein lachender Küchengarten und gleicht den fruchtbaren Märschen Hollands, besonders in der Gegend um Rotterdam[123].

Die Seen sind voll schmackhafter Fische; und da sie in diesen Gegenden hauptsächlich den Einwohnern zur Nahrung dienen, so hat man hier neue, anderswo unbekannte Mittel erfunden, das arme Wasservölkchen zu berücken. Das merkwürdigste ist eine gewisse Art Ente, in der Landessprache Hwui-jing genannt, die zum Fischfange abgerichtet wird[124]. Sie gehört, wie die Naturforscher sagen, zum Geschlechte des Pelikans (Pelecanus Pilcator). Man bedient sich ihrer in ganz China, und wir selbst haben sie sehr häufig in den Provinzen

Abbildung 18: Ein Kormoran

Schantong, Tschiannan, Tschekian, Kiansi[125] und Quantong[126] gesehen. Sie sitzen auf dem Rande der Fischerkähne und sind am rechten Fuße durch eine lange Leine befestigt, die der Besitzer in der Hand hält. Kein Fisch, der sich an den Kahn wagt, entschlüpft ihren scharfsichtigen Augen; pfeilschnell tauchen sie in das Wasser und bringen ihrem Herrn die Beute. Ist der Fisch für eine Ente zu schwer, so hilft ihr die andre, ihn heraufbringen. Diese Tiere würden aus Heißhunger alle Fische sich selbst zueignen, wenn nicht ein Ring, der ihnen um den Hals gelegt ist, sie verhinderte, die größern zu verschlingen; nur kleinere gehen durch die verengte Kehle und dienen zu ihrer Nahrung. Es kostet unsägliche Mühe, sie zu diesem

Raube abzurichten; sind sie es aber einmal, so hat der Besitzer an ihnen ein Kapital, das großen Wucher[127] bringt. Daher wird dem Kaiser ein beträchtlicher Zoll von diesen Fischerenten bezahlt. Ihre Nahrung, welche meistens aus Fischen besteht, gibt ihnen einen sehr widrigen Geruch.

Unser Weg führte uns leider nicht bei Nanking vorbei; aber der Anblick der berühmten Stadt Sot-schu-fu[128] hielt uns für diesen Verlust schadlos. In der milden Breite, von 31° N. gelegen, kaum zwei Tagereisen von der See entfernt, von der reizendsten, fruchtbarsten Gegend umringt, durch Flüsse und Kanäle mit den übrigen Provinzen verbunden; der Aufenthalt der reichsten Kaufleute; die Pflanzschule der größten Künstler, der berühmtesten Gelehrten, der geschicktesten Schauspieler und der possierlichsten Gaukler; Gesetzgeberin des chinesischen Geschmackes; Besitzerin der schönsten Umrisse weiblicher Formen, der kleinsten Füße[129], der neuesten Moden, der gebildetsten Sprachart; Vereinigungspunkt der mannigfaltigsten Vergnügungen und der verworfensten Wollüste; Zusammenfluß aller reichen Müßiggänger und Wollüstlinge

Abbildung 19: Chinesische Fischer und ihre Kormorane

in China: unter solchen Umständen muß Sotschu einen vorzüglichen Rang unter den chinesischen Städten behaupten. Die Chinesen gehen so weit, daß sie in einem Sprichworte sagen: Oben ist das Paradies, hier unten ist Sotschu. Sie soll eine der größten Städte in China sein; und ob wir gleich nur einen Teil derselben sahen, so währte es doch über viele Stunden, ehe wir an das Ende kamen. Die vielen Tausende von Menschen, welche sich überall versammelt hatten, uns zu sehen, schienen die große Volksmenge des Ortes zu bestätigen. Weil man auf Kanälen durch die Stadt fahren oder an den Seiten der Häuser und über Brücken zu Fuße gehen kann, so haben einige Missionare sie mit Venedig verglichen, doch mit der Einschränkung, daß dieses Meerwasser und Sotschu süßes habe. Aber es geht mit dieser Vergleichung wie mit den meisten: sie hinkt sehr stark.

Die wohlgebauten Häuser sind hier häufiger als in andern chinesischen Städten und verraten mehr Wohlstand und Geschmack. Daß die meisten Gebäude, welche keine Läden haben (denn diese sind mit vieler Sorgfalt ausgeziert), unrein und vernachlässigt erscheinen, mag, außer andern Ursachen, auch zum Teil daher kommen, daß die Einwohner und Fremden viele Zeit in den angenehmen kleinen Gondeln zubringen, welche in und außerhalb der Stadt in großer Menge gesehen werden. Sie sind über und über lackiert und ausnehmend reinlich und nett. Man sagt, daß viele Leute in kurzer Zeit ihr ganzes Vermögen auf ihnen verschwenden und daß Kaufleute, die hier ihre Waren abgesetzt haben, sehr oft durch die Vergnügungen der Gondeln von Sotschu zu Bettlern gemacht werden. Auf dem Vorderteile und auch hinten, wo man häufig Küchen sieht, stehen die Ruderer. In der Mitte ist eine bedeckte Kajüte mit Fenstern, die einen Tisch, einige kleine Sitze und Ruheplätze mit Polstern hat. In einigen waren junge Leute, die zum Vergnügen herumfuhren, in andern aß man; in verschiedenen hörte man Musik und Gesang. Sehr viele wurden von Frauen gerudert und hatten Mädchen am Bord, deren leichter Anzug, lauter Scherz und freie Sitten sie für Schülerinnen der Akademie erklärten, welche hier seit langer Zeit blüht; denn in

Abbildung 20: Chinesische Brücke

diesem Lande, so wie in ganz Asien, sind die Wollüste zum Studium und ihre Schülerinnen zum Handelszweige geworden. Sotschufu und Hangtschufu sind die Städte, wo die chinesischen Mädchen die Kunst zu gefallen studieren und woher man sie eben so, wie Kaufmannswaren aus Meßstädten, verschreibt. Die Harems des Kaisers und der reichen Mandarinen werden vornehmlich aus diesen beiden Örtern versorgt. Man unterrichtet die Mädchen im Singen, im Zitherspielen, in allen weiblichen Arbeiten und in der Dichtkunst. Die beliebtesten Volkslieder, so sagte mir unser Dolmetscher, sind von diesen Mädchen gedichtet. Aber ihre größten Künste sind von sehr schändlicher Art. Beide Städte haben auch den Ruf, die größten weiblichen Schönheiten hervorzubringen[130], und Töchter sind in ihnen eine der besten Waren.

Bei Sotschu wird der Kanal breit; aber bald nachher verengt er sich wieder. Die Brücken, welche in der Nähe von Städten und Dörfern darüber gebaut sind, verdienen von Reisenden betrachtet zu werden. Ich habe nicht Kenntnis genug, sie gehörig zu beschreiben, aber so viel sieht jeder, daß es ihnen weder an Festigkeit noch Ansehen fehlt. Sie bestehen aus großen Werkstücken, die durch keine andre Verbindung als durch ihre eigne Schwere zusammenzuhängen scheinen. Die Bogen, deren Anzahl verschieden ist, sind sehr breit und hoch. Da, wo die Märsche an den Seiten des Kanals unwegbar werden, vervielfältigen sich jene, und jemand unter uns, an dessen Wahrhaftigkeit nicht zu zweifeln war*, versicherte, eine Brücke von neunzig Bogen gesehen zu haben.

Wir kamen am 8ten November an die Grenzen des gesegneten Tschiannan und traten in die Provinz Tschekian ein, welche an Handel und Reichtum ihrer Nachbarin wenig nachgibt. Der Seidenbau ist hier in seiner Vollkommenheit, und die hiesigen Seidenfabriken sind die blühendsten in China. Wenn man dies nicht aus Nachrichten wüßte, so würde es der Anblick des Landes vermuten lassen, das überall fast mit keinen andern als Maulbeerbäumen bepflanzt ist. Es könnte nicht ganz unwichtig sein zu erfahren, wie der Seidenbau in einem Lande betrieben würde, welches so lange deswegen berühmt gewesen ist[131]. Allein verschiedene Ursachen verhinderten dies, und man war froh, nur folgendes wenige zu erfahren. Es gibt in China weiße und schwarze Maulbeerbäume; aber die Blätter der erstern werden für vorzüglicher gehalten. Man pflanzt den Maulbeerbaum im zweiten oder dritten Monde, das ist im März oder April, ohne besondre Auswahl des Bodens. Daher wird bei dem Kaufe einer Pflanzung von Maulbeerbäumen bloß auf die Größe des Raumes, nicht auf die Eigenschaft des Bodens gesehen; doch zieht man zu neuen Pflanzungen, bei freier Wahl, trocknes Erdreich dem feuchten vor und nützt dies mehr zum Reisbau. Die Blätter kommen entweder im ersten, zweiten, dritten oder vierten Monate hervor, je nachdem der Himmelsstrich wärmer oder kälter ist. Eben so treibt der Baum zwei- oder dreimal im Jahre neue Blätter, nach Maßgabe einer kältern oder wärmern Gegend; aber die Blätter der ersten Ernte im Jahre sind die besten. Übrigens gibt man die zarten Blätter den jungen Seidenwürmern, die stärkern den ältern. Die Besitzer der Maulbeerbäume beschäftigen sich nicht mit der Wartung der Seidenwürmer; sie wohnen

---

* *Herr Barrow.*

meistens auf dem Lande und verkaufen ihre Blätter nach dem Gewichte in den Städten, wo Seidenraupen gehalten werden. Man bedient sich in China keiner andern Blätter zu ihrer Nahrung als der von dem Maulbeerbaume. Obgleich die tschekianischen seidenen Zeuge an Festigkeit und Dauer der Farben denen vorzuziehen sind, welche in der Provinz Quang-tung gemacht werden, so führt man doch die letztern mehr und fast allein nach Europa aus, weil jene nach chinesischem Geschmacke mit Blumen und Figuren durchwirkt oder von einer Gattung sind, welche bei uns keinen Beifall findet. Hingegen in Canton verfertigt man mehr einfache seidne Zeuge und wählt Muster und Farben, die von europäischen Kaufleuten angegeben und gesucht werden.

Die Pflanzungen der Maulbeerbäume waren in dieser Provinz durch nichts unterbrochen als durch einige Reisfelder und durch Märsche, die wir auch hier an beiden Seiten des Kanals, einige Tage nacheinander, erblickten. Daß diese sich weiter ausbreiten mochten als in Tschiannan, schien folgender Umstand vermuten zu lassen. Auf beiden ziemlich breiten Ufern des Kanals sah man hin und wieder Särge stehen, die weder eingegraben noch mit Erde bedeckt waren und die Luft verpesten mußten; nur wenige Särge, die reichen Leuten zugehören mochten, waren mit kleinen Gemäuern umgeben. Vielleicht muß man dies einer uns unbekannten Ursache zuschreiben; vielleicht hatten die Bewohner dieser Märsche, die alles dem Wasser entrissene Land zum Ackerbau nutzten, keinen andern Ort, ihre Toten zu begraben, übrig als die Ufer des Kanals. Das Eingraben der Särge würde der Festigkeit des Dammes nach und nach schaden und mag wahrscheinlich deswegen unterbleiben[132].

Dergleichen Gegenstände hatten nun fast allein das Anziehende der Neuheit, da wir täglich bei vielen Städten und Dörfern, die einander im ganzen sehr ähnlich sind, vorbeikamen. Wenn aber auf unsrer Seite die Neugier in dieser Rücksicht vermindert war, so schien doch überall das Verlangen der Chinesen, uns zu sehen, gleich stark zu sein; denn da unsre Soldaten und Bedienten, um das Angaffen zu vermeiden, nicht mehr auf die Verdecke gingen, wenn wir durch Städte kamen, so waren nicht nur die Einwohner, sondern auch Fremde, die, um uns zu sehen, aus den umliegenden Gegenden angekommen waren, in ihren Erwartungen betrogen worden; und die Mandarinen baten die Offiziere von der Leibwache des Gesandten, daß sie die Soldaten bewegen möchten, sich nicht mehr so sorgfältig zu verbergen.

Die Hauptstadt der Provinz Tschekian ist Hangtschufu, Nebenbuhlerin von Sotschu, und ein sehr ansehnlicher Ort in China[133]. Da sie beinahe mitten im Reiche liegt und da an einer Seite derselben der Kaiserliche Kanal, an der andern der Fluß Tschiang ist, so dient sie zum Stapelplatze der nördlichen und südlichen Waren. Die Bauart der Häuser ist sehr mittelmäßig; die Straßen sind enge, aber wohlgepflastert, und die Läden reich und mannigfaltig. Ich erinnere mich nicht, irgendwo so viele öffentliche Speisehäuser gesehen zu haben: ein Beweis, daß hier viele Fremde und Arbeitsleute sein müssen. Die Reisebeschreiber sind ganz begeistert, wenn sie von der Gegend um diese Stadt sprechen; und man kann sie deswegen nicht tadeln, wenn man auch nur von dem Ufer des Flusses Tschiang[134] auf Hangtschufu zurückblickt. Eine malerische Landschaft, grüne Hügel und Berge, von denen sich drei durch hohe Pagoden auszeichnen[135], erhebt sich am Tale der Stadt; die Schönheiten dieser Berggruppe sind wenigstens für meine Feder unbeschreiblich, und vielleicht kann bloß die Leinwand ihnen Gerechtigkeit widerfahren lassen. Man kommt nicht unmittelbar von dem Kanale in den Fluß Tschiang; die Stadt und eine der Vorstädte liegen dazwischen. Durch diese wurden wir in Sänften, in etwas mehr als zwei Stunden, getragen und schifften uns dann auf dem Flusse Tschiang in Fahrzeugen ein, die kleiner waren, als wir vorher gehabt hatten, denen es indes doch nicht an Bequemlichkeit fehlte. Eine größere Menge Soldaten als je vorher war am Ufer unter dem Gewehre und salutierte die Gesandtschaft mit Kanonen und klingendem Spiele.

Der Minister, unser bisheriger Begleiter, verließ uns hier, und Tschang-ta-dschin[136], der bisherige Songtu dieser

Provinz, welcher als Vizekönig nach Canton ging, setzte seine Reise mit der Gesandtschaft fort. Wir waren nur sechs Tage auf dem Tschiang. Aber außer der Seichtigkeit des Flusses zu dieser Jahreszeit macht auch ein durchaus felsiges Flußbett die Schiffahrt hier unangenehm und oft gefährlich. Jeder unsrer Kähne wurde mit weniger Unterbrechung von zwanzig und zuweilen von mehrern Leuten, ohne welche es unmöglich gewesen wäre weiterzukommen, im Wasser fortgezogen und fortgestoßen. Das durchdringende Geklirr der Ruder auf den Steinen, die plötzlichen Stöße, welche den Kahn zu zertrümmern drohten, das ausgelassene Geschrei der Schiffer und das betäubende Zurufen der Zieher würde diesen Teil der Reise ermüdend gemacht haben, wenn die bezaubernde Gegend, durch welche der Tschiang fließt, daran zu denken erlaubt hätte. An beiden Seiten des Flusses laufen hohe Berge hin, die ihn bald eng einschließen, bald sich tiefer in das Land ziehen und zu ihren Füßen fruchtbare Ebenen ausbreiten, die auf das sorgfältigste bebaut sind. Reisfelder, Zuckerpflanzungen, Appelsinen, Pompelmusen, Pisang[137], Granatäpfel, Maronen, vortreffliche Küchengewächse, Tee-, Kampher-, Talkbäume und Bambusrohr sieht man beständig auf beiden Ufern. Unter allen diesen Gewächsen zieht keins so sehr die Augen des Europäers auf sich als der Talkbaum (Croton febiferum L.), weil es uns sonderbar vorkommt, daß eine Bequemlichkeit, die wir dem Tierreiche zu verdanken haben, aus einem Baume gewonnen werden könne. Es verhält sich wirklich so und ist keins der geringsten Vorzüge dieses vortrefflichen Landes. Der Baum kündigt sich von weitem durch seine roten Blätter an und gleicht dem Kirschbaume. Die Frucht, welche das Insekt enthält, kommt den Pfaffenhütchen sehr nahe, mit dem Unterschiede, daß hier die Schale und Frucht weiß sind. Die letztere besteht aus vier Körnern und hat ein seifenartiges Mehl. Man kocht diese Früchte und schöpft das oben schwimmende Fett ab. Es werden aber keine Lichter ohne Beimischung von Öl daraus gemacht, weil es an sich selbst zu spröde ist. Die chinesischen Lichter unterscheiden sich merklich von den unsrigen. Außer dem, daß sie kürzer und dicker sind, haben sie

Holzdochte, mit Binsen umwunden, welche zuweilen rauchen. Aber ihr Schein ist stark, die Flamme flackert nicht, und man kauft sie wohlfeil.

So wie die Talkfrucht eine der nutzbarsten dieses Landes ist, so hält der Inländer und Ausländer mit Recht die Appelsine für eine der leckersten und gesundesten. Sie ist bei uns hinlänglich bekannt und, selbst dem deutschen Namen zufolge, in China zu Hause. Die Portugiesen brachten sie zuerst nach Europa, und man sagt, daß noch bis jetzt der erste Appelsinenstamm in Lissabon aufbewahrt werde. Es gibt drei Gattungen in China. Die erste und vorzüglichste ist breit und hat eine rötliche Schale, die sich gänzlich vom Fleische trennen läßt, ohne etwas von der weißen Zwischenhaut darauf zurückzulassen; man kann sie leicht zerlegen, ohne den Saft, der ausnehmend süß und erquickend ist, zu verlieren. Die zweite Gattung hat eine blaßgelbe, rauhe Schale, läßt sich bequem teilen und ist länglich, aber weder so süß noch so saftig als die erste. Die dritte Gattung, welche wir allein in Europa kennen, ist hochgelb, voller Saft und hat mehr Herbes als die beiden andern und ein festeres Fleisch. Diese drei Arten haben in Canton verschiedene Namen. Die erste heißt die Mandarinen-Appelsine, wegen ihrer Vorzüglichkeit, die zweite Kapitän-Appelsine, weil sie jener am nächsten kommt, und die in Europa bekannte heißt die Kuli-Appelsine, d. i. die der Tagelöhner (Träger): denn sie ist die wohlfeilste und gemeinste.

Wenn der nördliche Europäer die vortrefflichen Südfrüchte, welche bei ihm bloß durch künstliche Wärme fortkommen, hier von selbst und in Menge wachsen sieht, so hält er keine Vergleichung mit dieser, überdies so romantischen Gegend, für erschöpfend. Es ist außerordentlich, wie oft sich die Auftritte verändern. Jetzt sind rauhe Felsen zu beiden Seiten, die nicht ein Gräschen ernähren. Der Fluß krümmt sich, und auf einmal hat man die lachendsten Gefilde im Gesichte. Die mannigfaltigen Wendungen des Tschiang nähren die Neugierde des Reisenden und entfernen das Langweilige einer durchaus reizenden oder völlig öden Gegend.

Abbildung 21: Fischer mit ihren Netzen und Bauern beim Wasser-
schöpfen

Die Einwohner waren überall beschäftigt, den Reis zu ern-
ten und das Zuckerrohr zu hauen. Beides wurde in Stampf-
mühlen gebracht, welche auf Sandbänke des Flusses gebaut
sind und vom Strome getrieben werden. Aber sobald die Mon-
sun-Regen den Fluß anschwellen, werden die Mühlen völlig
unter Wasser gesetzt und unbrauchbar, weil sie ganz niedrig
gebaut sind. Wir sahen selbst viele in diesem Zustande. Wie
sonderbar dies auch scheinen mag, so ist der Chinese doch zu
sehr auf seinen Vorteil bedacht, als daß man glauben dürfte,
der Verlust dabei wäre größer als der Gewinn.

Die kleine Wasserreise auf dem Tschiang war am 21sten
November vollendet, wo wir vor Tschang-ssan-schien[138] an-
kamen. Von hier muß man, um nach Canton zu kommen,
einen Tag über Land gehen. Dies war eine angenehme Ab-
wechselung und erfüllte den allgemeinen Wunsch, etwas vom
Feldbau im Innern von China zu sehen. Er wird sehr gerühmt,
und mit Recht; denn diesen ganzen Tag über sahen wir nichts
als Beweise der größten Betriebsamkeit. Es ist den Chinesen
nicht genug, die Felder auf das sorgfältigste bebaut zu haben;
selbst die Berge waren, wie in Tirol und der Schweiz, so weit
hinauf als möglich in kleine Beete oder Stufen geteilt und mit
verschiedenen Gartengewächsen bepflanzt; aber meistens
waren es Reisfelder. Um diese gehörig zu bewässern, sah man
an verschiedenen Orten Vertiefungen, in denen sich entweder
das Regenwasser sammelte oder kleine Bäche von den nahen
Bergen ergossen. Hieraus waren Kanäle auf die nahen Felder
geleitet, und wo der Grund höher lag als die Oberfläche des
Wassers, da bediente man sich einer Art Kettenpumpe
(chainpump), um es emporzuheben. Diese Pumpe ist in ganz
China gewöhnlich und wegen des Reisbaues höchst notwendig: In der Provinz Schantong hat man sehr große, die von vier
bis sechs Männern getreten werden. Obgleich die Engländer
viele Arten von Kettenpumpen haben, so versichern sie doch
selbst, daß sie die erste Idee dazu von den Chinesen erhielten.
So sind viele der Meinung, daß der Kompaß, welcher kurz nach
Marco Polos Rückkehr nach Italien, dort, wie man sagt, erfunden wurde, eine Nachahmung des chinesischen Kompas-

Abbildung 22: Eine chinesische Kettenpumpe

ses sei. Es ist, sagt man, wahrscheinlicher, daß wir von ihnen als daß sie von uns gelernt haben[139].

Hier war es, wo wir zuerst in der Nähe Tee wachsen sahen, dessen Blüte und Blätter dem Schesmin[140] gleichen. Aber wir trafen keine eigentliche Teepflanzungen an, von welchen die zarten Blätter zum Trinken gesammelt werden, sondern bloß zerstreute Büsche. Viele Berge waren mit jungen Kiefern besetzt, die, nach ihrer Größe zu urteilen, kaum über einige Jahre gepflanzt sein konnten. China hat wenig Holz, und es ist weise, auf die Vermehrung dieser großen Notwendigkeit in einem Lande zu denken, dessen inländische Schiffahrt, andre Bedürfnisse zu geschweigen, die ausgebreitetste in der Welt ist. An beiden Seiten des Weges waren verschiedene Büsche von der Sprossentanne (Pinus Canadensis Linn), aber mehrere von Bambusrohr, welche wegen ihres lebhaften Grüns und geraden Wuchses sich wohl ausnehmen. Wir sahen auch verschiedene Kampherbäume, die alle großästig und voll waren. Fast bei jedem einzelnen Hause standen Talkbäume, und vermutlich bereitete jeder Landmann daraus seine Lichter selbst. Die Straße, auf welcher wir reisten, war teils mit Kies, teils mit kleinen Feldsteinen gepflastert und sowohl breit als eben. Schwere Lastträger oder europäische Reisekutschen würden sie bald zerstören. Aber fast alle Lasten werden hier auf Schultern getragen; auch reist man mehr in Sänften und zu Pferde als zu Wagen. Die vielen Städte und Dörfer, welche geschwind aufeinander folgen, zeugen von der Bevölkerung dieser Gegend, deren milder Himmelsstrich keinen großen Aufwand für feste Häuser erfordert.

In den chinesischen Städten wird eine Sonderbarkeit gefunden, die man ungestrafter sehen als erzählen kann – die öffentlichen Tempel der Cloacina. Sie sind nicht, wie anderwärts, zur Bequemlichkeit des Publikums, sondern zum Nutzen und auf Kosten derer errichtet, welche die Opfer als die größte Wohltat für ihre Äcker nutzen. Man findet sie nicht in einem versteckten Teile der Stadt, sondern an den gangbarsten Straßen. Auch bezeugen die Chinesen überall eine so große Achtung für die Aufbewahrung solcher Opfer, daß – – – Doch schon zu viel davon.

An den Seiten der Berge waren verschiedene Gräber; sie bestanden aus einem kleinen Gemäuer, in welchem zuweilen Fenster waren, und rings herum standen Bäume. Die außerordentliche Aufmerksamkeit der Chinesen für die Gräber ihrer Eltern und Vorfahren ist bekannt[141]. Sie wählen die Plätze mit Sorgfalt und schmücken sie mit allen Kosten, die ihnen ihr Stand erlaubt.

Wir traten an diesem Tage bei Zau-ping in die Provinz Kiansi und schifften uns bei Jußan-dschien[142] auf dem Flusse Yu-ßancho[143] in sehr bequeme Fahrzeuge ein, welche nicht nur Küchen, Schlafzimmer, Eßzimmer, sondern auch hinlänglichen Raum für unser Gepäck hatten und entweder ausgemalt oder mit weißem Papiere tapeziert waren. Der Yu-ßann ergießt sich, wie viele andre südliche und westliche Flüsse, in den See Po-jang (oder Hwoy-jang-chu) [144], über welchen wir schifften. Er ist fischreich und ernährt dadurch viele Tausende armer Leute, die gar kein anderes Gewerbe als den Fischfang haben. Netze und Fischerenten sind aber nicht die einzigen Mittel, deren sie sich hierzu bedienen. Man sieht in dieser Gegend häufig an den Ufern weiß angestrichne, abhängig nach dem Wasser zu gelegte Bretter, an welchen die Boote mit Netzen stehen. Der Mond wirft einen Widerschein vom Brette in das Wasser, der die Fische hintergeht: sie hüpfen in den Kahn oder in die Netze, und die Fischer haben keine weitere Mühe, als ihre leicht erhaltene Beute wegzuführen.

Lange vor der Ankunft in dieser Provinz hatte man uns die Gefahren der hiesigen Schiffahrt geschildert. Man sagte, wir müßten über Wasserfälle. Le Comte [145], desgleichen andere Missionare und besonders die Nachricht von der Holländischen Gesandtschaft nach China [146], bestätigen diese fürchterlichen Beschreibungen. Wer nur von Wasserfällen gehört, noch mehr aber, wer welche gesehen hat, dem müssen die Haare zu Berge stehen, wenn er an die Überfahrt eines Wasserfalles denkt. Aber wie die Dichter sich poetische Freiheiten erlauben, so nehmen die Reisenden sich itinerarische; und hierzu gehören die so gefürchteten Wasserfälle. Die Erzählungen davon sind, um nichts mehr zu sagen, übertrieben. Der Fluß Tatschiang [147], in welchen wir aus dem See Hwoy-jang kamen, ist größtenteils felsig und mühsam zu beschiffen. Das war alles. Dessen ungeachtet hörte man in unsrer zahlreichen Flotte, die aus sechzig Fahrzeugen bestand, nicht von einem einzigen Unglücksfalle.

Der Teil der Provinz Kiansi, durch welchen unsre Reise ging, war eben und sandig, welches den oft fünfmonatlichen Überschwemmungen des Sees Hwoy-jang zuzuschreiben ist, ein andrer felsig und gebirgig. Indes sahen wir einige Tage lang an beiden Ufern Zuckerrohr und Reisfelder. Um diese zu bewässern, hatte man da, wo das Ufer hoch war, große Räder angebracht, welche das heraufgebrachte Wasser in eine Rinne fallen ließen, von der es sich weiter verteilte. Viele Berge waren mit dem Tscha-chwa, d. i. Tee-Blum-Strauche (Camelia Japonica Linn.), bepflanzt[148]. Die nutzbare Blüte desselben, welche der Blüte des Tees sehr ähnlich sieht, gibt ein Öl, dessen die Chinesen sich häufig bedienen. Ob es gleich dem Olivenöl nicht beikommt, so ist es doch rein, fett und ohne übeln Geruch. Es macht einen Teil des Handels in dieser Provinz aus. Die gemeinen Leute in der hiesigen Gegend tragen eine Art von strohener Sohle, welche der altrömischen nicht unähnlich ist; durch die Zehen und über die Fersen gehen Bänder, an welchen man sie auf dem Fuße befestigt. Vermutlich macht die Hitze des Sandes diese Sohle notwendig; man sieht diese Tracht auch überall in der Provinz Quangtung und in Macao.

Ich habe bisher nicht angemerkt, daß auf unsrer ganzen Wasserreise, von Tongschu bis Canton, die Gegenden durch Pagoden, welche überall sehr häufig sind, erhoben werden, oder, wenn man will, daß sie schöne und fruchtbare Gegenden anzeigen: Denn die Bonzen haben es sich, eben so wie die Stifter der Klöster, angelegen sein lassen, allemal die vorteilhaftesten Plätze für ihre Tempel auszusuchen.

Die Hauptstadt der Provinz Kiansi ist Nan-tschang-fu[149]. Wir kamen nahe vorbei und erstaunten über die Menge größerer und kleinerer Fahrzeuge, die vor derselben lagen. Die größeren wurden von jemandem, der sie zu zählen versuchte, über vierhundert angegeben. Um sich einen Begriff von den größern zu machen, muß man bemerken, daß sie im Durchschnitt 150 Fuß lang, 14 Fuß breit und etwa 12 Fuß tief sind und an 250 Tonnen laden können. Die Anzahl der mittlern und kleinern war, wenn die Augen nicht zu sehr betrügen, noch einmal so groß. Welch ein Handel! Wie groß müssen die Bedürfnisse einer solchen Stadt sein! Wir brauchten auch hier Zieher für unsre Kähne. Sie waren besser gekleidet als die, welche wir vorher gehabt hatten. Übrigens sangen sie oft und schienen ihren harten Stand nicht so sehr zu fühlen, als man glauben sollte. Wir sind nicht daran gewöhnt, Menschen die Arbeit der Tiere verrichten zu sehen; aber bei gehöriger Vergleichung würde man vielleicht finden, daß viele unsrer

armen Leute nicht viel leichtere Arbeit haben. Die Zieher pflegten aus den Zuckerfeldern Rohre auszureißen, um sich den
Durst zu stillen: eine Freiheit, die ihnen erlaubt zu sein schien.

Am Ende der Provinz Kiansi wird der Fluß Ta-tschiang zwischen felsigen Bergen gleichsam eingezwängt, bis Nanganfu[150], wo er sich wieder erweitert. Von dieser Stadt aus hatten
wir die letzte Landreise zu machen. Der Weg, welcher sehr
mittelmäßig gepflastert war, erhob sich unvermerkt und ging
durch wohlbebaute Täler, die an beiden Seiten von Bergen eingeschlossen wurden und oft schöne Aussichten bildeten. Wir
sahen überall viele Reisfelder unter Wasser gesetzt. Nach einer Zeit von etwa zwei Stunden führte uns der Weg über den
hohen Berg Miling[151], welcher die Provinzen Kiansi und Quantung voneinander trennt. Wo die Straße darüber geht, ist er
zwar gepflastert und mit einigen Häusern bebaut, aber sehr
steil und besonders für Pferde ermüdend; viele dieser armen
Tiere waren, obgleich die meisten Reiter abstiegen, so er-
schöpft worden, daß sie des Nachmittags tot auf der Straße um-
fielen. Die Schuld lag gewiß größtenteils an der vernachläs-
sigten Fütterung; denn die Chinesen sind, wenn es möglich ist,
noch grausamer gegen ihre Pferde als die Europäer. Man sagt,
daß sich der Miling 3000 Fuß über die Oberfläche der See er-
hebe. Ihn umringen mehrere kleinere Berge, welche verschiedne tiefe Klüfte bilden, mit Bäumen und hohem Grase bewachsen sind und dieser Gruppe das Ansehn einer romantischen Wildheit geben.

Wir begegneten diesen ganzen Tag über einer Menge Leute, welche das oben erwähnte Tscha-chwa-Öl auf ihren Schultern nach Nanganfu trugen, von wo es weiter verführt wird.
Die meisten Berge waren auch mit Tscha-chwa-Sträuchen bewachsen. Sobald wir in die Provinz Quangtung, wo Flora alle
ihre Segnungen ausgegossen hat, eingetreten waren, sahen
wir viele Weiber auf den Feldern, welche wir vorher nie dort
gesehen hatten. Die Einwohner dieser Provinz sollen sehr ar-
beitsam sein und von den umliegenden Gegenden zu Haus-
bedienten und Ackerleuten vorgezogen werden. In Quangtung
kennt man die Europäer mehr als im übrigen China; man

Abbildung 23: Ein chinesischer Bauer mit seiner Pfeife

verachtet sie und gibt ihnen den Namen Quitse, d. i. Teufel, weil die Chinesen auf ihren Bühnen die Teufel mit engen Kleidern vorstellen, dergleichen wir tragen[152]. Daher war es uns nicht unerwartet, mit eben dem Ehrenworte vom Pöbel begrüßt zu werden. Da wir aber mit dem Unterkönige reisten und da unsre Mandarinen von sehr hohem Range waren, so wagte es niemand, die Gesandtschaft öffentlich zu beleidigen.

Bei Nan-tschang-fu[153], welches die zweite Stadt dieser Provinz ist, schifften wir uns zum letzten Mal ein und waren nur noch ein paar Tagereisen von dem Orte entfernt, den wir so sehr zu erreichen wünschten. Warum, ist leicht zu erachten, wenn man daran denkt, daß wir seit fünfzehn Monaten keine öffentlichen Nachrichten aus Europa erhalten hatten, und zwar zu einer Zeit, wo die wichtigsten Veränderungen dort vorgingen. Die Ufer des Si-cho[154], welcher von hier nach Canton fließt, sind meistens gebirgig und zum Teil felsig. Man sah verschiedne Kalk- und Steinkohlen-Bergwerke; die Kohlen in letztern waren aber von der kleinern Art. Weiter nach Canton zu sahen wir viele Ziegelbrennereien. Einige der Berge waren mit Fichten bewachsen, sehr wenige bebaut. Unter ihnen zeichnen sich fünfe durch ihre sonderbare Gestalt aus; und da kein Volk mehr darauf achtgeben kann als die Chinesen, so haben sie auch hier eine Ähnlichkeit ausgefunden und diese Berge U-ma-tchu, d. i. die fünf Pferdeköpfe, genannt[155]. In Fekian[156] soll sogar die Gestalt eines ihrer Idole von verschiednen Bergen gebildet werden, und die Bemerkungen der Missionare über die Namen und vorgeblichen Ähnlichkeiten der Berge in vielen andern Provinzen sind mitunter höchst seltsam.

Etwa eine Tagereise von Canton kamen wir an den Fels Quan-inn-schann[157], welchen die Chinesen wegen seines rauhen, zackichten, überhängenden Gesteins und wegen des uralten Tempels daselbst mit Ehrfurcht betrachten. Er ist etwa zweihundert Fuß breit und sechshundert Fuß hoch, an allen Seiten senkrecht und folglich von Natur unzugänglich. Aber auf der Seite, wo der Fluß anspült, ist eine Höhle von mittelmäßiger Größe ausgehauen, welche seit undenklicher Zeit von

Bonzen* bewohnt wird. Die Höhle hat drei übereinander angebrachte Öffnungen; die erste ist etwa zwölf Fuß über dem Wasser, die andere fünfzig, die dritte hundert Fuß. Die unterste dient zur Türe, die beiden obern zu Fenstern zweier Stockwerke (wenn man sie so nennen darf), die durch bequeme Treppen verbunden sind und Altäre des Puhssa[158] haben. Das erste Stockwerk ist gedielt und mit Stühlen versehen; an den rauhen felsigen Seiten dieses Zimmers sieht man keinen andern Zierat als einige moralische Sprüche und mythische Beziehungen auf die wunderbare Geschichte des Idols, die in alten Charakteren dort ausgehauen sind. Die freundlichen Bonzen nahmen uns mit vieler Herzlichkeit auf, schienen gern Fremde zu sehen und verschmähten ein kleines Almosen nicht.

Der neue Vizekönig von Canton, in dessen Gesellschaft wir, wie oben erinnert worden ist, den letzten Teil dieser Reise zurücklegten, war einige Tage voraus nach Canton gegangen, um die Vollziehung seiner zum Empfange der Gesandtschaft erteilten Befehle zu beschleunigen; und unsre Reise wurde vorsätzlich verzögert, damit er mehr Zeit gewönne. Obgleich unsre Reiseboote gut waren, so schickte der Vizekönig doch der Gesandtschaft sehr wohlgebaute und verzierte Staatsboote entgegen, auf welchen sie am 19ten Dezember, nach einer ununterbrochenen Reise von vierundsiebzig Tagen oder drittehalb Monaten aus Peking, in Canton ankam.

Der Vizekönig erzeigte der Englischen Gesandtschaft mehr Ehre, als die übrigen hierher handelnden Europäer und die übermütigen Mandarinen wünschen mochten. Er räumte ihr einen ganzen Garten in der Vorstadt mit sehr guten Gebäuden ein, die damals ausdrücklich nach englischer Art eingerichtet und möbliert waren. Der militärischen Ehrenbezeigungen nicht zu erwähnen, wurde die Gesandtschaft von dem Vizekönig, dem Fujien[159], dem Hupu[160] und den andern vornehmen

---

* *Das Wort* <u>Bonze</u> *ist den Eingebornen unbekannt und vermutlich aus dem Chinesischen* <u>Hwoa-schang</u>, *Priester, entstanden.* [Vgl. oben Anm. 42.]

Abbildung 24: Der Vizekönig von Kanton

Mandarinen seines Hofes mit vielem Pomp empfangen. Ein
Saal war dazu nach chinesischer Sitte vorbereitet. Die Sitte
dieses Landes verlangt, daß Gesandte, wenn sie im Begriff sind,
das Reich zu verlassen, dem Kaiser feierlich für die erzeigten
Gefälligkeiten und besonders für die sichere und bequeme
Reise durch das Reich danken und eben dieselben Zeremoni-
en wiederholen müssen, die man in Gegenwart des Kaisers zu

machen pflegt. Da auf der Rückreise die Höflichkeiten gegen die Gesandtschaft, auf Befehl des Kaisers, wirklich ausgezeichnet gewesen waren und da der Vizekönig, ein vertrefflicher Herr von sehr rechtschaffenem Charakter, und unsre beiden Führer, Tscho-ta-dschin und Wang-ta-dschin, von deren Gesinnungen ich oben gesprochen habe, mit der unverstelltesten Herzlichkeit sich beeiferten gefällig zu sein, so ward diese Zeremonie der Gesandtschaft nicht schwer. Diese blieb drei Wochen in Canton und erhielt dort tägliche Beweise von der Güte des Vizekönigs. Er machte verschiedne Befehle zum Besten der Engländer bekannt. Es gereichte dieser Nation zur Ehre, daß sie die andern Europäer nicht davon ausschließen wollte; daher werden alle neuen Einrichtungen, die zum Besten der Engländer getroffen worden sind oder in der Folge noch getroffen werden, allen Europäern zum Vorteile gereichen.

Vielleicht würde der Gesandte nach andern Teilen Asiens gesegelt sein oder seine Rückreise nach Europa unverzüglich angetreten haben, wenn der Krieg es nicht notwendig gemacht hätte, die Kauffahrteischiffe von dem *Löwen* begleiten zu lassen[161]. Einige der stärksten Schiffe kehrten allein zurück; doch die meisten gingen unter dem Schutze des *Löwen* nach England. Ehe ich aber davon rede, wünscht man vielleicht etwas von Canton zu wissen. Dies ist in der Tat ein so merkwürdiger Handelsort, daß, wie wenig auch der Erzähler davon zu sagen weiß, es unverzeihlich sein würde, das nicht mitzuteilen, was zu seiner Kenntnis gekommen ist[162].

Canton würde als bloße Hauptstadt der Provinz, als Residenz des Vizekönigs, als Manufakturstadt, als einer der größten Handelsplätze im Chinesischen Reiche und als Hafen der inländischen Schiffe, welche nach Japan, Manila, Cochinchina[163], Batavia[164] u.s.w. gehen, auch ohne allen europäischen Handel beträchtlich sein. Jetzt aber, da der ferne Ausländer seine Reichtümer hierher bringt, wird es von vielen für die erste asiatische Handelsstadt gehalten; und so lange der Tee fortdauert, in Europa und Amerika ein so großes Bedürfnis zu sein wie bisher, so lange die Chinesen fortfahren, an europäischen

Manufakturen Geschmack zu finden und fremder Produkte zu bedürfen, wird Canton vermutlich immer den Vorrang vor allen übrigen asiatischen Handelsstädten behalten. Der Songtu (in der Mundart von Canton Santok oder Tschontok genannt), welchen die Europäer nicht unrecht mit einem Vizekönig verglichen haben, ist der Vornehmste in der Stadt und Provinz, von Nation ein Tartar und mit dem Kaiser verwandt, daher auch einer von den Ersten des Reiches. Er herrscht über zwei große Provinzen, Quantung und Kiansi[165]. Seine Einkünfte sind sehr ansehnlich. Zum Beweise seiner despotischen Macht erzählt man, daß die vorigen Vizekönige unter den kostbaren Kunstwerken, z. B. englischen Singuhren (hier Sing-songs genannt), welche auf den europäischen Schiffen hier eingeführt werden, sich die besten auszulesen pflegten. Die Cohongs (von welchen nachher gesprochen werden soll) mußten diese sogleich für ihr Geld kaufen und dem Vizekönige zum Geschenke geben. Dafür ließ er alle ihre Ungerechtigkeiten ungestraft hingehen. Man kann aber mit Grunde vermuten, daß der jetzige sehr rechtschaffne Vizekönig die schändlichen Gewohnheiten seiner ungerechten Vorgänger verlassen wird.

Canton liegt an einem Flusse, welcher nach der Stadt benannt wird und sich fünfzig englische Meilen weit von ihr, bei Bocca Tigris, ins Meer ergießt. Diese Bocca oder Mündung, welche von zwei kleinen Befestigungen an beiden Seiten verteidigt wird, hat ihren Namen von einer nahe liegenden Insel, Tiger-Eiland genannt[166]. Alle fremden Schiffe, die nach Canton fahren, müssen durch die Bocca. Es gehört aber unter die Beschwerlichkeiten, denen die Europäer bei dem chinesischen Handel unterworfen sind, daß man sie nötigt, erst nach der Insel Macao zu segeln, welche 16 englische Meilen davon entfernt ist. Dort bezahlen sie teuer für Lotsen und für eine schriftliche Erlaubnis, die sie notwendig brauchen, um in die Bocca eingelassen zu werden. Außer dem, daß dieser Umweg Schiffen, welche lange in See gewesen sind, sehr unangenehm sein muß, laufen sie dabei auch oft Gefahr, da das Meer dort herum außerordentlich stürmisch, klippig und voll kleiner Inseln ist. Die Seichtigkeit des Flusses erlaubt den Schiffen, wenn sie durch die Bocca gekommen sind, nicht, weiter als nach Wampu zu gehen[167], wo sie, drei Stunden vor der Stadt, ganz sicher liegen. Zwischen Wampu und Canton sind nicht weniger als drei Zollhäuser*, und bei jedem werden die Boote angehalten und genau durchsucht, ehe sie an die Faktoreien kommen können.

Diese sind an dem westlichen Ufer des Flusses von den Holländern, Engländern, Franzosen, Spaniern und Schweden gebaut und zeichnen sich von weitem durch ihre Flaggen aus, welche von hohen Segelstangen wehen. Die holländischen und englischen Faktoreien haben vorn bedeckte Galerien, die hier mit einem indischen Worte Veranden genannt werden. Alle Faktoreien, besonders aber die englische, welche bei weitem die größte ist, haben nur ein Stockwerk, sind aber geräumig und mit Geschmack möbliert. Die Vorstadt von Canton, in welcher sie liegen (denn in die Stadt selbst dürfen keine Europäer kommen), hat eine Menge Straßen, die bloß aus Kaufläden bestehen. Verschiedne derselben sind so gänzlich mit europäischen Waren angefüllt, daß man in einer von unsren Städten zu sein glaubt, wenn man durch sie hingeht. Im ganzen aber können sich, unter den gehörigen Einschränkungen, keine zwei Plätze mehr gleichen als die Merceria in Venedig und diese Vorstadt. Man hat hier fast alle Bedürfnisse, die in europäischen Häfen angetroffen werden; besonders lassen die Güte, die Menge und die Wohlfeilheit der Lebensmittel nichts zu wünschen übrig. Außer dem wohlschmeckendsten Fleische hat man vorzüglich gute Gartengewächse und Früchte. In der

---

* Man nennt sie in _Canton: Tschop-Häuser. Tschop (Osbeck schreibt Tiapp und Sonnerat la chappe) heißt eigentlich ein Siegel und wird von allen schriftlichen Befehlen der Mandarine gebraucht, weil sie ihre Stempel darauf drücken. Man nennt auch die Spanischen Taler, auf welche die Mandarine den Wert in Chinesischen Charakteren gedrückt haben, Tschop-Taler; fast alle, die hier in Umlauf kommen, haben diese Zeichen und überdies an den Seiten Einschnitte, an denen man sehen kann, ob sie gutes Silber sind. Man hört in den hiesigen Läden noch einen andern sonderbaren Ausdruck, der davon hergenommen ist. Waren und alles Andre von der besten Art heißt hiervon: first Tschop; was geringer ist: second Tschop._

Nachahmung europäischer und zumal englischer Gerätschaften, Werkzeuge und Hausgeräte von allen Gattungen, haben es die Cantoner so weit gebracht, daß verschiedne Sachen hier eben so gut und durchaus wohlfeiler verfertigt werden als in England. Dies ist der Fall mit gemeiner Silberarbeit, Koffern u.s.w. Die zahlreichen chinesischen Schneider in Canton arbeiten fast eben so gut wie die englischen und nur halb so teuer. Da nun seidne und baumwollene Zeuge in großer Menge hier gemacht werden, so kann man fast nirgends Kleidungsstücke für niedrigere Preise kaufen.

Ferner wäscht man hier vortrefflich und weit wohlfeiler als in unsern Hauptstädten. Es läßt sich daher leicht einsehen, daß Canton in dieser Rücksicht für Schiffe sehr bequem ist. Man muß aber im Handel sehr behutsam sein, wenn man von den Cantonern nicht hintergangen werden will. Die Nation wird überhaupt beschuldigt, daß sie unredlich sei, ja Betrug sogar für lobenswert und sinnreich halte. In diesem Verstande sind die Einwohner von Canton höchst sinnreich, und selten verläßt jemand diesen Ort, ohne eine Erfahrung davon gemacht zu haben. Der List der Cantoner Handelsleute kann man wenigstens Aufmerksamkeit entgegensetzen; aber die offenbaren Betrügereien des Hupu (d. i. des Kaiserlichen Ober-Zolleinnehmers) und der andern Mandarine muß man ganz ruhig ansehen. Die Schiffskapitäne sind genötigt, diesen Räubern zehn Prozent mehr zu bezahlen, als die Summe beträgt, die der Kaiser von ihnen fordert; sie nehmen unter diesem Namen von jedem großen Schiffe 2200 Taels oder Unzen Silber [168], aber außerdem werden noch eintausend neunhundert und fünfzig Taels von jedem Schiffe verlangt. Diese letztere Summe war anfangs ein bloßes Geschenk, wurde aber nach und nach zur Schuldigkeit und ist jetzt eine bestimmte Abgabe.

Die Europäer dürfen überdies nicht handeln, mit wem sie wollen, sondern es sind ihnen zehn Kaufleute angewiesen, welche Cohong oder gemeiniglich Hung genannt werden. Von diesen erpreßt der Hupu, so viel im beliebt, und läßt ihnen dafür die Freiheit, so viel für ihre Waren zu verlangen, als sie wollen. In den zwei Monaten vor unsrer Ankunft in Canton hatte der Hupu von diesen Cohong-Kaufleuten 200 000 Reichstaler erpreßt. Da nun der Aufenthalt der europäischen Kaufleute in Canton noch vier Monate dauerte, so kann man leicht sehen, auf welche Summen diese Erpressungen sich belaufen mußten. Aber das Demütigendste bei dem Handel der Europäer mit Canton ist der Umstand, daß man ihnen nur einen Teil des Jahres dazubleiben erlaubt und sie nötigt, die übrige Zeit in Macao zuzubringen. Die Faktoreien gehören, ob sie gleich auf ihre Kosten erbaut sind, nicht ihnen, sondern den Besitzern der Gründe, auf denen sie stehen. Diese erlaubt man ihnen nicht zu kaufen; und so wohnen sie in ihren eignen Häusern zur Miete. Ob nun gleich die Europäer allezeit mit Gelde oder Waren bar bezahlen, so sind sie doch genötigt, für ihre eignen Waren Kredit zu geben und ohne obrigkeitliche Versicherung abzureisen. Bei diesem jährlichen Hin- und Herziehen von Canton nach Macao und wieder zurück müssen sie den Hausrat und andre Notwendigkeiten, die sie mit sich nehmen, jedesmal aufs neue verzollen, so daß sie nicht ein einziges Gerät besitzen, für welches sie nicht zwölfmal und öfter Abgabe bezahlt hätten.

Bis zur Ankunft der Englischen Gesandtschaft in Canton hatte man kein Mittel, sich mündlich oder schriftlich an den Vizekönig zu wenden. Es war streng verboten, irgendeinen Ausländer das Chinesische zu lehren, und man hielt, nach der Landessitte, den Abstand zwischen dem Vizekönige und einem Kaufmanne für zu groß, als daß dieser es hätte wagen dürfen, mit Hilfe eines Dolmetschers seine Dinge persönlich anzubringen. Der Kaufmannsstand ist nämlich in China höchst verachtet. Ausländische Kaufleute fühlen diese Erniedrigung um so mehr, da ihr Stand in jedem aufgeklärten europäischen Lande geehrt wird. Die Engländer leiden doppelt dabei, weil man sie unter allen Barbaren (so werden die Europäer von den Chinesen genannt) für die wildesten hält. Diese Ehre haben sie ihren Matrosen zuzuschreiben, welche in der Tat nicht die sanftesten Menschen sind. Und wenn künftig die hierher handelnden Europäer sich nicht hüten, durch ihre Sitten den Chinesen Anstoß zu geben, so werden die Verachtung und sogar die öffentlichen Beschimpfungen, denen sie hier ausgesetzt sind, sich immer vermehren. Man kann sich von diesen einen Begriff machen, wenn man weiß, daß der Pöbel zuweilen so weit gegangen ist, die Europäer mit Steinen zu bewerfen. Jeder Mandarin, auch der unterste, dünkt sich besser zu sein als ein Kaufmann.

Folgendes Beispiel zeigt, daß die Gesandtschaft eben so verächtlich würde behandelt worden sein, wenn nicht des Vizekönigs Betragen gegen sie es verhindert hätte. Es waren verschiedne Cantoner dem Vizekönige bis in die Provinz Kiansi entgegen gekommen. Wir merkten bald aus einigen lächerlichen Äußerungen, daß sie meinten, die ganze englische Nation bestände bloß aus Schiffern und Kaufleuten, das ist, nach ihren Begriffen, aus sehr nichtswürdigen Menschen. Mit Erstaunen sahen sie die ungezwungene Herzlichkeit der vornehmen Mandarine gegen die Herren der Gesandtschaft und mit Unwillen das freie Betragen dieser gegen jene. Sie hielten dies für Unverschämtheit und machten darüber in ihrem gebrochnen Canton-Englisch ziemlich ungezogene Bemerkungen. Anfangs achtete niemand hierauf, bis ein ernsthafter Vorfall ihr Betragen gegen die Gesandtschaft einer nähern Betrachtung unterwarf: Zwei unsrer Gelehrten waren eines Tages ans Ufer gegangen, um Pflanzen zu suchen. Ein Mandarin von beträchtlichem Range, aus Canton, sah es. Er wußte entweder nicht, wer sie waren, oder wollte es nicht wissen und befahl einem Mandarin, sie zurückzutreiben. Sie widersetzten sich. Der Soldat schlägt sie. Erstaunt und aufgebracht eilen sie zu dem Mandarin, der den Befehl gegeben hatte, und nötigen ihn, auf das Fahrzeug der beiden Kaiserlichen Mandarine, unsrer Begleiter, zu kommen. Er wird blaß und bittet; aber so etwas konnte nicht ungeahndet hingehen. Der Vizekönig nahm ihm nicht nur seine Würde, sondern ließ ihm auch vierzig Schläge mit dem Bambusrohre geben. Der Soldat wurde, ungeachtet aller Fürbitten, grausam bestraft. Man durchstach ihm die Ohrläppchen mit einem glühenden Eisen, schlug ihn unbarmherzig und spannte ihn zuletzt noch in eine sehr schmerzhafte Maschine.

Abbildung 25: Die Bestrafung mit einer Halzkrause

Wie sehr die Europäer in Canton für Barbaren gehalten werden, denen man nicht trauen dürfe, beweist auch ihre hiesige Eingeschränktheit. Die Faktoreien und einige enge Straßen der Vorstadt sind die einzigen Örter, in denen man sie duldet. Sie dürfen sich weder auf das Feld, noch in die Stadt, noch den Fluß hinauf wagen. Vormals, so sagt man, hatten sie diese Freiheiten; aber das unruhige Betragen der Matrosen machte es notwendig, sie derselben zu berauben[169]. Wie dem auch immer sein mag – es ist nicht unwahrscheinlich, daß sie diese und viele andere wieder erlangen werden, wenn der Englische Hof es für gut halten sollte, die angefangene Verbindung mit dem Chinesischen fester zu knüpfen. Selbst bei der Anwesenheit der Gesandtschaft in Canton gab der Vizekönig zum Besten der Engländer und aller übrigen Europäer verschiedne Befehle, unter denen die zwei vorzüglichsten die waren, daß man künftig den Schiffen bloß Kaiserlichen Zoll abfordern und daß der erste Abgeordnete der Englischen Handelsschaft[170] freien Zutritt zu ihm haben sollte. Ob dies künftig statthaben werde, ist freilich schwer zu beantworten.

Indes, wenn dies wirklich nicht geschehen, wenn die Einschränkungen drückender werden und wenn man den

Handel von einer oder von beiden Seiten aufheben sollte, würden England und China viel dabei verlieren, oder würde der Verlust bloß individuell sein? Leute, die der Sache kundig sein wollen, behaupten, der chinesische Handel sei unter allen übrigen der nachteiligste für England. Im Jahre 1792 betrug der Überschuß zum Vorteile der Chinesen zwei und eine halbe Million Pfund Sterling, wovon bei weitem der größte Teil in Silber bezahlt wurde. Im Jahre 1793 wurden dreiundzwanzig Millionen Pfund Tee aus Canton nach England geführt, und der Überschuß zum Vorteile der Cantoner war nicht viel geringer als im Jahre zuvor. Es ist wahr, die Compagnie, besonders die Mitglieder derselben, welche sich in China aufhalten, und die Kapitäne der zu diesem Handel gebrauchten Schiffe gewinnen; aber wenn die Bedürfnisse und Ausgaben des Volkes dadurch vermehrt werden, daß man es reichlich mit einer Sache versieht, die es ohnedies in kurzer Zeit gern entbehren würde und könnte, ist das dem Lande nützlich?

Würde aber China darunter leiden, wenn der europäische Handel in Canton aufhörte? Wie ist daran nur zu zweifeln? wird man sagen. So viele Millionen in barem Gelde, die jährlich aus Europa für Tee und andre Produkte eingeführt werden, müssen eine Menge Pflanzungen und Manufakturen in China unterhalten; und wenn jene Quelle versiegte, so würden Tausende in Dürftigkeit gesetzt werden. Niemand kann leugnen, daß ein Teil der europäischen Schätze dem armen chinesischen Pflanzer und Manufakturisten zukommen muß. Aber zwei Dritteile des eingeführten Geldes bereichern räuberische Mandarine, welche es den Hung-Kaufleuten abpressen. Dessen ungeachtet haben diese ihren reichlichen Gewinn, den sie in Gärten, Häusern, u.s.w. verprassen. Dies müßte natürlicherweise wegfallen, und auch Canton würde, so weit ihr Einfluß reicht, darunter leiden. Aber welchen Begriff muß man von dem größten und reichsten Lande in der Welt haben, zu dem noch so viele andre nicht minder beträchtliche gehören; wie wenig muß man die unerschöpflichen und zum Teil völlig ungebrauchten Hilfsquellen von China kennen, wenn man glauben kann, der Einfluß eines solchen Ereignisses werde sich auf das ganze Reich erstrecken*. Aber welche Sprache können Europäer in Canton sprechen, wenn sie die Landessprache entweder nicht lernen wollen oder nicht lernen dürfen? Als Albuquerque[171] Portugals Macht in Asien furchtbar gemacht hatte, lernte man überall auf den Inseln und Küsten dieses Weltteils Portugiesisch, und noch jetzt ist ein sonderbarer Mischmasch, der dieser Sprache am nächsten kommt, das Mittel, sich fast überall in Asien verständlich zu machen. In Canton bedienen sich noch Aus- und Inländer, sie mögen auch noch so verschiedene Sprachen sprechen, verschiedener portugiesischer Worte, z. B. Comprador[172], Fiador[173], Mandarin u.d.gl. Aber seitdem Britanniens Macht und Handel die Oberhand erhalten haben, fängt ein englisches Patois an in Asien gewöhnlich zu werden. Fast jeder Cantoner, der auf irgendeine Art mit Europäern zu tun hat, spricht es, obgleich verschiedene noch Portugiesisch verstehen. Man kann sich des Lachens nicht enthalten, wenn man zum ersten Male das sogenannte Canton-Englisch hört**[174]. Sie bilden sich ein, das Englische so gut zu verstehen, daß sie zuweilen zu einem Fremden, der ihren Jargon nicht sprechen kann, sagen: You no scavee that English talkee – Ihr versteht kein Englisch. Ich habe schon oben erwähnt, daß es keinem Chinesen erlaubt ist, die Landessprache zu lehren. Dies hindert indes die geldgierigen Eingebornen nicht, bisweilen wißbegierige

---

* Dies tut _Sonnerat_ in seinen Reisen. Dieser Mann kam nie weiter als nach _Canton;_ und doch wagt er es, _Le Comte_ und andre Missionare, die den größten Teil ihres Lebens in China zugebracht haben, bitter zu tadeln. Gesetzt, er hätte eben so sehr Recht, als er Unrecht hat, so würde dies doch nichts gegen die Nachrichten der Missionare beweisen. Wer nach China geht, wird sie gewiß im _Ganzen_ treu und wahr finden. – Wie klein ist der Mensch, der anerkanntes Verdienst tadelt, wenn es einige Flecken hat [Hüttner erweist sich hier als einer der letzten Verteidiger der prinzipiellen Wahrhaftigkeit der Jesuitenberichte. Die kritische Haltung des französischen Reisenden Pierre Sonnerat und auch John Barrows sollte sich seit etwa der Jahrhundertwende durchsetzen].
** Nur einige Beispiele: to much good, für sehr gut, he hap gone walkee walkee, er ist ausgegangen. Chop, chop, geschwind.

Europäer zu unterrichten, denen wir zum Teil Übersetzungen von Chinesischen Büchern zu verdanken haben.

Aber obgleich eine Menge europäischer Kaufleute seit mehrern Jahren in Canton und Macao wohnen, so ist doch noch immer teils jenes Verbot, teils die ausnehmend große Schwierigkeit, die chinesischen Charaktere zu erlernen, Ursache, daß wir, im ganzen genommen, bis jetzt noch Fremdlinge in der chinesischen Literatur sind. Wer da weiß, daß in Neapel seit beinahe hundert Jahren beständig wenigstens zwölf geborne Chinesen von der Propaganda zu Missionaren erzogen werden, die nach geendigten Studien in ihr Vaterland zurückkehren und dann wieder durch andre Chinesen ersetzt werden, unter denen die meisten eine hinlängliche Kenntnis von den Charakteren ihrer Sprache haben – wer das weiß, sage ich, der wird sich wundern, daß diese nicht durch Übersetzungen uns einige der chinesischen Schriften bekannt machen. Aber die angeborne Vorliebe für vaterländische Literatur, die dem Gelehrten so natürliche Begierde, unbekannte Schriften aufzusuchen und mitzuteilen, oder endlich erhabnere Absichten, das Feld der menschlichen Kenntnisse entweder wirklich zu erweitern oder besser zu bebauen, werden bei diesen Schülern der Propaganda durch die sehr heftig auf sie wirkende Vorstellung erstickt, daß es für einen katholischen Priester sündlich sei, heidnische Bücher bekanntzumachen, und daß sich ein solches Geschäft nicht mit der Bekehrung ihrer blinden Landsleute vertrage, die in verdammlicher Abgötterei leben und von Natur Kinder des Teufels seien. Ich selbst habe gesehen, daß ein Missionar, von Geburt ein Chinese, mit heiligem Abscheu die Bitte abschlug, den Titel eines Buches zu erklären, welches von einem chinesischen Idole handelte. Hätten die französischen Missionare ebenso gedacht, so würden wir noch gar nichts von China wissen.

Außer den Chinesen, die in Europa zur katholischen Religion erzogen werden, gehen zuweilen auch Einwohner von Canton mit nach England. Aber dies sind gemeine, unwissende Leute, von denen hierin nichts zu erwarten ist. Auch tun sie es in so großer Furcht und so verstohlen, daß sie so geschwind als möglich wieder zurückkehren und daß sie es nie wagen, in Canton etwas von ihrer Reise bekannt werden zu lassen.

Unter den asiatischen Nationen, die nach Canton handeln, sind die Armenier die vornehmsten und reichsten. Wie weit sich ihr Handel erstrecken und von welcher Art er sein mag, ist mir völlig unbekannt geblieben. Ihre Gesichtsfarbe und Kleidung sind von der europäischen sehr wenig unterschieden. Letztere zeichnet sich bloß dadurch aus, daß sie, anstatt der Hüte, hohe schwarzsamtene Mützen und über den Beinkleidern eine Art von kurzem Weiberrocke tragen, der bis an die Knie reicht. Sie sprechen Portugiesisch und gehen viel mit Europäern um.

Über den Ursprung, die Beherrschung, Volksmenge und Musik der Chinesen habe ich noch einige kurze Anmerkungen zu machen, die ich am bequemsten hier beifügen zu können glaube.

Der Ursprung der Chinesen ist lange in mühsamen Untersuchungen der Gelehrten bestritten worden. Es würde aber lächerlich sein, wenn sich der Erzähler unterstehen wollte, aus der wenigen Erfahrung, die man auf einer fünfmonatlichen Reise sammeln kann, zu bestimmen, welche von den verschiedenen Meinungen die wahre sei. Die Nahmen des Guignes[175], de Pauw[176] und Sir William Jones[177] sind zu berühmt, als daß man sich leicht bewaffnet mit ihnen ins Feld wagen sollte. Indes ist es wohl erlaubt zu gestehen, daß Jones' Meinung in den asiatischen Untersuchungen die bewiesenste scheint[178]. Dieser große und rechtschaffene Mann zeigt, unter andern Gründen, vornehmlich aus den Offenbarungen des Menu[179], die in Sanskrit geschrieben sind, daß die Tscheinas oder Chinesen aus Indien auswanderten.

Sie werden jetzt von Tschien-lung, dem vierten Kaiser aus der Tartarischen Dynastie, beherrscht. Doch glaubt man, daß mehr chinesisches als tartarisches Blut in seinen Adern fließe. Diese Meinung ist auf folgenden Umstand gegründet. Sein Vater war einer der eifrigsten Lama- und Puhßa- Verehrer; und da seine Frauen, aus Neigung oder Zwang, nicht minder Andächtigkeit blicken ließen, so gestattete er den Priestern freien Zutritt in seinen Harem. Unter andern war die Mutter des jetzigen Kaisers besonders andächtig und hatte mit einem schönen chinesischen Priester häufige Unterredungen, in welchen er ihr nicht bloß geistlichen Trost gab. Bei dem großen Erdbeben in Peking wurden auch einige Kaiserliche Beischläferinnen unter den Ruinen begraben, und man fand nachher den eifrigen Priester neben der frommen Mutter des Kaisers: dies bestätigte den lange gehegten Verdacht nur zu sehr[180]. Doch dem sei, wie ihm wolle (denn einem Missionar, von dem ich diese Anekdote habe, ist sehr behutsam zu trauen, wenn er von Priestern andrer Religionen spricht), des Kaisers Vorliebe für die Tartaren ist in die Augen fallend. Es kostet einen Studenten aus dieser Nation nur wenige Mühe, das Mandarinat zu erlangen, da hingegen ein Chinese geschickt sein muß, um unter die Mandarine aufgenommen zu werden[181]. Aber der Kaiser übt auch eine despotischere Gewalt über die tartarischen Mandarine aus; er läßt sie oft, ohne Rücksicht auf ihren Rang, mit dem Bambusrohre schlagen: eine Erniedrigung, welche ein chinesischer Mandarin seltener zu befürchten hat.

Tschien-lung wird in China geschätzt und geliebt; man darf aber deswegen nicht glauben, daß die Eifersucht der chinesischen Großen und des Volkes gegen die tartarische Regierung schlafe. Beide Nationen hassen einander sehr herzlich, und das Wort Tartar ist in China, wie wir oft zu bemerken Gelegenheit hatten, gleichbedeutend mit grausam und tückisch. Eines Tages beklagte sich jemand unter uns über Zahnschmerzen. Warum, fragte ihn einer unsrer Mandarine, bittest Du nicht den Arzt, Dir ein schmerzstillendes Mittel zu geben? »Das habe ich getan,« antwortete jener: »aber er will mir den Zahn ausnehmen.« »So der Tartar!« rief der Mandarin aus! Ein andermal, als auf der tartarischen Reise in einem der Kaiserlichen Paläste, wo wir einkehrten, alle Porzellangefäße entwendet waren, wurde der tartarische Mandarin, welcher die Aufsicht über den Palast hatte, deswegen zur Rechenschaft gezogen. Er antwortete sehr halsstarrig: er wisse nichts davon und bekümmere sich nicht darum. Hierauf ließ Tscho-tadschin ihn ohne Umstände schlagen. Aber dies rührte den

Tartar so wenig, daß es noch zweimal wiederholt und die Anzahl der Schläge verdoppelt werden mußte, ehe er gestand, einige Kenntnis von jenem Geschirre zu haben. Aufgebracht über diese Hartnäckigkeit brach unser chinesischer Mandarin in die Worte aus: »Ja, ein Tartar bleibt ein Tartar.« Der Haß gegen diese Nation muß dadurch noch vermehrt werden, daß zu den größten Würden des Reiches, Vizekönige, Kolaos u.s.w., meistens tartarische Große gewählt werden: eine Maßregel, die vermutlich sehr notwendig ist; denn, einem chinesischem Volksgerüchte zufolge, ist der jetzige Kaiser selbst so sehr in Furcht, den chinesischen Thron zu verlieren, daß er alles nicht unmittelbar nötige Geld in große Klumpen gießen und es nicht weit von Mugden [182] in der Tartarei unter einem Flußbette in weiten Gewölben aufhäufen läßt. Es ist auch zuverlässig, daß die vornehmen Tartaren die längst beerdigten Leichname ihrer Voreltern häufig aus China nach der Tartarei führen, weil sie fürchten, über kurz oder lang dieses schöne Land verlassen zu müssen, und doch den Gedanken nicht ertragen können, die verehrte Asche ihrer Vorfahren der feindlichen Beschimpfung preiszugeben.

Der jetzige Chinesische Kaiser würde auch als Privatmann verehrt sein; aber bei einem Monarchen ist persönliches Verdienst wegen des großen Einflusses doppelt wichtig und rühmlich. Selbst seine Feinde leugnen nicht, daß ihm die Regentenpflichten heilig sind. Er steht allezeit des Morgens um zwei Uhr auf, betet in einem Lama-Tempel und widmet fast den ganzen übrigen Tag den Regierungsgeschäften. Seine genaue Kenntnis des Reiches, der Sitten und der immer wiederkehrenden Ereignisse macht, daß er, trotz aller meist glücklichen Mühe der Minister, ihn zu betrügen, oft Fehler entdeckt und die vielen Glieder, durch welche die Regierung des Landes verwaltet wird, vom ersten Kolo an bis zum untersten Mandarin, in Achtung erhält. Er selbst liest alle Berichte, Bittschriften, Vorschläge u.s.w.; sie müssen deswegen mit der äußersten Genauigkeit geschrieben sein: Sonst setzt der Fehlende sich scharfen Verweisen und Erklärungen aus, die er nicht erwartet hatte; oft verliert er sein Amt wegen eines unbestimmten

Ausdrucks oder eines nachlässig geschriebenen Charakters[183].

Der Kaiser ist einer der größten Literatoren in seinem Reiche (man sieht von selbst, warum ich Literatoren sage); er versteht das Tartarische und Chinesische so vorzüglich, daß er in beiden Sprachen Gedichte geschrieben hat, unter denen das auf den Tee, welches wir durch eine französische Übersetzung auch in Europa kennen, das berühmteste ist. Wie empfehlend sich sein Äußeres zeigt, habe ich schon oben erinnert. Im fünfundachtzigsten Jahre seines Alters und im sechzigsten seiner Thronbesteigung gedenkt er die Regierung völlig niederzulegen. Dieser Entschluß wurde noch während des Aufenthalts der Gesandtschaft in Macao durch ein Edikt öffentlich im ganzen Reiche bekannt gemacht[184]. Aber bis dahin arbeitet er noch immer mit der gewohnten Anstrengung. Diese seltne Tätigkeit ist Ursache, daß es bis jetzt kein Mandarin hat wagen dürfen, irgend ein Amt oder Geschäft aus dem Grunde abzulehnen, weil er zu alt sei; denn der Kaiser antwortet auf eine solche Entschuldigung sogleich: »Seht ihr nicht, daß ich selbst bejahrt bin, und dessen ungeachtet meine Geschäfte noch genau verrichte?« Auch haben dreiundachtzig Lebensjahre die Harems des Kaisers noch nicht unnötig gemacht. Eins seiner Serails ist in China, das andre in der Tartarei. Die Summe der Frauen in beiden soll auf eine Zahl steigen, die mir ein wenig übertrieben vorkommt[185]. In China sind Dirnen ein großer inländischer Handelszweig; also kann die Versorgung des Chinesischen Harems keine Last für das Volk sein. Aber in der Tartarei (so hat man mir erzählt) muß jedes achtzehnjährige Mädchen sich vor gewissen Eunuchen stellen, welche mit dem Geschmacke des Kaisers bekannt sind, und für ihn wählen. Nur dann erst dürfen sie sich verheiraten, wenn sie für den Dienst des Khans untüchtig erklärt worden sind.

Die Töchter des Kaisers heiraten meistens vornehme Tartaren. Der vorige Vizekönig von Canton (der jetzt nach der Tartarei versetzt ist) und der Sohn des oben erwähnten großen Kolo sind mit Töchtern des Kaisers vermählt. Welcher von den

Söhnen* des Kaisers ihm in der Regierung folgen werde, ist selbst den vornehmsten Hofleuten ein Geheimnis, da nicht Erstgeburt, sondern bloßer Wille des Kaisers bestimmt. Man sagt, er lege in einer gewissen Pagode sein Testament nieder, und der darin zum Nachfolger ernannte Prinz erfahre seine Wahl nicht eher als nach Eröffnung desselben [186].

Vom zwölften Jahre an führen die Prinzen ein sehr mühsames Leben, sowohl wegen der eigensinnigen Steifheit, welche ihrem Stande von den Landesgesetzen vorgeschrieben ist, als auch wegen der tyrannischen Strenge ihrer Lehrer. Selbst die Anzahl und Beschaffenheit ihrer Speisen ist festgesetzt. Sie haben während ihrer Minderjährigkeit kein Einkommen, sondern die gemeinsten Bedürfnisse müssen von dem Kaiser erbeten werden; man überreicht ihrem Oberhofmeister die strengsten Beurteilungen ihres Betragens und ihrer Fortschritte in wissenschaftlichen und soldatischen Übungen; und wehe ihnen, wenn diese Zeugnisse schlecht klingen! Dies dauert bis in ihr fünfundzwanzigstes Jahr; alsdann erhalten sie ein kleines Einkommen und werden zu sogenannten Königen gemacht [187].

Die Nachrichten der Missionare über die Bevölkerung in China sind, wenigstens von vielen, für lächerliche Märchen gehalten worden. Was wird man nun vollends von folgender Angabe denken, die beinahe noch einmal so groß ist! Doch man mag selbst urteilen, ob sie für wahr zu halten sei. Die Volksmenge des Reiches wird jährlich in die Kaiserlichen Zollbücher sehr genau eingetragen. Tscho-ta-schin verschaffte dem Gesandten eine Abschrift dieses Verzeichnisses, in welchem die Bevölkerung der verschiedenen Provinzen besonders berechnet war [188]. Die ganze Summe stieg auf drei hundert ein und dreißig Millionen und viermal hunderttausend**. Die Missionare in Peking, unter denen einige sehr

---

* Er hat siebzehn gehabt; es sind aber nur noch vier am Leben.
** In der Liste des Gesandten sind die tributären Länder mit aufgeführt, z. B. Tibet, die Insel Hainan, Tunking, Formosa, u.s.w., so daß die Zahl von <u>zwei Millionen</u> in China, welche die Missionäre angeben, die wahre ist.

verehrungswürdige und wahrheitsliebende Männer sind, zweifeln nicht an der Richtigkeit dieser Zahl. Und wenn es mir erlaubt ist, meine Meinung zu sagen, so glaube ich nicht, daß sie übertrieben ist. In China wird sogar das Wasser von Menschen bewohnt; denn es ist hinlänglich bekannt, daß Millionen von Einwohnern ihre ganze Lebenszeit auf kleinen Booten in den Flüssen zubringen, dort geboren werden, heiraten und sterben, ohne jemals eine andre Heimat gehabt zu haben. Alle Lasten, die nicht zu Wasser gehen können, werden überall von Menschen weiter geschafft, wie ich oben erwähnte; und wenn es wahr ist, was ein Missionar in Peking versicherte, daß man für vier Spanische Taler so viel Reis (die Hauptnahrung des Chinesen) kaufen kann, als ein Mann jährlich verzehrt: wo ist ein Land in der Welt wohlfeiler und also auch fähiger, eine große Volksanzahl zu ernähren? Eben deswegen werden auch, wenn Mißwachs an Reis einfällt, viele Tausende von Einwohnern in kurzer Zeit durch Hunger hingerafft, welches alle Nachrichten von diesem Lande bestätigen[189]. Eine ebenso traurige Folge dieser ungeheuern Bevölkerung ist die wenige Achtung für Menschenleben, wovon auch wir einige Beispiele gesehen haben, und die Abscheulichkeit, daß manche Armen aus Hunger ihre Kinder fressen, welches hinlänglich bekannt ist, obgleich die Chinesen es nicht eingestehen.

Über die Musik der Chinesen läßt sich jetzt sehr wenig Neues sagen[190]. Ihre Instrumente sind hinlänglich bekannt, und man weiß auch, daß sie weder Harmonie noch Ohr dafür haben. Unsre langsamen Gesänge gefallen ihnen; sie werden, wie mir Vater Grammont[191] in Peking sagte, entzückt durch den Silberklang unsrer Klaviere, Flügel und Flöten; aber jede Tertie oder Quinte, so angenehm sie auch unsren Ohren sein mag, ist für sie ein Mißklang. Sie lieben nur Oktaven, und wenn sie auf Saiteninstrumenten spielen, so hat die Samm-jinn[192] (in der Mandarinen-Sprache Sinn-jenn, d. i. eine Art Theorbe mit vier Seiten) fast immer die Melodie in der niedrigen Oktave. Die Samm-jinn, die Yutkomm[193] (Mand. Yio-kenn), eine Art von Guitarre, und die R'jenn[194], ein Instrument mit zwei Saiten, durch welche ein härner Bogen gezogen ist, sind nicht

179

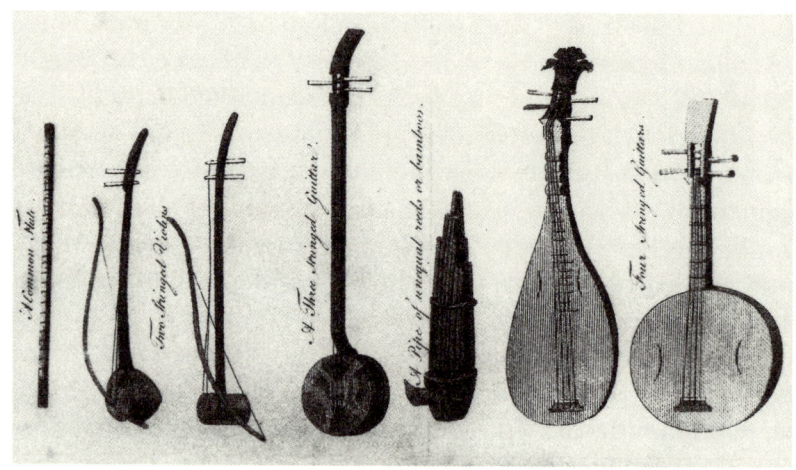

Abbildung 26: Chinesische Musikinstrumente

unangenehm; aber die Chinesen machen mit einem sehr großen Becken, einigen Trommeln und Klappern den abscheulichsten Lärm dazu und ersticken dadurch alle Wirkung der sanften und klagenden Töne jener Instrumente. Die R'jenn sieht wie ein plumper hölzerner Hammer aus, dessen Kopf zur Resonanz ausgehöhlt ist. Die beiden Saiten dieses Instruments ruhen auf keinem Brette, werden aber dessen ungeachtet, wie die Saiten der Violine, mit den Fingern gegriffen. Der Ton der R'jenn ist etwas heiser und gewinnt nichts durch das Spielen; denn, anstatt die Übergänge von einem Akkorde zum andern in einfachen Tonfolgen zu machen, schleift man durch alle dazwischen liegenden halben und Vierteltöne, welches europäischen Ohren bald lästig wird, ob es gleich, seltner angebracht, wie in unsrer Musik, gute Wirkung tun würde. Eben das gilt von ihrem beständigen Beben auf diesem Instrumente. Ihre Bambusflöte, die unsern Querpfeifen gleicht, hat einen melancholischen gedämpften Ton, der den elegischen Tonfolgen ihrer Volksgesänge sehr angemessen ist.

Die Chinesen, selbst Knaben, singen fast immer im Falsett, welches ihre Vokalmusik mehr dem Dudeln als dem Gesange ähnlich macht und unsern Ohren nie gefallen kann. Manche vergleichen den chinesischen Gesang mit dem Mauen der Katzen, und ihr häufiges Trillern erinnert den fremden Zuhörer oft an das Meckern einer Ziege. Es ist übrigens sehr unwahr, daß, wie viele glauben, kein Zeitmaß in der chinesischen Musik herrsche. Vielleicht ist diese Meinung an sich, ohne das Zeugnis der Erfahrung, ungereimt. Takt, wie man sich leicht überzeugen kann, ist nicht das Werk des Nachdenkens, so wie unsre Musikzeichen, sondern der natürliche Begleiter jeder Melodie. Es gibt einzelne Personen, die kein Gefühl für Takt haben; aber sie sind Ausnahmen, und nie hat man eine ganze Nation von solchen Ausnahmen gefunden. Die Chinesen haben die Schiak-pann-Hölzchen[195] und die Ssuchu-Trommel[196] ausdrücklich zum Taktgeben, wenn sie bei ihren Schauspielen singen, und ich kann mich auf das Zeugnis aller Musikkenner in der Gesandtschaft berufen, daß wir in Cochinchina, in der Tartarei und in China, besonders in Canton, die zeitmäßigsten Gesänge gehört haben. In Cochinchina, wo die Sitten, wie man weiß, den chinesischen fast gleich sind, hörten wir von vier Schauspielerinnen einen sehr melodischen Wechselgesang, der sich in einen Refrain endigte. Aber in Canton, wo wir über das vortreffliche Spiel einer Schauspielergesellschaft aus Nanking erstaunten, wurden wir auch durch eine Oper überrascht, in welcher nicht nur sehr natürliche Rezitative, sondern auch sehr ausdrucksvolle Arien vorkamen, die durchaus mit dem richtigen Zeitmaße gesungen und mit angemessener Instrumentalmusik begleitet wurden[197].

Die schönste Musik, welche wir hörten, war bei der ersten Vorstellung des Gesandten in Dschecho. Als der Kaiser auf den Thron gestiegen war und eine religiöse Stille sich überall verbreitet hatte, wurden wir aus dem Hintergrunde des großen Zeltes durch hinreißende Töne überrascht. Der sanfte Klang, die einfache Melodie, die reine Tonfolge, der feierliche Fortschritt einer langsamen Hymne gaben wenigstens meiner Seele jenen Schwung, der den fühlenden Schwärmer in unbekannte Regionen versetzt, aber dem kalten Zergliederer der Ursachen nie zu beschreiben ist. Ich blieb lange zweifelhaft, ob ich Menschenstimmen oder Instrumente hörte, bis letztere von einigen gesehen wurden. Sie bestanden aus Saiteninstrumenten und aus einer Art von Bambus-Syrinx. Die Hymne glich den Kirchengesängen der Protestanten, hatte aber keine Mittelstimmen. Die Schiak-pann-Hölzchen und die Ssu-chu-Trommel, welche gemeiniglich in der chinesischen Musik den Takt angeben und den Zuhörer betäuben, ließ man hier glücklicherweise weg; aber zwischen jedem Takte wurde eine metallene Cymbel gehört, die den Anfang und Ton des folgenden angab und keine unangenehme Wirkung Tat. Entfernung von den Musikern und Kurzsichtigkeit verhinderten mich, etwas mehr zu beobachten.

Die Tänzer verschiedener Nationen, die wir bei eben der Gelegenheit sahen, hatten alle ihre eigne Musik; aber sie waren zu entfernt und zu kurze Zeit auf dem Tanzplatze, als daß ich etwas Genaues hätte bemerken können, und überdies war ihre Musik selbst durch nichts anziehend. Was die Chinesen von der Musik urteilen mochten, die der Gesandte mit sich gebracht hatte, kann ich nicht gewiß bestimmen, da ich mich nie ausdrücklich danach erkundigt habe. Zwar hörte ich, daß die Mandarine, wenn andre darüber fragten, zur Antwort gaben: Chau, d. i. gut[198]. Aber da mir unser Dolmetscher sagte, daß sie keinen Gefallen an unsrer Musik fänden, so fürchte ich sehr, daß sie nur aus Höflichkeit, die ihnen so eigen ist, ihren Beifall bezeugten. Ich beobachtete, wenn wir Musik hatten, auch die Miene vornehmer und gemeiner Chinesen und Tartaren, konnte aber nie Merkmale von dem so unverkennbaren Wohlgefallen an etwas entdecken. Die sonderbare, sinnreiche und durch lange Übung gelernte Behandlung unsrer musikalischen Instrumente mußte übrigens natürlicherweise ihre Aufmerksamkeit erregen.

Die militärische Musik der Chinesen ist höchst elend, ohne Takt, ohne Melodie und ohne den geringsten Ausdruck. Schalmeien und Hörner fahren über fünf bis sechs Töne hin und her, ohne die geringste Veränderung, und wenn sie auch stundenlang blasen; mitunter stößt man dazu in eine Art von Zinken, die ein wahres Wolfsgeheul machen. Ich kann diese Bemerkung über die chinesische Musik nicht beschließen, ohne des Flußgesanges der nördlichen Provinzen, besonders Petscheli und Schantong, zu erwähnen, der uns alle so sehr ergötzte.

Unser Aufenthalt in Macao, welcher beinahe zwei Monate dauerte, war die einzige Ruhezeit für die Gesandtschaft seit ihrer Abreise aus England. Und wenn Macao ebenso beträchtlich wäre wie das nicht weit davon gelegene silberreiche und paradiesische Manila, so würde diese Muße nicht fruchtlos und doppelt erquickend gewesen sein. Aber auch Macao ist, obgleich an sich selbst unwichtig, doch durch die portugiesische Niederlassung merkwürdig. Diese Insel, welche von den Chinesen Gaumin genannt wird, gehört nicht ganz, wie einige irrig glauben, den Portugiesen zu; bloß ein kleiner Teil derselben, welcher durch einen Isthmus und eine darauf gebaute Mauer von dem übrigen Eilande getrennt wird, ist ihnen zur Zeit ihrer Macht in den Indischen Gewässern zugestanden worden[199]. Doch auch hier sind sie nicht einmal allein Herren. Außer dem großen Tribute von 500000 Dukaten, welchen sie an den Chinesischen Kaiser dafür bezahlen, muß der Gouverneur sich sehr in acht nehmen, mit dem chinesischen Mandarin, welcher in der Stadt wohnt, nicht in Streit zu geraten. Denn es sind weit mehr Chinesen in der Stadt als Portugiesen, und die letztern würden sehr leicht vertrieben werden können, wenn sie die gemachten Bedingungen im mindesten übertreten oder die beständigen Eingriffe der Chinesen in die portugiesischen Rechte ahnden wollten*. Obgleich die Befestigungen der Stadt gut sind, so würden sie doch zu nichts nützen, da Macao, einige unzulängliche Felder ausgenommen, felsig ist und da alle Lebensmittel von den Inseln innerhalb der Bocca Tigris kommen. Abgeschnittene Zufuhr würde in wenigen Tagen die erschrecklichsten Folgen haben. Daher leben die Portugiesen hier friedlich und eingezogen unter einander. Ihr Gouverneur bleibt nur drei Jahre in seiner Stelle

---

* *Der Chinesische Mandarin behandelt den Portugiesischen Gouverneur mit der größten Verachtung.*

und muß sie hierauf einem andern überlassen. Er geht dann nach Goa, um seine Rechnung abzulegen und, wenn er sich wohl betragen hat, eine andre einträglichere Befehlshaberstelle zu erhalten[200].

Auf die Andacht der Einwohner kann man von den verhältnismäßig vielen Kirchen und Klöstern schließen, und von der Rechtgläubigkeit der hiesigen Portugiesen ist folgendes ein guter Beweis[201]. Sie hatten vor nicht langer Zeit Gesandte nach Peking geschickt, um eine ungerechte Auflage in Macao abzuwenden. Ob sie gleich nicht erlangten, was sie baten, so waren die Chinesen in Macao doch wegen dieser Gesandtschaft außerordentlich erbittert und rächten sich auf eine für die Portugiesen sehr empfindliche Weise. Sie ließen alle ihre Götzen (Dschos, d. i. Dios von den Europäern genannt) aus Macao und aus der Nachbarschaft drei Tage lang durch die Straßen tragen. Die Portugiesen hatten vor diesem abgöttischen Greuel solchen Abscheu, daß sich keiner von ihnen während dieser Zeit aus dem Hause wagte. Der Bischof bot den Chinesen eine große Summe an, wenn sie das Herumziehen unterlassen wollten; aber dies reizte die Chinesen nur noch mehr, ihre Neckerei so lange fortzusetzen, als sie selbst es für gut hielten. Auf einem nahen kleinen Eilande hatten auch die Jesuiten vormals ein Kloster, von welchem man noch jetzt die Ruinen sieht[202].

Da die europäischen Kaufleute sich nur wenige Monate in Canton aufhalten dürfen, so bringen sie die übrige Zeit des Jahres in Macao zu. Die Engländer, Holländer, Schweden, Franzosen und Spanier haben hier wohlgebaute Faktoreien, in denen sie auch wohnen, die Engländer ausgenommen, welche bei weitem die zahlreichsten und wohlhabendsten sind und, die Oberhäupter der Compagnie abgerechnet, einzelne geräumige Häuser beziehen, die im englischen Geschmacke gebaut und möbliert sind, aber den Portugiesen zugehören. Der Handel von Macao hat sich so sehr verringert, und die Portugiesen dieses Ortes sind so träge und sorglos, neue Hilfsquellen zu suchen, daß sie sämtlich in großer Armut leben. Selbst die sogenannten Reichen unter ihnen erhalten sich bloß

Abbildung 27: Das Grab des portugiesischen Dichters Luís Vaz de Camões in Macau

von den Zinsen ihrer Häuser, die sie an Fremde vermieten. Die beträchtlichen Summen, welche von den fremden Kaufleuten, besonders von den Engländern, hier verzehrt werden, fließen mehrenteils den emsigen Chinesen zu. Diese verfertigen alles und schaffen alles herbei, was den Europäern nötig ist; sie bauen alle Häuser, und nichts, wofür sie bezahlt werden, ist ihnen zu mühsam oder zu niedrig. Sie sind auch fast die einzigen Bedienten der Fremden; denn die Portugiesen haben Negersklaven. Viele der Einwohner leben in so elenden Umständen, daß sie sich nicht schämen, mit ihren Weibern einen Handel zu treiben, von dem die anstößigsten Erzählungen hier in jedermanns Munde sind. Diese Armut der Portugiesen wird als die Hauptursache des gänzlichen Mangels an aller gesellschaftlichen Verbindung zwischen ihren Familien und den Fremden angegeben, obgleich die außerordentliche Verschiedenheit der Sitten, die gegenseitige Unkunde der andern Sprache, die portugiesische Eifersucht und die Religionsverschiedenheit nicht wenig dazu beitragen. Wenigstens werden die englischen Kaufleute vom hiesigen Bischofe und den übrigen Geistlichen als die ärgsten unter den Ketzern gehaßt. Daß aber die Engländer auch mit den übrigen fremden Europäern wenig Gemeinschaft haben, ist mehr der Sonderbarkeit in den Sitten dieser Nation als andern Ursachen zuzuschreiben. Die Propaganda hat in Macao beständig einen Procurator, welcher den Missionaren in den chinesischen Provinzen das übermachte Geld zuschickt, chinesische Christen zur Erziehung nach Italien sendet und die neuankommenden Missionare in ihre Diözesen verteilt. Auch ist ein französischer Procurator hier, der ehemals von den Missions étrangères unterhalten wurde, jetzt aber, ohne andre Unterstützung, ganz verlassen sein würde. Diese beiden Geistlichen sind Männer von den unbescholtensten und liebenswürdigsten Sitten.

Das schöne portugiesische Gedicht, »die Lusiade«, welches unlängst durch Mickles englische, mit reichen Anmerkungen begleitete Übersetzung beliebter geworden ist, wurde in Macao von Camoes geschrieben[203]. Man kennt noch jetzt den Ort, wo der Dichter am liebsten zu sitzen pflegte; er wählte die

Vertiefung in einem erhabenen Felsen, welche just weit genug ist, einen bequemen Sitz zu bilden. Die Aussicht von dort beherrscht verschiedene kleine Inseln, die beim Auf- und Untergange der Sonne, wenn das Meer still ist, eine sehr malerische Gruppe bilden. Von hier konnte er am besten die See beobachten, wenn sie, von den berüchtigten Taifuns gepeitscht, in turmhohen Wogen emporstieg und sich mit dem Getöse des fernen Donners auf den Gestaden brach. Er hatte hier den weiten Indischen Ozean vor sich, den Schauplatz der glänzendsten Siege seiner Nation, die er verewigt hat. Kurz, der Ort ist nicht unfähig, die Einbildungskraft eines Dichters zu erwärmen.

Macao ist gesund, obgleich in den Sommermonaten so warm, daß die englischen Matrosen im Sprichworte sagen: »Die Hölle wird von Macao bloß durch einen Bogen Papier getrennt.« Die nahen Diebsinseln sind noch immer von Seeräubern bewohnt, welche den chinesischen, zwischen Canton und Macao auf- und abgehenden Booten vielen Schaden tun. Einer europäischen Macht würde es leicht sein, die Seeräuber zu vertilgen; aber die chinesische Regierung ist entweder zu sorglos oder zu unfähig, diese Mörder zu vertreiben.

ANMERKUNGEN

1 Dem Sekretär der Gesandtschaft, Sir George Leonard Staunton, war der Auftrag erteilt worden, den offiziellen Bericht über die Missionsreise zu verfassen. Vorzeitige private Veröffentlichungen einzelner Mitglieder der Gesandtschaft galten als unerwünscht.

2 befürchtete.

3 Aeneas Anderson war Lord Macartneys Kammerdiener. Unter seinem Namen erschien bereits kurz nach der Rückkehr der Mission ein Bericht (ANDERSON 1795, 1796). Es soll sich dabei um »a work vamped up by a London bookseller« gehandelt haben (BARROW 1804, S. 579), einen verlegerischen »Schnellschuß«, der das große Interesse des Publikums an der Mission zu nutzen versuchte.

4 Karl August Böttiger (1760-1835) studierte von 1778 bis 1781 in Leipzig. Nach seinem Examen war er mehrere Jahre als Hofmeister in verschiedenen adeligen Häusern beschäftigt. 1784 wurde er Rektor des Lyceums in Guben. 1791 holte ihn Herder als Gymnasialdirektor nach Weimar. Böttiger genoß hohes Ansehen als Pädagoge und Schulmann. Er pflegte vielfache Beziehungen mit bekannten Schriftstellern, Hofleuten und Künstlern. Neben seinen pädagogischen Studien veröffentlichte er auch Werke über Archäologie. Er verfaßte im In- und Ausland journalistische Berichte über Theater, Kunst und Literatur. 1814 wurde Böttiger Oberaufseher des Antikenmuseums in Weimar. Böttiger galt als einer der bekanntesten Kunstgelehrten Deutschlands (Allgemeine Deutsche Biographie, Bd.3, Berlin 1876, S. 205-207).

5 Canton (Guangzhou) ist die wichtigste Hafenstadt im Südosten Chinas und die Provinzhauptstadt von Guangdong. Schon um 200 v. Chr. entstand hier eine Militärsiedlung. Seit der Tang-Zeit (618-907) nahm Canton eine führende Rolle im chinesischen Überseehandel ein.

6 Mit »Mandarinen« bezeichneten Hüttner und seine Zeitgenossen die hohen Beamten im chinesischen Staat. Entspricht im Chinesischen dem Wort »guan«, Beamter. Mandarin wird aus dem Sanskritwort »mantrin« (Ratgeber, Minister) und dem hinduistischen »mantri« abgeleitet. Die Portugiesen hörten diese Bezeichnungen in Indien und übertrugen sie auf die chinesischen Verhältnisse. Über das portugiesische »Mandarim« (umgebildet im Gedanken an *mandar,* befehlen, Autorität innehaben, regieren) gelangte das Wort Mandarin 1630 in den deutschen Sprachraum. Beamte nahmen traditionell eine Schlüsselstellung zwischen dem Kaiser und der Lokalelite ein, aus der auch die meisten Beamten stammten. Eine erfolgreiche Teilnahme an den Staatsprüfungen oder Ämterkauf sicherten den Einstieg in die Beamtenlaufbahn. Die Mitglieder der drei obersten von den insgesamt neun Beamtenrängen mußten alle drei Ebenen der Staatsprüfungen vom Kreis, über die Provinz bis zur Hauptstadt erfolgreich überwunden haben und erhielten zahlreiche Privilegien. In der Verwaltung des chinesischen Kernlandes übernahm die Qing-Regierung im wesentlichen das Verwaltungssystem der ihr vorausgehenden Ming-Dynastie (1368-1644). Neu war auf der Zentralebene die Doppelbesetzung der Ministerien mit je einem Han-

188

Chinesen und einem Mandschuren. Ebenso waren Provinzämter doppelt besetzt. Die Gesamtzahl der Beamten der Hauptstadt- und Provinzebene betrug im 18. Jahrhundert ca. 20000. Hinzu kamen 7000 Militärbeamte und über 50000 Beamte, die kein Amt bekleideten oder bereits pensioniert waren. Häufige persönliche Arbeitsaudienzen (*bijian*) in den inneren Höfen des Kaiserpalastes oder große zeremonielle Audienzen (*dachao* oder *changchao*) in der Halle der Höchsten Harmonie (Taihe dian) dienten nicht nur der Informationsvermittlung, sondern stärkten auch die Loyalitätsbindung der Beamten an den Kaiser. In Berührung mit der Bevölkerung kamen die wenigsten Beamten. Selbst die 2000 Beamten der untersten Ebene in den Distrikten (*xianzhi*) verwalten noch jeweils 100000 bis 250000 Menschen. Für die Lokalverwaltung brachten sie ihr eigenes Büro- und Dienstpersonal mit. Bei der Erfüllung ihrer Aufgaben, besonders der Aufrechterhaltung der Ordnung, Steuereintreibung und Verbreitung konfuzianischer Grundsätze, waren sie zu einem wesentlichen Teil auf die Kooperation der Lokalelite, der Gentry, angewiesen. Um Vetternwirtschaft zu vermeiden, durfte ein Beamter niemals in seiner Heimatprovinz eingesetzt werden (Franke, S. 115–121; Bo Zheng, S. 127–141; Hucker, S. 84–96). Siehe auch Hüttners (korrekte) Erläuterung in seiner Anmerkung unten auf S. 98.

7 Memorandum des Qianlong-Kaisers vom 28. Februar 1793, in: Da Qing Gaozong chun (Qianlong) huangdi shilu [Die Wahren Aufzeichnungen des Gaozong chun Kaisers der Großen Qing-Dynastie Qianlong], Bd. 29, Taibei 1964, S. 21 166 f. Der Kaiser war auch besorgt, daß es unterwegs zu Problemen zwischen den handelstüchtigen Gesandtschaftsleuten und der im Außenhandel unerfahrenen Bevölkerung kommen könnte. Daher befahl er, in den Provinzen nur mit Hilfe eigens aus Canton herbeibeorderter Kaufleute Handelskontakte zu gestatten. Siehe Memorandum vom 22. Februar 1793, in: Qianlong chao shangyu dang [Archiv der kaiserlichen Dekrete der Qianlong-Regierung], hg. von Diyi lishi dang'an guan [Erstes Geschichtsarchiv Chinas], Beijing 1991, S. 235 f. Siehe dazu auch das Memorandum vom gleichen Tag in: PEYREFITTE 1991, S. 13 f.

8 Ein Schiff der East India Company.

9 Hainan. Mit 341000 km^2 größte Insel im Südchinesischen Meer. Seit dem 15. Jahrhundert gehörte Hainan zur Provinz Guangdong.

10 Macau, chinesisch Aomen. Macau liegt vor der Küste der chinesischen Provinz Guangdong im Mündungsgebiet des Perlflusses (Zhujiang) und des Westflusses (Xijiang) ca. 60 km westlich von Hongkong und 145 km südlich von Canton. Es ist eine der ältesten europäischen Niederlassungen an der chinesischen Küste. 1513 betrat mit Jorge Alvares der erste Portugiese chinesischen Boden. 40 Jahre später richteten die Portugiesen auf der Halbinsel Macau einen Handelsstützpunkt ein. Seit 1573 zahlten sie dafür eine jährliche Pacht an den chinesischen Kaiserhof. Die Niederlassung entwickelte sich in der darauffolgenden Zeit zum wichtigsten Umschlagplatz für den Handel mit China, Japan, Manila, Malacca und anderen Häfen Asiens. Seit 1576 auch Bischofssitz, wurde die Stadt zum Zentrum christlicher Missionstätigkeit in

China und Japan. Die erste Blütezeit Macaus reichte bis in die Mitte des 17. Jahrhunderts. Am Ende des 18. Jahrhunderts kam es zu einem neuen Aufschwung in Macau, da der internationale Handel in Canton auf die Monate November bis Mai beschränkt wurde und sich die Händler während der übrigen Zeit nach Macau zurückzogen (HABERZETTL/PTAK, S. 6-9).

11 Formosa, portugiesische Bezeichnung (*ilha formosa*, schöne Insel) aus dem 16. Jahrhundert für die von den Chinesen Taiwan genannte Insel gegenüber der Küste der Provinz Fujian. 1624-1661 Handelsstützpunkt der Holländer. Seit 1683 als Präfektur Teil von Fujian. 1886 wurde Taiwan eigenständige Provinz.

12 Zhoushan qundao, Inselgruppe vor der Küste der Provinz Zhejiang.

13 Zhejiang.

14 Sir Erasmus Gower (1742-1814) trat 1755 in die Marine ein und war auf verschiedenen Posten in Übersee tätig. Er wurde 1792 in den Ritterstand erhoben. Kommandeur des »Lion« von 1792 bis 1794. 1799 zum Konter-Admiral ernannt. 1804 Vize-Admiral und 1809 Admiral.

15 Miaodao, kleine Insel vor der Küste der Provinz Shandong

16 Shandong. Küstenprovinz im Norden des Chinesischen Reiches.

17 Dagu, Hafenort im Mündungsgebiet des Zhigu-Flusses (Haihe) an der Küste der Provinz Hebei. Nächster Seezugang der Hauptstadt Beijing. Heute als der Neue Hafen von Tianjin (Tianjin xingang) bezeichnet.

18 Liaodong-Halbinsel östlicher Teil der Provinz Liaoning, die mit Heilongjiang und Jilin zu den drei mandschurischen Provinzen im Nordosten des chinesischen Reiches gehört, der Heimat der mandschurischen Qing-Dynastie.

19 Zu Hüttners Zeiten als Zhili, bereits in der Tang- und Song-Zeit auch als Hebei bezeichnete nordchinesische Provinz um die Hauptstadt Beijing. Seit 1956 endgültig Hebei genannt, wörtlich: im Norden des Flusses (gemeint ist damit der Huanghe, der Gelbe Fluß).

20 Als »junk« bezeichneten die Engländer die großen Schiffe des Ostens, später ausschließlich die chinesischen Schiffe. Wahrscheinlich stammte das Wort von arabischen Kaufleuten, die es von malayischen Lotsen übernommen hatten, in deren Sprache »ajong« oder »jong« großes Schiff bedeutet.

21 Die einzigen Europäer, die ein Chinese im allgemeinen (wenn überhaupt) zu jener Zeit zu Gesicht bekam, waren die Jesuiten. Diese sprachen Chinesisch, kleideten sich chinesisch, aßen chinesische Speisen und zitierten die chinesischen Klassiker, gaben sich also wie die hohen chinesischen Beamten.

22 Eine andere Bezeichnung für den Ort Dagu.

23 Zheng Rui (1733-1815): Mandschure des Glatten Weißen Banners (*zhengbai qi*). Salzkommissar in Tianjin. Er war verantwortlich für die Gesandtschaft von ihrer Ankunft in Tianjin bis zu ihrem Aufenthalt in der Sommerresidenz des Kaisers in Jehol. Zheng Rui hatte seine Karriere als Verwalter der Speicher im Yuanming-Park begonnen und war dann zum Sekretär zweiten Grades im Kaiserlichen Haushalt aufgestiegen. 1778/9 war er Aufseher der Kaiserlichen Seidenmanufaktur in

Hangzhou, 1786/7 Salzverwalter von Lianghuai. Danach wechselte er in die Seidenmanufaktur in Suzhou und schließlich 1793 als Salzverwalter der Region Changlu nach Tianjin. Nach einigen Karriererückschlägen zu Beginn der Herrschaft des Jiaqing-Kaisers (1799-1820) stieg er 1809/10 zum Großminister des Kaiserlichen Haushalts auf. Seinen höchsten Posten erhielt Zheng Rui 1814/15 als Vizeminister des Ministeriums für Öffentliche Arbeiten (*gongbu*) (CRANMER-BYNG [Hg.], 1962, S. 322-325). Ta-dschin (*da chen*) bedeutet wörtlich »großer Beamter«.

24 Fälschlich für Tatar. Erstmals erwähnt 731/32 in der alttürkischen Orchon-Inschrift und 842 in einem chinesischen Brief als »Ta-ta«. Nach 1206 bezeichneten die Mongolen die Turkvölker, die sich ihnen anschlossen, als Tataren. Für die europäischen Reisenden der Macartney-Zeit erschienen Mongolen und Mandschuren gleichermaßen als Tataren (WEIERS, S. 614).

25 Salz-Aufseher (*yanzheng*), hoher Posten für Mitglieder des Zensorats (*duchayuan*) zur Kontrolle des staatlichen Salzmonopols. Der Salz-Aufseher war in zwei Zentren des Salzhandels stationiert: Changlu in Hebei und Lianghuai an der Ostküste. An anderen Orten war das Amt mit Generalgouverneurs- oder Gouverneursposten verbunden (HUCKER, S. 578; PEYREFITTE 1991, S. 497).

26 Qiao Renjie (1745-1804) war einer der beiden ständigen chinesischen Begleiter der Gesandtschaft in der Zeit vom Juli 1793 bis zum Januar 1794. Er stammte aus der Provinz Shaanxi, wo er 1765 die Provinzprüfungen bestanden hatte. 1790-1793 diente er als Verwaltungsbeamter (*bingbeidao*) in Tianjin. Ihm oblag die Kontrolle militärischer Verbände der Region. Er galt als guter Administrator, der sich bei den häufig auftretenden Überschwemmungskatastrophen auch um staatliche Hilfsmaßnahmen für die Bevölkerung bemühte. Davon berichtete er Macartney während ihrer gemeinsamen Rückreise von Beijing nach Canton (vgl. CRANMER-BYNG [Hg.], 1962, S. 161). 1800/1 stieg er zum Justizkommissar (*ancha shi*) der Provinz auf. Auf diesem Posten war es ihm möglich, engere Kontakte zu Regierungsvertretern in der Hauptstadt aufzunehmen. Den gleichen Posten bekleidete er zwischen 1800 und 1803 in den Provinzen Fujian und Hubei. 1804 zog er sich ins Privatleben zurück und starb bald (CRANMER-BYNG [Hg.], 1962, S. 329-331).

27 Im chinesischen Beamtentum gab es zwei Hierarchien: die von Hüttner als »bürgerlich« bezeichnete Zivilverwaltung und die Militärverwaltung.

28 Tianjin: seit dem 12. Jahrhundert als wichtige Garnisonsstadt Nordchinas erwähnt. Sein heutiger Name stammt aus der frühen Ming-Zeit (1368-1644). 1403 ließ der Yongle-Kaiser eine Stadtmauer errichten. In den darauffolgenden Jahrhunderten entwickelte sich aus der Garnison eine der wichtigsten nordchinesischen Städte. Seit dem 18. Jahrhundert war Tianjin auch ein wichtiges Wirtschaftszentrum der Region (vgl. FRANKE, S. 1411-1413).

29 Wang Wenxiong (1740-1800), einer der beiden ständigen chinesischen Betreuer, der die Gesandtschaft vom Juli 1793 bis Januar 1794 begleitete. Wang Wenxiong stammte aus Yuping in der südchinesischen

Provinz Guizhou. Sein Aufstieg begann nach der Teilnahme an den kaiserlichen Feldzügen in Burma und Yinchuan. Als er die britische Gesandtschaft begleitete, war er Militärkommandeur (*fujiang*) zweiten Ranges bei den chinesischen Truppen der Grünen Standarte (*lüying*) in Tongzhou. Seit 1796 wurde er im Kampf gegen den Aufstand der Weißen-Lotus-Sekte eingesetzt. Im Jahre 1800 fiel Wang bei Auseinandersetzungen zwischen den unterlegenen Qing-Truppen und den Rebellen. Deren Anführer wurde im Jahr darauf gefangengenommen. Der Kaiser ließ seinen Kopf im Andenken an den loyalen Dienst Wang Wenxiongs auf dessen Grab in seiner entlegenen Heimatprovinz senden (Cranmer-Byng [Hg.], 1962, S. 326-328; Giles, S. 849). John Barrow, der sein Werk mit einem Bildnis Wang Wenxiongs schmückte, schrieb: »The portrait of this gentleman, drawn by Mr. Hickey, is so strong a likeness, and he was deservedly so great a favourite of very Englishman in the train of the British ambassador, that I am happy in having an opportunity of placing it at the head of this work« (Barrow 1804, S. 184). Vgl. Farbtafel 2.

30 Zweck.

31 Beihe (Nordfluß).

32 Provinz Fujian.

33 Jiangnan (wörtlich: südlich des Flusses), eine Bezeichnung für das Gebiet im Süden der Flußmündung des Yangtze, heute den Provinzen Jiangsu und Zhejiang zugeordnet.

34 Nanjing, Hafenstadt am Yangtze und Hauptstadt der Provinz Jiangsu. Vgl. Anm. 116.

35 »Kampanje« kommt aus dem Niederländischen und bezeichnete früher den hinteren Aufbau auf einem Schiffsoberdeck.

36 Die Brille wurde in China erstmals im 15. Jahrhundert erwähnt, also ein Jahrhundert später als in Europa, wo Giordano von Pisa sie 1306 nennt und 1352 das erste Bild einer Brille in einem Portrait in Treviso erscheint. Nach China kamen die ersten Brillen im Jahre 1410 als Tributgeschenke des Königs von Malacca (Needham 1971, S. 119).

37 Zongdu: Generalgouverneur, verantwortlich für alle militärischen und zivilen Angelegenheiten in einer oder mehreren Provinzen. Unter der Qing-Dynastie gab es neun solcher Posten, die im Westen fälschlich auch als »Vizekönige« übersetzt wurden. In der neunklassigen Beamtenhierarchie handelte es sich um einen Posten der 2. Klasse. Das Amt war mit der nominellen Funktion eines Zensors (*duyushi*) verbunden, manchmal auch mit dem Posten des Kriegsministers, was einen Aufstieg in den 1. Rang bedeutete (Hucker, S. 534; Peyrefitte 1991, S. 500).

38 Den Posten in Petschili (Zhili, Hebei) hatte seit 1790 Liang Kentang (1715-1802) inne. Er stammte aus der Provinz Zhejiang und bekleidete, nachdem er 1756 die Provinzprüfungen bestanden hatte, verschiedene Ämter vor allem in der Provinz Zhili. Als Liang Kentang die Macartney-Gesandtschaft im Sommer 1793 empfing, war er bereits über siebzig Jahre alt. Erst 1802 wurde er als 86jähriger in den Ruhestand entlassen und starb noch im gleichen Jahr (Qingshi liezhuan, Bd.7, S. 2079-2082).

39 Als Tatarei bezeichneten Europäer der frühen Neuzeit in der Regel das gesamte Gebiet jenseits der Großen Mauer. Dazu gehörte auch Jehol (Chengde), wo der Kaiser die Gesandtschaft in Audienz empfing.

40 Schriftzeichen.

41 Tongxian.

42 Als »Bonzen« bezeichneten die Europäer in China die buddhistischen Mönche. Ursprünglich stammte der Begriff von den ersten europäischen Japanreisenden, die ihn von dem japanischen Wort »bonzi« oder »bonzo« herleiteten. Das Wort tauchte erstmals in Jorge Alvarez' Japanbericht und dann 1549 und 1552 in Briefen des St. Franz Xaver auf.

43 Mit der römischen Geburtsgöttin Lucina verglichen europäische China-Reisende Guanyin, die Göttin der Gnade (wörtlich »die Gebete Erhörende«). Guanyin gehört zu den Bodhisattvas, den von Buddha Erleuchteten, die auf ihre Erlösung verzichten, um den Menschen zu helfen. Im buddhistischen Volksglauben nahm Guanyin eine hervorragende Stellung ein. Bis ins 12. Jahrhundert wurde sie als männlicher Gott Avalokitesvara, »der Herr, welcher herabschaut«, dargestellt und erst später als Fruchtbarkeitsgöttin von Frauen verehrt. Ihr Erscheinungsbild ist sehr unterschiedlich, unter anderem sieht man sie als Frau mit einem Kind im Arm, welches in europäischen Werken zum Vergleich mit der Jungfrau Maria führte (WILLIAMS, S. 239; SMITH, S. 171).

44 Sir John Barrow (1764–1848): In einfachen Verhältnissen in Nord-Laucashire geboren; interessierte sich für Mathematik, wissenschaftliche Experimente und nautische Wissenschaften und arbeitete sich zum Mathematiklehrer in Greenwich hoch. Von Sir George Leonard Staunton als Privatlehrer engagiert. Er erhielt durch Staunton den Posten des Zahlmeisters der Macartney-Gesandtschaft. Nach der Rückkehr aus China lebte er bei Staunton in London und half ihm in seiner Bibliothek bei der Zusammenstellung des offiziellen Gesandtschaftsberichts. Barrow veröffentlichte eine eigene Darstellung der China-Mission (BARROW 1804), deren kritische Beurteilung der chinesischen Zivilisation in ganz Europa einflußreich wurde. Wenig später ließ er einen Bericht vom Aufenthalt der Macartney-Mission auf dem Weg nach China in Cochinchina (Vietnam) folgen (BARROW 1806). 1807 erschien sein zweibändiges Lebensbild Lord Macartneys (BARROW 1807). Der wichtigste Teil seiner Karriere fiel in die Zeit nach der Gesandtschaftsreise. Er begleitete Macartney als Privatsekretär zum Kap der Guten Hoffnung, als dieser 1796 Gouverneur der Kapkolonie wurde. Nach seiner Rückkehr 1802 wurde er in das hohe Amt des Zweiten Sekretärs der Marine berufen. Er war ein oft konsultierter Ratgeber in allen China betreffenden Fragen. Viele seiner Beobachtungen in und über China hielt er auch in seiner Autobiographie fest (BARROW 1847). Vgl. ausführlich LLOYD.

45 Sachsen.

46 Kurzform von Congregatio de Propaganda Fide, der 1622 in Rom gegründeten päpstlichen Zentralorganisation zur weltweiten Verbreitung des katholischen Glaubens.

47 Pater Jakobus Li (alias Mr. Plumb), geboren 1750. Er gehörte zu den jungen Chinesen, die an dem 1732 von Pater Matteo Ripa gegründeten Collegium Sinicum der Kongregation De Propaganda Fide in Neapel zu katholischen Priestern ausgebildet und dann wieder nach China zurückgesandt wurden. Er wurde zusammen mit Paolo Cho von Sir George Staunton als Übersetzer zwischen Chinesisch und Latein oder Italienisch engagiert. Pater Cho weigerte sich jedoch in Macau, die Gesandtschaft zum Kaiserhof zu begleiten. Jakobus Li reiste auf dem Landweg nach Peking, wo er Ende September eintraf und fortan Macartney als Übersetzer diente. Er begleitete die Gesandtschaft noch auf ihrer Rückreise bis Macau, blieb danach jedoch in China und hielt bis 1802 brieflichen Kontakt zu Macartney. Er wird auch in den Reiseberichten von Barrow und Anderson erwähnt. Der Name »Herr Pflaume« war ihm von Thomas Staunton gegeben worden, da sein chinesischer Name »Li« die Bedeutung von Pflaume besitzt (CRANMER-BYNG [Hg.], 1962, S. 319 f.).

48 George Thomas Staunton (1781–1859): einziger Sohn George Leonard Stauntons. Er begleitete mit seinem Hauslehrer Hüttner die Gesandtschaft als Lord Macartneys Page. Er diente der Delegation auch als Übersetzer. Teile seines Tagebuches der Reise sind als unveröffentlichtes Manuskript in der Duke University Library, North Carolina, unter dem Titel »Journal of a Voyage to China« erhalten (Vgl. CRANMER-BYNG [Hg.], 1962, S. 351 f.) Staunton setzte sich später für die Entwicklung der britischen Sinologie ein. Er war Mitbegründer der Royal Asiatic Society, deren China-Bibliothek er aus Privatsammlungen aufbaute, und Initiator sinologischer Lehrstühle an britischen Universitäten (BARRETT, S. 63, 67–70). Als er zwischen 1804 und 1817 die East India Company in Canton vertrat, kam ihm das hohe Ansehen zustatten, das er sich während der Macartney-Reise in China erworben hatte.

49 Peking (Beijing) gehörte mit Suzhou, Nanjing, Yangzhou und Hangzhou im 18. Jahrhundert zu den fünf größten Städten Chinas. Chinesische Autoren schätzen die Einwohnerzahl Pekings in der Qing-Zeit auf über eine Million Menschen (DAI Junliang, S. 262).

50 Das damalige Stadtbild Beijings ging auf den Ausbau zur Hauptstadt des Yuan-Reiches (1279–1368) nach den von Khubilai Khan im Jahre 1267 festgelegten Plänen zurück. Es entstand der Kaiserpalast an seiner heutigen Stelle. Im 15. Jahrhundert wurden die Stadtgrenzen nach Süden verschoben, so daß ein Teil der ehemaligen, im Norden gelegenen Mongolenstadt nun außerhalb Beijings lag. Gleichzeitig wurde im Süden Beijings die Stadtmauer erweitert. »Tatarenstadt« hieß fortan die quadratisch angelegte »Innere Stadt« (*nei cheng*) im Nordteil Beijings; die rechteckig angelegte »Äußere Stadt« (*wai cheng*) im Süden wurde Chinesenstadt genannt. Beide Teile waren mit Mauern umgeben und wurden von sechzehn Stadttoren umsäumt, von denen sich neun Tore an den Außenmauern der Tatarenstadt befanden und sieben in die Chinesenstadt führten. Die Tatarenstadt selbst bestand wiederum aus mehreren »Städten«. In ihrem Zentrum befand sich der als

Verbotene Stadt (*zijin cheng*) bezeichnete Kaiserpalast, der zusammen mit den Ministerien die sogenannte Kaiserstadt (*huang cheng*) bildete, die durch eine rote Außenmauer mit vier Toren von der Außenwelt abgeschirmt wurde. Das gesamte Stadtbild ist, heute noch erkennbar, schachbrettartig mit einer von Norden nach Süden verlaufenden Zentralachse angelegt. Seit der frühen Qing-Zeit bildete die Chinesenstadt das eigentliche Geschäftszentrum Beijings (FRANKE, S. 1013–1022, ARLINGTON/LEWISOHN, S. 1–4).

51 Hüttner beschreibt hier die traditionellen chinesischen Hofhäuser (*siheyuan*), bei denen die Wohnräume um einen rechteckigen Innenhof errichtet wurden. Fenster und Türen waren zumeist nach innen gerichtet. Der Eingang befand sich auf der rechten Seite der südlichen Schmalseite. Unmittelbar davor stand im Innenhof eine Schattenwand (*yinbi*), die vor bösen Einflüssen und neugierigen Blicken schützen sollte. Hohe Außenmauern umgaben die gesamte Wohnanlage. Im Süden Chinas wich man von diesem nach Vorbildern aus Beijing streng aufgebauten Schema ab und konstruierte auch Wohnhäuser, die aus mehreren nebeneinander gelegenen kleinen Baugruppen bestanden, die durch Korridore verbunden und durch kleine Teiche, Felsen und künstliche Berge aufgelockert wurden.

52 Als Triumphbogen bezeichnet Hüttner Tore (*bailou*), die als selbständige Bauten über Straßen oder an wichtigen Plätzen zumeist zu Ehren bedeutender Persönlichkeiten errichtet wurden. In Beijing bezeichneten sie oft auch bestimmte Distrikte (ARLINGTON/LEWISOHN, S. 25, 317).

53 Yuanming Yuan: Der kaiserliche Park mit über 5200 Tempeln und Pavillons im Nordwesten Beijings. 1709 ließ der Kangxi-Kaiser auf den Trümmern einer Gartenanlage der Ming-Dynastie einen Park anlegen, den er seinem vierten Sohn, dem späteren Yongzheng-Kaiser (reg. 1722–1735) hinterließ. Yongzheng erweiterte 1725 die Anlage und hielt dort auch seine Regierungsgeschäfte ab. Der Qianlong-Kaiser (reg. 1736–1796) ergänzte die Anlage um Nachbauten von Gärten Südchinas und einen Komplex von Rokoko-Palästen, die von dem italienischen Jesuiten Guiseppe Castiglione zwischen 1747 und 1760 errichtet wurden. Der Park setzt sich aus drei Gartenanlagen zusammen: dem ursprünglichen Yuanming Yuan, dem Changchun Yuan und dem Qichun Yuan, die sich harmonisch ergänzten und sich über eine Gesamtfläche von 340 Hektar erstreckten. Vor dem Hintergrund der Westberge wurden die Hügel und Seen des Yuanming Yuan künstlich geschaffen. Aus zahlreichen Quellen wurde das Wasser in kleine Kanäle geleitet, die sich auf weißen Marmorbrücken überqueren ließen. In den Wäldern errichtete man Paläste, Hallen, Pavillons und Tempel, die teilweise durch Wandelgänge miteinander verbunden waren. 1860 wurde die Anlage innerhalb weniger Tage von englischen und französischen Truppen größtenteils niedergebrannt. Kenntnisse über den Yuanming Yuan waren über den französischen Jesuiten Jean-Denis Attiret (1702–1768) nach Europa gekommen. Die Macartney-Gesandtschaft war also auf den Anblick des Yuanming Yuan vorbereitet

(ARLINGTON/LEWISOHN, S. 283–292; Zhongguo mingsheng cidian, S. 38–46).

54 Kangxi, Regierungsname Xuanyes, der von 1661 bis 1722 als zweiter Kaiser der Qing-Dynastie das chinesische Reich regierte. Ihm gelang die Konsolidierung der Qing. Kangxi unternahm es auch mit Erfolg, viele chinesische Gelehrte in literarische Großprojekte einzubinden. Von den am Hofe angestellten Jesuiten ließ er sich Kenntnisse der westlichen Wissenschaften vermitteln. Die in Europa verbreitete Bewunderung für die chinesische Monarchie ging hauptsächlich auf die Beobachtung und Kommentierung von Kangxis Regierungspraxis zurück. Er wurde als die ideale Verkörperung des aufgeklärten Despoten betrachtet (vgl. S. H. L. Wu 1979; SONG Deyi [Hg.], S. 94–143).

55 Die chinesische Gartenkunst wurde durch China-Reisende wie den Dresdner Georg Meister (1653–1713) und den Briten Sir William Chambers (1726–1796) in Europa bekannt. Chambers hatte in seinem 1757 auf Deutsch erschienenen Werk »Die Kunst Gärten anzulegen bei den Chinesen« festgestellt: »Die Vollkommenheit ihrer Gärten besteht in der Menge, Schönheit und Verschiedenheit dieser Auftritte. Die chinesischen Gärten entlehnen, wie die europäischen Maler, von der Natur die angenehmsten Gegenstände, welche sie so zu verbinden suchen, daß nicht allein ein jeder absonderlich in seinem grössesten Vorteile zeigt, sondern auch alle mit einander ein schönes und rührendes Ganzes ausmachen« (zit. nach WALRAVENS, S. 244). Um so enttäuschter mußte Hüttner von dem Zustand der Anlagen in Beijing sein.

56 Wahrscheinlich handelt es sich hierbei um den »Palast des Wohlwollens und langen Lebens« (*Renshou dian*), der unter seinem Erbauer Qianlong noch als »Palast der sorgfältigen Regierung« (*Qinzheng dian*) bezeichnet wurde.

57 In der heutigen Umschrift »*Da guang ming dian*«: »Palast des großen, strahlenden Lichts«. Hier ging der Kaiser den Regierungsgeschäften nach.

58 Eunuchen hatten im Verlauf der chinesischen Geschichte zu Hofintrigen beigetragen und zuletzt in der späten Ming-Zeit starken politischen Einfluß gewonnen. Erst die Qing-Dynastie reduzierte ihre Anzahl beträchtlich und duldete nicht mehr als 3000 Eunuchen an ihrem Hofe. Bei den Eunuchen handelte es sich meistens um Söhne armer Bauernfamilien aus der Provinz Zhili, die im Alter von zehn Jahren kastriert und in der Hauptstadt als Eunuchen angeboten wurden. Im Kaiserpalast dienten sie in verschiedenen Abteilungen unter einem Obereunuchen, chin. *taijian* (vgl. MITAMURA; YU Huajing).

59 Der Vorort Haidian lag in der Qing-Zeit noch außerhalb der Stadtmauern von Beijing zwischen dem Tor Xizhimen im Nordwesten der Tatarenstadt und dem Park Yuanming Yuan. Hier befanden sich viele kleinere Garten- und Tempelanlagen.

60 Damit ist eigentlich das Finanzministerium (*hubu*) gemeint, das zu den sechs klassischen Ministerien des chinesischen Kaiserreiches (Personalwesen, Finanzen, Riten, Krieg, Justiz und Öffentliche Arbeiten) gehörte. Eines seiner Büros war auch für die Zollangelegenheiten des Außenhandels in Canton verantwortlich. Die Amtsträger in Canton

mißbrauchten diesen im Turnus von drei Jahren vergebenen Posten wiederholt, um ihre persönliche Vermögenslage aufzubessern. Europäische Autoren übertrugen das chinesische Wort für Finanzministerium einfach auf den Repräsentanten dieser Behörde in Canton und nannten ihn in ihren Werken »Hoppo« oder wie bei Hüttner »Hupu« (PEYREFITTE 1991, S. 502 f.).

61 Der Lazarist Nicholas-Joseph Raux (1754–1801) war Leiter der französischen Mission in Beijing. Er war 1785 als Mathematiker in die chinesische Hauptstadt gekommen. 1793 beauftragte der Qianlong-Kaiser ihn mit der Betreuung der britischen Gesandtschaft während ihres Aufenthaltes in Beijing. Auch in Jehol traf Macartney mehrmals mit Raux zusammen. Der Lazarist trat außerdem als kaiserlicher Übersetzer hervor. Zu seinen wissenschaftlichen Leistungen gehören eine mandschurische Grammatik und ein Wörterbuch (CRANMER-BYNG [Hg.], 1962, S. 360; PEYREFITTE 1991, S.481).

62 Selbst der ausländischen Gesandtschaft blieb die Korruption innerhalb des Beamtenapparates nicht verborgen. Korruption war in einem Verwaltungssystem, in dem eine Million erfolgreiche Absolventen der Staatsprüfungen um 20000 Posten konkurrierten, latent angelegt. Neben der Loyalität gegenüber dem Kaiser und persönlichen Fähigkeiten waren »Beziehungen« (*guanxi*) zu Regierungsbeamten eine entscheidende Voraussetzung für die Beamtenkarriere. Zur organisierten Korruption im chinesischen Staat gehörten auch Geschenke. Daß die Korruption gegen Ende des 18. Jahrhunderts zunahm, lag unter anderem an dem chaotischen Steuer- und Abgabensystem, das es dem einzelnen Beamten immer weniger ermöglichte, die Kosten seiner Verwaltungstätigkeit zu decken. Die staatliche Bezahlung war ohnehin so gering, daß viele Beamte mehr Steuern einnehmen mußten oder Sonderzahlungen erhoben. Mit dem Aufstieg He Shens (siehe unten Anm. 81) zum mächtigen Hofintriganten unter dem Schutz des Qianlong-Kaisers erreichte die Korruption am Ende des 18. Jahrhunderts im Qing-Staat ihren vorläufigen Höhepunkt (SMITH, S. 65 f.).

63 Jehol oder Chengde, Sommerresidenz (*bishu shanzhuang*) der Qing-Kaiser, befindet sich 250 km nördlich von Peking jenseits der Großen Mauer. 1703 entdeckte der Kangxi-Kaiser während einer Inspektionsreise den von Bergen, Wäldern und Seen umgebenen Ort und befahl den Bau einer Sommerresidenz. Unter dem Qianlong-Kaiser wurden die acht äußeren Tempel (*waiba miao*) hinzugefügt, die in den verschiedenen Stilen der unterworfenen zentralasiatischen Völker erbaut wurden (vgl. Anm. 84). Die 1790 fertiggestellte Anlage ist größer als die beiden Beijinger Kaiserresidenzen (Verbotene Stadt, Yuanming-Park) zusammengenommen. Als Sommersitz für mehrere Monate entwickelte sich Jehol zum zweiten politischen Zentrum des chinesischen Reiches. Dort empfing der Kaiser auch ausländische Gesandte. Nachdem 1820 der Jiaqing-Kaiser in Jehol von einem Blitz erschlagen worden war, kehrte der Qing-Hof nie wieder hierher zurück (Zhongguo mingsheng cidian, S.103–112; ausführlich: Chengde bishu shanzhuang).

64 Sir George Leonard Staunton (1737–1801) stammte aus Galway in Irland. Er studierte Medizin in Montpellier und erwarb dort 1758 den Grad eines Magister Artium. 1759 siedelte er nach London über und schrieb über medizinische Themen. 1762 ging er als Arzt nach Westindien und ließ sich nach ein paar Jahren als Landeigentümer in Grenada nieder. 1776 übernahm Lord Macartney den Gouverneursposten in Grenada und freundete sich dort mit Staunton an. Als Macartney 1782 nach Madras entsandt wurde, nahm er den inzwischen durch die französische Besetzung Grenadas verarmten Staunton als Sekretär mit. Dort handelte Staunton einen Friedensvertrag mit dem Herrscher von Mysore aus, was ihm eine Lebenspension von 500 Pfund der East India Company und den Titel eines irischen Baronet einbrachte. Nach seiner Rückkehr wurde er 1787 in London zum Mitglied der Royal Society und Doktor des Bürgerlichen Rechts an der Universität Oxford ernannt. 1792 berief ihn Macartney zum Sekretär, das heißt zum zweiten Mann der Gesandtschaft. Zurück in England, wurde Staunton mit der Zusammenstellung des offiziellen Gesandtschaftsberichts beauftragt, der 1797 in zwei Bänden erschien. Staunton starb 1801 und wurde in Westminister Abbey beigesetzt (CRANMER-BYNG [Hg.], 1962, S. 307 f.).

65 Gubeikou: strategisch wichtiger Ort an der Paßstraße über die Große Mauer nach Jehol. Der Kangxi-Kaiser ließ hier den Militärposten eines Provinzkommandeurs (*tidu*) aus Truppen der Grünen Standarte einrichten, die für die Kontrolle des Gebietes nördlich der Hauptstadt zuständig waren. Gubeikou bildete zudem den Ausgangspunkt der Kaiserstraße nach Jehol. 140 Jahre später beschrieb Sven Hedin die Stadt: »Zu beiden Seiten des Tales windet sich die große Mauer über die Bergkämme hin. Rechts und links oberhalb des Tales stehen die stumpfen Pyramiden der Wachttürme. Die steile Straße führt zwischen grauen Gesteinsmassen zur Stadt hinauf. Oben steht ein Tempel mit zwei in Stein gehauenen Drachen. Die Häuser sind aus Feldsteinen oder schwarz gebrannten Ziegeln erbaut und mit schwarzen Ziegeln gedeckt. Weißblaue Sonnendächer beschatten die offenen Verkaufsstände mit ihren hochgehäuften, rötlichen Aprikosen« (HEDIN, S. 14).

66 Nantian men: an der Paßstraße bei Gubeikou im Kreis Miyun gelegen. Laut Hedin eine enge Felsenschlucht, in der sich ein kleiner Tempel mit einer Tordurchfahrt befindet, von der aus der Weg mit starkem Gefälle bergab führt (HEDIN, S. 14).

67 *Changcheng*, auch *Wanli Changcheng* (wörtlich: zehntausend li lange Mauer) genannt. Die Mauer, wie sie die Macartney-Gesandtschaft antraf, stammt aus der Ming-Zeit. Es handelte sich ursprünglich nicht um eine durchgehende Mauer, sondern um zahlreiche Mauern, deren Ursprung auf das 7. vorchristliche Jahrhundert zurückgeht, als sich die Königreiche gegeneinander mit Mauern abzusichern versuchten. Nach der Unterwerfung aller Einzelstaaten unter die Herrschaft des Qin-Kaisers, der 221 v. Chr. den chinesischen Zentralstaat gründete, wurden die verschiedenen Mauerteile miteinander verbunden, um das chinesische Agrarreich gegen nomadische Überfälle aus den nördli-

chen Steppengebieten zu schützen. Während der Han-Zeit (206 v. Chr. bis 220 n. Chr.) wuchs die Mauer auf 10 000 km Länge. In den darauffolgenden Jahrhunderten zerfielen Teile des Bauwerks. Die von den Ming-Kaisern bis 1500 restaurierte Mauer erstreckte sich nur noch über eine Länge von 6300 km. Mit der Eroberung Chinas durch die Qing-Dynastie und deren Vereinnahmung weiter Teile Innerasiens verlor die Große Mauer ihre praktische Bedeutung als Trennungslinie zwischen chinesischem Bauerntum und innerasiatischen Nomadenvölkern. Um so stärker wurde bis in die Gegenwart ihre symbolische Bedeutung hervorgehoben (vgl. WALDRON).

68 Der englische Schriftsteller Dr. Samuel Johnson (1709–1784) beeinflußte mit seinen kritischen Schriften die damalige Auffassung von Dichtung im Sinne der Aufklärung. Auch die Berichte der gelehrten Teilnehmer der Macartney-Mission zeigten seine Spuren. Macartney selbst gehörte zu dem Zirkel um Dr. Johnson; Staunton korrespondierte mit ihm, und auch der Gesandtschaftsmaler William Alexander stand unter seinem Einfluß (CRANMER-BYNG [Hg.], 1962, S.41 f., 55, 57, 307, 342).

69 Hüttner sah genauer als seine Mitreisenden, daß es sich nicht nur um eine einzige und einlinige Große Mauer handelt.

70 Leutnant Henry William Parish: Kommandeur der aus 20 Mann bestehenden Artillerietruppe und der sechs Kanoniere der Gesandtschaft. Er übernahm auch einige organisatorische Aufgaben und zeichnete während der Reise Skizzen und Pläne. Da er im Unterschied zu William Alexander, dem eigentlichen Zeichenkünstler der Gesandtschaft, Macartney auch nach Jehol begleitete, sind ihm einige authentische Szenen vom Empfang der Gesandtschaft in Jehol zu verdanken (CRANMER-BYNG [Hg.], 1962, S. 313 f.).

71 Bei den Tributgeschenken wurde zwischen symbolischen und nützlichen Gaben unterschieden. Religiöse Oberhäupter wie der Dalai Lama aus Tibet brachten dem Qing-Kaiser symbolische Geschenke wie Hadas (Seidenschals mit der rituellen Bedeutung von Respekt und Freundschaft), bronzene Buddhastatuen oder tibetische Gewürze. Hingegen hatten die Tributgaben muslimischer oder mongolischer Fürsten eher einen nützlichen Wert; zumeist handelte es sich dabei um Schafe, Pferde, Kamele, Schweine, Felle, und ähnliches. Für die Europäer gab es keine Tributvereinbarungen, so daß die Qing-Regierung keinen Einfluß auf die Geschenke hatte. Die Vorstellung von exotischen Tieren als Tributgeschenk und ihre Faszination läßt sich bis in die Zhou-Zeit (11. Jh.v. Chr.– 256 v. Chr.) zurückverfolgen. Die seltenen Geschenke ferner Völker sollten die Anziehungskraft und Tugend des chinesischen Herrschers zum Ausdruck bringen (CHIA NING, S. 180; WILLS, S. 7).

72 In Preußen entsprach eine deutsche Meile 7532 m. Ein chinesisches Li entspricht ungefähr 500 Metern.

73 Macartney notiert in seinem Journal, daß ungefähr 23 000 Soldaten damit beschäftigt seien, diese Prachtstraße jeweils vor der Benutzung durch den Kaiser wiederherzurichten. Außerdem waren ungefähr im

Abstand von 7–8 km Militärposten aufgestellt (CRANMER-BYNG [Hg.], 1962, S. 117).

74 Bis zu dieser Stelle zitiert Sven Hedin Hüttners Darstellung im ungefähren Wortlaut. Der schwedische Forschungsreisende benutzte sie allerdings ungefähr 140 Jahre später und bezeichnete die Straße nunmehr als »die elendeste Autostraße der Welt« (HEDIN, S. 18).

75 Mischehen waren in der Qing-Zeit nur zwischen Mandschuren, Mongolen und solchen Chinesen, die in den kaiserlichen Bannertruppen dienten, erlaubt. Die han-chinesische Bevölkerung war von Heiratsbindungen ausgeschlossen (RAWSKI, S. 171, 194.). Die Mandschuren fürchteten auch, in der Masse der Chinesen unterzugehen. Ebenso falsch ist es, für das 18. Jahrhundert von »einerlei Sprache« im Qing-Reich zu reden. Auch wenn Mandschurisch immer seltener gesprochen wurde, so blieb es die offizielle Sprache der Qing-Dynastie und überwog weiterhin im kaiserlichen Schriftverkehr (SMITH, S.102). Erst im 19. Jahrhundert verdrängte das Chinesische allmählich das Schriftmandschurisch. Der Unterschied zwischen beiden Sprachen ist sehr groß. Das Chinesische gehört zur sino-tibetischen, das Mandschurische zur tungusischen Sprachfamilie.

76 Jehol war bis in die Qing-Zeit ein unbedeutender Ort ungefähr 250 km von Beijing entfernt, zwischen dem mongolischen Grasland und dem mandschurischen Nordosten. Seinen Aufstieg zur Kaiserstadt beschrieb wenige Jahre nach Hüttner der Abbé Grosier auf der Grundlage verschiedener Jesuitenberichte: »Der Bezirk Kartjin ist der schönste in der ganzen Mongolei. Er grenzt an die große Mauer. Der Kaiser begiebt sich alljährlich zu den Jagden dorthin und bringt meist den ganzen Sommer dort zu. Er hat in dieser Gegend viele Lustschlösser, das prächtigste davon in Jehol. Die Stadt war einst eine unbekannte Ortschaft in der Tatarei. Sie verdankt ihren Aufstieg zu Glanz und Ruhm dem Kaiser K'ang-hsi. Seit seiner Regierungszeit wuchs die Stadt ununterbrochen. Unter den letzten Kaisern wurde sie immer prächtiger ausgeschmückt, Paläste wurden gebaut und Parkanlagen geschaffen. So ist der Aufenthalt in Jehol besonders in der Sommerzeit eine wahre Erholung geworden. Ein Missionar nennt Jehol das chinesische Fontainbleau. Die Stadt liegt in einem fruchtbaren Tal, das sich zwischen ansehnlichen Bergen hinzieht. Der Fluß ist nicht sehr mächtig, kann aber doch zu Zeiten nach Regenfall und Schneeschmelze ungeheuer anschwellen. Er wächst dann zu einem Strom, den kein Damm in seinen Ufern zu halten vermag« (zit. nach HEDIN, S. 19). Die Stadt war nicht nur Sommerresidenz der Qing-Kaiser, sondern auch wichtiger Begegnungsort der mandschurischen Herrscher mit ihren innerasiatischen Untertanen aus Tibet, dem Nordwesten und der Mongolei.

77 Die acht lamaistischen Tempel befinden sich außerhalb der Sommerresidenz auf den umliegenden Hügeln im Norden und Osten. Die beiden im Osten liegenden Tempel Puren Si und Pushan Si wurden 1713 erbaut, der Pushan Si im tibetischen Stil. Der Qianlong-Kaiser widmete 1766 den Pule Si den Repräsentanten des Adels der Mongolen und Turkstämme, die ihn in diesem Jahr in Jehol aufsuchten. Nördlich

davon liegt der Tempel Anyuan Miao aus dem Jahre 1764, der eine Imitation einer Tempelanlage in Ili (Chin-Yili) darstellt und an die Unterwerfung der Turkvölker Xinjiangs erinnern sollte. Die beiden Tempel Puyou Si und Puning Si ließ Qianlong 1760 errichten, den Puning Si nach dem Vorbild des tibetischen Samadhi-Tempels. Ebenfalls eine tibetische Imitation liegt dem 1780 erbauten Xumifushou Miao zugrunde: das Tashilhunpo-Kloster, der Sitz des Panchen Lama. Daneben befindet sich der Tempel Putuozongsheng Miao, der 1766 nach dem Vorbild des Potala in Lhasa entstand. Die gesamte Anlage der lamaistischen Tempel Jehols symbolisiert den Machtanspruch der Qing-Kaiser über Innerasien (vgl. Chengde bishu shanzhuang).

78 Die Qing-Kaiser gehörten in der Tat zu den aktivsten Monarchen der damaligen Epoche. Sie waren von morgens früh bis spät in die Nacht hinein mit Audienzen, Inspektionen, Banketten usw. beschäftigt. An manchen Tagen erhielten sie außerdem über hundert Throneingaben hochrangiger Beamter der Provinz und Hauptstadt (SMITH, S. 45; S. H. L. WU, Emperor at Work).

79 Damit ist der Qianlong-Kaiser gemeint, der 1793 bereits 82 Jahre alt war. Geboren 1711, kam Hongli, der vierte Sohn des Yongzheng-Kaisers, 1736 unter dem Herrschernamen Qianlong auf den Thron. Er setzte die von Kangxi begonnene Expansionspolitik nach Innerasien fort und konsolidierte im Verlauf des 18. Jahrhunderts die Qing-Herrschaft über Tibet, Xinjiang und die Mongolei. Wirtschaftliche Blüte und ideologische Kontrolle kennzeichneten die Lage im chinesischen Kernland während seiner offiziell sechzigjährigen Regierungszeit. 1796 trat er nominell zugunsten seines Sohnes, des Jiaqing-Kaisers, zurück, hielt jedoch bis zu seinem Tod im Jahre 1799 de facto die Macht noch in der Hand (vgl. BAI Xinliang; DAI Yi, Qianlong di; GUO Chengkang/CHENG Chongde [Hgg.]).

80 Beim Vizekönig von Canton handelte es sich um den Generalgouverneur von Liang Guang (den beiden Provinzen Guangdong und Guangxi). Hüttner meint hier Fu Kang'an (?–1796), einen Mandschuren des Umrandeten Gelben Banners (*xianghuang qi*), der zu den führenden Generälen des Qing-Reiches gehörte und zwischen 1789 und 1793 das Amt des Generalgouverneurs von Liang Guang innehatte. Fu Kang'ans Laufbahn war von seinem erfolgreichen militärischen Engagement bei der Vernichtung von Qing-Gegnern geprägt. Nach dem Militärgouvernement in der Mandschurei wurde er auch auf anderen Generalgouverneursposten eingesetzt, unter anderem eben auch in Canton, wo er wenig Wohlwollen für die Handelsaktivitäten der Ausländer bewies. Fu Kang'an war Oberkommandeur des Kaiserlichen Feldzugs gegen die nepalesischen Gorkha in Tibet gewesen. Er warf den Briten vor, hinter dem Einfall der Gorkha in Tibet zu stehen. Auch deshalb verhielt er sich der Gesandtschaft gegenüber feindselig (HUMMEL, S. 253–255; Qingshi liezhuan, Bd. 7, S. 1965–1981).

81 Der »erste Minister« war zu jener Zeit He Shen (1750–99), der die Gesandtschaft zeitweise auch betreute. Er war ein Mandschure aus dem Glatten Roten Banner (*zhenghong qi*), dem es gelang, die Gunst des al-

ternden Qianlong-Kaiser zu gewinnen, und der sich nach 1775 bis zu Qianlongs Tod im Jahre 1799 durch unzählige Intrigen großen politischen Einfluß verschaffte. Im jungen Alter von 26 Jahren hatte er bereits 1776 das Amt des Großkanzlers inne. 1780 wurde er Leiter des Finanzministeriums, dessen Kontrolle er bis 1799 neben anderen Posten in den Händen behielt. Als He Shen Macartney in Jehol traf, befand er sich auf dem Höhepunkt seiner Macht. Nach dem Tod Qianlongs im Jahre 1799 wurde He Shen von dessen Nachfolger Jiaqing entmachtet und zum Selbstmord gezwungen (HUMMEL, S. 288–290; Qingshi liezhuan, Bd. 9, S. 2693–26705; CRANMER-BYNG [Hg.[, 1962, S. 320–322).

82 Im Westen als Kotau (chin. *ketou*) bezeichnetes Ritual gegenüber dem chinesischen Kaiser, das aus drei Kniefällen (*san gui*) und neunmaligem Niederwerfen (*jiu kou*) bestand. Es sollte die Achtung symbolisieren, die dem chinesischen Kaiser als Mittler zwischen Himmel und Menschheit zustand. Der Kotau wird schon in den frühen chinesischen Klassikern der vorchristlichen Jahrhunderte erwähnt. Seit dem 8. Jahrhundert wird von ausländischen Gesandten berichtet, die das Ritual vor dem chinesischen Kaiser vollzogen (PRITCHARD 1943).

83 Mungkubó: Name der von Hüttner fälschlicherweise als »tartarisch« bezeichneten mongolischen Zelte (chin. *menggu bao*, Jurten), die von den mongolischen Nomaden benutzt werden. Der Ort, wo sich diese Zelte befanden, hieß *Wanshu yuan* (Garten der zehntausend Bäume). Hier empfingen die Qing-Kaiser auch die mongolischen Fürsten aus den unterworfenen Gebieten und die Repräsentanten der Tibeter wie beispielsweise den 6. Panchen Lama, der zu Ehren des kaiserlichen Geburtstags 1780 nach Jehol gekommen war. Ebenso wurden Gesandte tributpflichtiger Nachbarstaaten hier vom Kaiser empfangen.

84 »Areka« ist malaiisch. Die Arekapalme ist auf dem Malaiischen Archipel, in Neuguinea und Australien verbreitet. Die wohl bekannteste Art der Areka ist die Betelnußpalme, die auch in Südchina vorkommt. Scheiben der eiergroßen Betelnuß wurden mit Gambir und Tabak in ein mit Kalk bestrichenes Blatt des Betelpfeffers eingewickelt und dann intensiv gekaut.

85 Es handelte sich hierbei um die Gesandtschaft des Königs Bodawpaya (reg. 1782–1819) von Burma, dessen Hauptstadt allerdings nicht Pegu, sondern Amarupura war. Unter Bodawpaya kam es zu einem regen Gesandtenaustausch mit China. In Jehol waren zur gleichen Zeit mit Macartney fünf burmesische Beamte anwesend (vgl. CRANMER-BYNG [Hg.], 1962, S. 124, 368 f.).

86 entgegenkommend.

87 Vermutlich meint Hüttner das zimbalähnliche Instrument Yangqin.

88 Er hatte sich seine ersten chinesischen Sprachkenntnisse auf der Hinfahrt erworben. Sein Vater bezeichnete ihn als einen guten Übersetzer – im Gegensatz zu John Barrow, dem es schwerer fiel, die Sprache zu erlernen (STIFTER, S. 52).

89 Gemeint ist He Shen. Vgl. Anm. 81.

90 Das chinesische Wort für Minister ist »*shangshu*«. Hüttners Bezeichnung »Kolo« geht auf den mingzeitlichen Ausdruck *gelao* (wörtlich: die

Älteren des Sekretariats) für die Mitglieder des Großsekretariats (*da xueshi*) zurück. Das Großsekretariat stellte eine kaiserliche Kanzlei dar. Die Jesuiten gaben *gelao* mit Colao wieder. In der Qing-Zeit wurde das Großsekretariat dann als *zhongtang* bezeichnet, bei Hüttner »tschun-tschan«. Im Jahre 1793 bestand das Großsekretariat aus sechs Mitgliedern, drei Chinesen und drei Mandschuren: Qi Huang, Wang Jie, Sun Shiyi, He Shen, Fu Kang'an und A Gui (HUCKER, S. 278 f., 466 f.)

91 Song Yun (1752–1835) stammte aus einer mongolischen Beamtenfamilie des Glatten Blauen Banners (*zhenglan qi*). Er begann seine Beamtenkarriere im Qing-Reich 1772 als Dolmetscher, gewann jedoch schon bald die Aufmerksamkeit des Qianlong-Kaisers, der ihn 1776 als Sekretär in den Staatsrat (*junjichu*) berief, ein informelles Beratungsorgan des Kaisers und das eigentliche Machtzentrum der Qing-Regierung. Während seiner über sechzigjährigen Laufbahn unter drei Kaisern hatte Song Yun verschiedene Minister- und Gouverneursposten inne. Aufgrund seiner Loyalität zeichnete er sich vor allem als Krisenmanager des Kaisers aus, der ihn in verschiedene Unruheherde der innerasiatischen Grenzgebiete sandte. Seiner Zuverlässigkeit ist es wohl auch zuzurechnen, daß er 1793 mit der Betreuung der Macartney-Gesandtschaft in Jehol und mit ihrer Begleitung auf der Rückreise von Peking bis Hangzhou beauftragt wurde. Sein diplomatisches Geschick, das er wiederholt im Umgang mit Nachbarvölkern an den Grenzen des Reiches bewiesen hatte, und sein freundliches Wesen verschafften ihm bei Macartney und dessen Begleitern hohes Ansehen. Song Yuns literarisches Engagement in der Grenzhistoriographie des Reiches zeichnet ihn auch als einen wichtigen Gelehrten seiner Epoche aus. Vgl. DABRINGHAUS.

92 Zur literarischen Produktion des Kaisers, dem mehr als 40 000 Gedichte zugeschrieben werden, vgl. GIMM.

93 In China wurde vor jedem Schreibvorgang die Tusche durch Reiben eines Tuschestifts auf einem angefeuchteten Tuschestein frisch zubereitet.

94 Zur Homosexualität im China der Qing-Zeit vgl. HINSCH, S. 142, 161.

95 Die Peitschenzeremonie weist auf den nicht-chinesischen Ursprung der Mandschuren hin. Besondere Bedeutung hat die Zahl 9. Die Potenz von drei ist eine sehr starke männliche Zahl. Sie steht im Zentrum der magischen Zahlentheorie und symbolisiert den Kaiser. Beijing, mit Hilfe von Astrologen erbaut, weist den Kaiserpalast als Zentrum und Heiligstes auf sowie acht Zufahrtstraßen, also neun Teile (vgl. EBERHARD, S. 207 f.).

96 Ringen gehört mit Reiten und Bogenschießen zu den klassischen mongolischen Sportarten, die der Qing-Kaiser als Herrscher auch über die mongolischen Völker zu fördern bemüht war.

97 Die Würde des blauen Knopfes erhielt ein Qing-Beamter des 3. der insgesamt 9 Ränge im kaiserlichen Beamtensystem (Bo Zheng, S. 293).

98 Das chinesische Theater, dessen Ursprünge auf das 13. Jahrhundert zurückgehen, besteht aus einer Synthese von Musik, Sprache, Tanz

und Maskenkunst. Der Schauspieler singt, tanzt, vollführt akrobatische Kunststücke und rezitiert gleichzeitig. Seine Gestik und Mimik sind streng festgelegt. Es gibt keine Bühnenbilder. Um so prächtiger sind die Kostüme und Masken, anhand derer die Zuschauer die jeweilige Figur sofort sozial einordnen und ihren menschlichen Wesenszug bestimmen können. Die bekannteste der ca. 300 Typen chinesischer Lokalopern ist die Peking-Oper, wie sie Hüttner in Jehol vorgeführt bekam. Bei dieser Variante werden zehn melodische Muster vorgetragen. Im Mittelpunkt steht immer ein bestimmter Heldentypus; in der Qing-Zeit handelte es sich zumeist um einen gerechten, loyalen hohen Beamten (FRANKE, S. 921 f., 1393–1396).

99 Vgl. Anmerkung 91.

100 Hüttner beschreibt hier Puren Si, den ältesten, 1713 unter dem Kangxi-Kaiser erbauten Tempel. Der Kaiser hatte zu seinem 60. Geburtstag Repräsentanten der mongolischen Völker empfangen und aus diesem Anlaß den Tempel errichten lassen. In der Haupthalle des Tempels befanden sich die drei Buddha-Statuen Dipamkara, Sakyamuni, Maitreya und die 18 Luohan (Zhongguo mingsheng cidian, S. 107).

101 Für Hüttner erschien alles Nicht-Chinesische undifferenziert als »tatarisch«. Es gab aber keine »tatarische« Sprache. Bei den lamaistischen Mönchen handelte es sich stets um Tibeter oder Mongolen, niemals um Mandschuren. Die heiligen Schriften und Gebetsbücher des Lamaismus, aus denen die Mönche in der hier beschriebenen Szene rezitierten, waren in tibetischer oder mongolischer Sprache geschrieben. Folglich konnte Hüttner die Mönche nur in einer dieser beiden Sprachen sprechen hören, sicherlich nicht in Mandschurisch.

102 *Putuo zongsheng miao*, auch »kleiner Potala« genannt. Er wurde im Jahre 1766 nach dem Vorbild des Potala in Lhasa erbaut, als der Adel der Turk- und Mongolenvölker Xinjiangs zu Ehren des 60. Geburtstags des Qianlong-Kaisers und des 80. Geburtstags der Kaisermutter nach Jehol kam. Er ist die größte der Tempelanlagen Jehols. Zwei Steinstelen hinter dem Ehrentor am Eingang tragen Inschriften des Qianlong-Kaisers anläßlich der Rückkehr der Torgot-Mongolen im Jahre 1770 von der Wolga in den Nordwesten Chinas, wo sie in eigenen Bannergebieten angesiedelt wurden (Zhongguo mingsheng cidian, S.106 f.).

103 Tatsächlich handelte es sich nur um vergoldetes Kupfer.

104 Hüttner spielt hier auf den Katholizismus an. Großbritannien war ein protestantischer Staat, der bis ins 19. Jahrhundert hinein seine katholische Minderheit rechtlich diskriminierte. Im Vergleich zu einigen der britischen Berichterstatter der Macartney-Mission äußert sich Hüttner nur maßvoll polemisch über die katholischen Missionare in China.

105 Es handelte sich hierbei um eine der vielen Darstellungsweisen der Göttin Guanyin. Vgl. Anm. 49.

106 Die frühesten Kontakte zwischen China und Europa gehen auf die Römerzeit zurück. Römische Kaufleute gelangten nach China und Chinesen bis an die östlichen Grenzen des römischen Imperiums. Die

ersten schriftlichen Zeugnisse von Europäern aus China stammten erst aus dem 13. Jahrhundert, als unter anderem Marco Polo und der Franziskaner Giovanni di Piano Carpini das von der mongolischen Yuan-Dynastie (1279–1368) beherrschte China bereisten und ihre Eindrücke in Reiseberichten festhielten (vgl. REICHERT). Hüttner bezieht sich vor allem auf eine unter europäischen Gelehrten seit dem 16. Jahrhundert spekulativ ausgetragene Debatte über Ursprung und Frühgeschichte der Chinesen und ihre Kontakte zu anderen Völkern (vgl. etwa DEMEL 1986).

107 Das Schießpulver wird erstmals in der »Sammlung der wichtigsten Militärtechniken« (*Wujing zongyao*) von Zeng Gongliang im Jahre 1044 erwähnt. In europäischen Schriften taucht es erst um 1285 auf (Vgl. NEEDHAM 1986).

108 Der traditionellen chinesischen Medizin gemäß durchdringt das kosmische Prinzip »*qi*« nicht nur die ganze Natur, sondern auch den Körper des Menschen, in dem es ständig zirkuliert. Krankheiten werden als Disharmonie im Gleichgewicht zwischen den beiden Urkräften »*yin*« (das Weibliche, Dunkle, Kalte) und »*yang*« (das Männliche, Helle, Warme) oder als eine Störung im Gleichgewicht der fünf Elemente (Feuer, Wasser, Eisen, Erde, Holz) verstanden, denen sämtliche Körperteile und Organe zugeordnet werden. In diesem Fall stellte der chinesische Arzt die Diagnose, daß dem Patienten das Element Feuer fehle, und entsprechend gab er ihm ein Naturprodukt, das dieses Element besonders reichhaltig aufweist, um die verlorene Wärme wiederherzustellen.

109 Jean-Joseph-Marie Amiot (1718–1793) war der letzte bedeutende Gelehrte unter den Jesuiten in China. Er kam 1751 nach Peking und war dort zunächst als Astronom tätig. 1761 wurde er Prokurator der französischen Mission in China. Er beherrschte sowohl die chinesische als auch die mandschurische Sprache, woraus der Qianlong-Kaiser seinen Nutzen zu ziehen wußte. Mit seinen zahlreichen chinakundlichen Werken schuf Amiot wichtige Grundlagen für die Entwicklung der französischen Sinologie (DEHERGNE, S. 12 f.). Amiot erwies sich auch im militärischen Bereich als sehr hilfreich. Er brachte seine Kenntnisse der europäischen Waffentechnik in die Entwicklung der Qing-Armee ein und stand im ständigen brieflichen Austausch mit dem französischen Militärexperten und Minister Henri Bertin (1720–1792), einem Gönner der Jesuitenmission, dem er Informationen über den Zustand des chinesischen Heerwesens übermittelte (WALEY-COHEN, S. 1536 f.).

110 Der chinesische Originaltext ist in der Sammlung Zhanggu congbian (Kap. 3, S. 18a–19b) enthalten. Eine englische Übersetzung gibt CRANMER-BYNG (Hg.), 1962, S. 336–341.

111 Linqing.

112 Der Kaiserkanal, chin. Yunhe, ist die längste und älteste künstliche Wasserstraße der Welt. Ein Vorläufer im Staat Wu (heute Jiangsu) geht bis auf das 5. vorchristliche Jahrhundert zurück. Sein Ausbau erfolgte zu Beginn des 7. Jahrhunderts unter der Sui-Dynastie (581–618).

Der Kanal reichte von Hangzhou im Süden der Provinz Zhejiang zunächst nur bis nach Tianjin. Seine Verlängerung bis kurz vor Beijing auf eine Gesamtlänge von über 1800 km erfolgte unter dem mongolischen Yuan-Kaiser Khubilai im 13. Jahrhundert. Da die bedeutenden Flußsysteme Chinas alle von Westen nach Osten verlaufen, stellt der Kanal eine wichtige Verbindungslinie zwischen den Flüssen Haihe, Huanghe, Huaihe und Changjiang (Yangtze) dar, auf der die Versorung Nordchinas und vor allem der Hauptstadt Beijing durch den wirtschaftlich blühenden Süden gewährleistet werden konnte. Durch das Dampfschiff und den Eisenbahnbau verlor der Kaiserkanal gegen Ende des 19. Jahrhunderts an Bedeutung. Heute spielt er eine wichtige Rolle für die Bewässerung der mittelchinesischen Landwirtschaft und dient als Auffangreservoir für Hochwasser des Gelben Flusses (Huanghe).

113 Hangzhou, die Provinzhauptstadt von Zhejiang (vgl. Anm. 133).

114 Louis-Daniel Le Comte (1655–1728), französischer Jesuitenpater, war seit 1688 als Astronom, Naturwissenschaftler und Geograph in Peking tätig (DEHERGNE, S. 146 f.). Seine »Nouveaux mémoires sur l'etat présent de la Chine« (Paris 1696, Neuausgabe Paris 1990) waren im 18. Jahrhundert eines der meistgelesenen Bücher über China.

115 Als Jiangnan bezeichnet man ein Gebiet am Unterlauf des Yangtze, das im Verlauf der Geschichte variierte. In der Qing-Zeit waren damit hauptsächlich die beiden heutigen Provinzen Jiangsu und Anhui gemeint.

116 Nanjing war die Hauptstadt des ersten Kaisers Zhu Yuanzhang der Ming-Dynastie (1368–1644), des letzten chinesischen Herrscherhauses, das 1644 von der mandschurischen Qing-Dynastie abgelöst wurde. Die Hauptstadt des Ming-Reiches wurde 1402 nach Beijing verlegt. In den letzten drei Jahrzehnten des 14. Jahrhunderts wuchs die Bevölkerung Nanjings von 100000 auf eine Million Menschen. Obwohl Beijing auch unter der Qing-Dynastie das politische Zentrum Chinas blieb, konnte sich Nanjing seinen Status als wirtschaftliches Zentrum der unteren Yangtze-Region bis ins 19. Jahrhundert bewahren; danach wurde es von Shanghai überflügelt (FRANKE, S. 936–938).

117 Hochwertige Baumwollstoffe aus Ostchina, nach ihrem wichtigsten Herkunftsort im Englischen als »Nankeens« bezeichnet, waren in Europa bis zum frühen 19. Jahrhundert weit verbreitet.

118 Suzhou.

119 Huanghe, der mit 4848 km zweitlängste Fluß Chinas.

120 Sichuan, dessen Name »Vier Ströme« sich auf die vier Nebenflüsse des Yangtze bezieht, welche die im Südwesten Chinas gelegene Provinz von Norden nach Süden durchziehen, ist traditionell eine der wirtschaftlichen und machtpolitischen Schlüsselregionen des Landes. Den Provinzstatus erhielt Sichuan während der Qing-Zeit.

121 Andere Teilnehmer an der Gesandtschaftsreise waren von den Schaustellungen des Militärs weniger beeindruckt, zum Beispiel John

Barrow: »An etlichen Orten, wo sie [die Soldaten] paradierten, um den Gesandten zu begrüßen, sahen wir sie, wenn das Wetter etwas warm war, mit den Fächern, anstatt der Luntenbüchse, beschäftigt; andre sahen wir in einer einzigen Reihe ganz ruhig niederknien, um den Gesandten zu empfangen, und sie blieben in dieser Stellung, bis ihnen ihr Offizier befahl aufzustehen. Wenn wir sie überraschten, bemerkten wir die größte Verwirrung unter ihnen, ehe sie die Feierkleider aus dem Wachthause herbeiholen konnten, in welchen sie mehr für die Schaubühne als für das Schlachtfeld gekleidet zu sein schienen. Ihre gesteppten Weiberröcke, atlassenen Stiefel und Fächer hatten ein Gemisch von Plumpheit und weibischem Wesen, das zum Soldaten wenig paßte« (HÜTTNER [Hg.], Barrow's Reisen in China, S. 63 f.).

122 Marschland.

123 Die in zahlreichen zeitgenössischen Texten vorkommende Charakterisierung der chinesischen Landwirtschaft als »Gartenbau« geht, wie auch bei Hüttner, vor allem auf Beobachtungen in der Region Jiangnan zurück.

124 Tatsächlich handelt es sich um einen Kormoran (chin. *lucike*). Die Kormoran-Fischerei gehörte zu den üblichen »highlights« eines China-Berichts. Besonders anschaulich ist DOOLITTLE, S. 36–38.

125 Jiangxi.

126 Guangdong, die südlichste Provinz Chinas.

127 Gewinn.

128 Suzhou liegt am Kaiserkanal in einem der fruchtbarsten Gebiete Chinas. Die Stadt wird von vielen kleinen Kanälen durchkreuzt. Berühmt war Suzhou wegen seiner Seidenindustrie und Stickereikunst. Der Kaiserkanal machte die Stadt zu einem Handelsknotenpunkt. Viele reiche Familien ließen sich hier nieder. Ihnen verdankt Suzhou seine bezaubernden Gärten. Schwere Zerstörungen 1860–1863 durch die Taiping-Rebellen beendeten die Blüteperiode der Stadt.

129 Die Sitte des Füßebindens geht auf den Dichter Li Yu im 8. Jahrhundert zurück, der seine Lieblingskonkubine mit gebundenen Füßen tanzen ließ. Zunächst blieb das Füßebinden nur auf die Palasttänzerinnen beschränkt, die sich ihre Füße leicht banden. Im 12. Jahrhundert war das Füßebinden auch in der kaiserlichen Familie und unter den angesehenen Familien üblich. Da die Sitte des Füßebindens zum Symbol weiblicher Sexualität geworden war und die Heiratschancen einer Frau verbesserte, wurde sie auch von unteren Gesellschaftsschichten übernommen (vgl. LEVY).

130 Noch heute bezeichnet der chinesische Volksmund die Mädchen aus Suzhou als die schönsten des Landes.

131 Die Technik des Abhaspelns der Seidenfäden war bereits im 2. vorchristlichen Jahrtausend in China bekannt. Web- und Färbetechnik erreichten schon früh ein hohes Niveau. Als Geschenk- und Handelsobjekt in den Außenbeziehungen des chinesischen Kaiserreiches wurde die Seide seit der Han-Zeit (206 v. Chr.– 220 n. Chr.) verwendet. In dem Anfang des 16. Jahrhunderts beginnenden europäisch-

chinesischen maritimen Handel wurde Seide zu einem der wichtigsten Produkte (vgl. FRANKE, S. 1191–1194; OSTERHAMMEL, Weltgesellschaft, S. 58–62).

132 Auch in China wurden Särge selbstverständlich in Gräber gelegt. Die Grabstätte wurde nach geomantischen Gesichtspunkten ausgesucht. Das Begräbnis konnte sich verzögern, wenn man zunächst keinen geeigneten Platz fand. Selbst spätere Grabwechsel waren möglich, wenn Zweifel aufkamen, ob der zuerst gewählte Ort geeignet sei. Dies war vermutlich bei den von Hüttner beschriebenen freistehenden Särgen der Fall. Es konnte sich aber auch um die Särge armer, alleingelassener Leute handeln, um die sich niemand mehr kümmerte.

133 Hangzhou entwickelte sich nach der Verlegung der Hauptstadt der Song-Dynastie von Kaifeng nach Hangzhou (1117–1279) zu einem wichtigen städtischen Zentrum. Marco Polo hat es in seiner frühen Glanzzeit beschrieben. Es bildet zusammen mit Suzhou den Ausgangspunkt des chinesischen Seidenhandels über die Seidenstraße, die von hier aus über Xi'an und den chinesischen Nordwesten nach Xinjiang führte.

134 Der Fluß Qiantang im Süden der Stadt Hangzhou.

135 Dabei handelt es sich um die 968–975 erbaute Baochu-Pagode auf der Spitze des Berges Baoshi Shan, um die 1924 zerstörte Leifeng-Pagode auf dem Berg Diezhao Shan von 975 und die Liuhe-Pagode aus dem Jahre 970 auf dem Berg Yuelun Shan am Ufer des Qiantang-Flusses (Zhongguo mingsheng cidian, S. 370).

136 Chang Lin (1745–1811): Mitglied des kaiserlichen Klans. Als Verwalter und loyaler Beamter erfolgreich in mehreren hohen Ämtern. Bis 1793 Gouverneur von Zhejiang, danach zum Generalgouverneur von Liang Guang berufen. Er begleitete Macartney auf seiner Rückreise von Hangzhou bis Canton, um dann seinen Posten dort anzutreten. Sein gutes Verhältnis zu Macartney und Konflikte mit He Shen führten zunächst zu einem Rückschlag in seiner Karriere (CRANMER-BYNG [Hg.], 1962, S. 373).

137 Malaisch-niederländisches Wort für eine Bananenart.

138 Heute Jiangsan, der letzte Ort in der Provinz Zhejiang. Danach mußte die Gesandtschaft in einer Tagesreise über Land nach Yushan in der Provinz Jiangxi weiterreisen.

139 Macartney hingegen geht davon aus, daß der Kompaß von China nach Europa kam (vgl. CRANMER-BYNG [Hg.], 1962, S. 274–276). Aus heutiger Sicht zählt der Kompaß zu den chinesischen Erfindungen.

140 Hüttner meint den Jasmin. Jasminblüten können dem Tee zur Aromatisierung beigefügt werden.

141 Ahnenkult: Die rituelle Totenverehrung wird in China seit alters her gepflegt. Der Ahne ist zugleich Geschlechtserhalter und -beschützer. Kaiserliche Ahnen galten als Stütze der Dynastie. Man glaubte die Seele des Ahnen durch ein Ritual herbeirufen zu können. Auch wurden dem Toten Gegenstände des alltäglichen Gebrauchs mit ins Grab gelegt. Der vom Körper losgelöste Geist blieb zwar noch im Grab, durfte jedoch zeitweise in den Ahnentafeln wohnen, die in der Ahnenhalle

aufbewahrt wurden. Hier wurden Opfer gebracht und wichtige Familienangelegenheiten entschieden. Der Ahnenkult demonstrierte auch den Reichtum eines Geschlechts und war ein Mittelpunkt des gesellschaftlichen Lebens, in dem jeder Verwandte seinen genau bestimmten Platz in der Geschlechterhierarchie innehatte. Durch Opfer konnten die Hinterbliebenen auch mit den Ahnen in Kontakt treten. Ideologische Grundlage bildete die Pietät (*xiao*). Folglich mußte die konfuzianische Ergebenheit gegenüber den Eltern ebenso den toten Vorfahren erwiesen werden (vgl. FRANKE, S. 11 f.).

142 Yushan.

143 Yushan He.

144 Puyang Hu, der größte Süßwassersee Chinas mit einer Gesamtfläche von 5000 qkm.

145 Siehe oben Anm. 114.

146 Hüttner bezieht sich auf den offiziellen Bericht über die holländische Gesandtschaft von 1794/95: VAN BRAAM.

147 Ganjiang, ein 760 km langer Fluß.

148 Chahua: Teestrauchgewächs, von dem es in Ostasien über 80 Arten gibt. Dabei handelt es sich um immergrüne Sträucher mit weißen, rosafarbenen oder roten Blüten, deren Früchte aus holzigen Kapseln bestehen.

149 Nanchang.

150 Nan'an Fu.

151 Meiling-Paß in der Provinz Jiangxi.

152 Guizi: Teufel, ein Schimpfwort, das dann vor allem im 19. Jahrhundert für Ausländer verwendet wurde.

153 Nanxiong, das am Fluß Dongjiang liegt.

154 Der Fluß hat eigentlich drei Namen: im Nordosten bei Nanxiong heißt er Dongjiang (Ostfluß), im Mittellauf Beijiang (Nordfluß) und am Unterlauf bei Canton Xijiang (Westfluß).

155 Wumaling.

156 Fogang Ting genannt.

157 Guanyin Shan.

158 Puhssa oder Pusa ist eine Abkürzung für Bodhisattva, wörtlich »der, dessen Inhalt (*sattva*) Weisheit (*bodhi*) geworden ist«. Pusa meint den Geist der Intelligenz. Es handelt sich um buddhistische Heilige der 3. Klasse, die nur noch einmal wiedergeboren werden müssen, um Buddhas zu werden, aber darauf verzichten, um der Menschheit zu helfen. Die ihnen zugeschriebenen Attribute sind Licht, Weisheit, Gnade und Macht. Ein typisches Beispiel dafür ist die Göttin Guanyin (WERNER, S. 386 f.).

159 Als »Fujien« bezeichnet Hüttner wohl den regionalen Vizegeneral (*fujiang*) der Truppen der Grünen Standarte (*lüying*), der die militärische rechte Hand des Provinzgouverneurs war (HUCKER, S. 217).

160 Hoppo. Siehe oben Anm. 60.

161 Hüttner spielt hier auf die Revolutionskriege an, in die Großbritannien durch die französische Kriegserklärung vom 1. Februar 1793 einbezogen wurde.

162 Neben Beijing war Canton die von Europäern am häufigsten beschriebene Stadt. Ein Gesamtbild auf der Grundlage dieser Berichte entwirft Dermigny, Bd. 1, S. 276 ff.

163 Die Bezeichnung Cochinchina geht auf das malaiische Wort Kuchi-China zurück. Gemeint ist der Süden Vietnams. Hier hatte die britische Gesandtschaft auf der Hinreise Station gemacht. Der Anfangsteil von Stauntons offiziellem Bericht befaßt sich ausführlich mit dieser Etappe der Reise; Barrow widmet ihr ein eigenes Buch.

164 Batavia nannte der erste Generalgouverneur von Niederländisch-Indien, Jan Pieterszon Coen, das Küstenfort, das er 1619 in der alten Hauptstadt des Königsreichs von Java, Jakarta, errichtete. Im 18. Jahrhundert war Batavia Hauptstadt Niederländisch-Ostindiens und wichtigstes Seehandelszentrum in Südostasien.

165 Nicht Jiangxi, sondern Guangxi war neben Guangdong die zweite Provinz im Machtbereich des Generalgouverneurs von Canton.

166 Insel Hudao vor Canton.

167 Der Hafen von Whampoa (Huangpu) liegt 20 km flußabwärts von Canton.

168 Bis 1900 verwendete man in China als Zahlungsmittel in Strängen aufgezogene Kupfermünzen (1000 *qian* Rechnungseinheiten) mit einem Loch in der Mitte sowie Silberbarren. Preise wurden in Tael (*liang*) angegeben.

169 Anders als gleichzeitige und vor allem spätere Beobachter beklagt Hüttner nicht nur die Einschränkungen, welche die europäischen Kaufleute in Canton hinnehmen mußten, sondern erkennt auch eine von deren wichtigsten Ursachen: das disziplinlose Verhalten europäischer Seeleute.

170 East India Company.

171 Alfonso de Albuquerque (1462–1515): militärischer Begründer des portugiesischen Seereichs in Asien.

172 Comprador, portugiesisches Wort von *comprar*, erwerben. Es wurde zunächst in Bengal benutzt und später vor allem auch in China angewandt. Nach der »Öffnung« Chinas durch den Opiumkrieg von 1840 bis 1842 wurden als Compradore einheimische Handelsvermittler im Dienste ausländischer Firmen bezeichnet.

173 Port. *fiador*: Bürge.

174 Hüttner gibt hier eine frühe Beschreibung des »Pidgin-English«, einer elementaren Mischform, die im 19. Jahrhundert an der China-Küste weite Verbreitung fand. Sie wurde auch von Europäern benutzt, die sich bemühten, Chinesisch zu lernen.

175 Joseph de Guignes (1721–1800), Verfasser des hochgelehrten, für lange Zeit maßstäblichen Werkes »Histoire générale des huns, des turcs, des mogols, et des autres tartares occidentaux« (Paris 1756–1758).

176 Cornelis de Pauw (1739–1799), niederländischer Geistlicher und Schriftsteller, Verfasser der spekulativ-polemischen »Recherches philosophiques sur les Egyptiens et les Chinois« (Berlin 1773).

177 Sir William Jones (1746–1794): Jurist, Orientalist und Sprachforscher. 1784 gründete er in Kalkutta die »Asiatic Society of Bengal« zur

Erforschung der Geschichte, Künste, Wissenschaften und Literatur Asiens. Jones war ein Sprachgenie. Er beherrschte Französisch, Italienisch, Griechisch, Latein, Türkisch, Arabisch, Persisch und Sanskrit. Später begann er auch mit Studien der tibetischen und der chinesischen Sprache. Seine Absicht, nach Canton zu reisen und dort die Landessprache aus erster Hand zu lernen, konnte er nicht mehr verwirklichen (vgl. CRANMER-BYNG [Hg.], 1962, S. 393; CANNON).

178 »Asiatick Researches«: 1788 von Sir William Jones in Kalkutta gegründete Zeitschrift der Asiatic Society of Bengal.

179 Manu Smrti: das Gesetzesbuch des Manu, ein hinduistischer Text aus dem 2.–1. Jahrhundert v. Chr. Hüttner hat Jones' Übersetzung dieses Werks ins Deutsche übertragen und mit Anmerkungen versehen (vgl. HÜTTNER, Hindu Gesetzbuch).

180 In einer umfangreichen neuen Biographie des Qianlong-Kaisers wurden die Gerüchte um seine wahre Mutter ausführlich diskutiert und widerlegt (GUO Chengkang/CHENG Chongde [Hgg.], S. 1–33).

181 Die starke Förderung der Mandschuren durch den Qianlong-Kaiser ging auf seine Sorge zurück, daß sich seine eigene Ethnie im 18. Jahrhundert bereits zu sehr sinisiert hatte. Viele Mandschuren nahmen nicht mehr an den zur körperlichen Ertüchtigung gedachten Jagdausflügen teil, die für sie nur noch eine lästige Pflicht geworden waren. Die Entfremdung von der mandschurischen Schrift schien trotz der Zusammenstellung von Lexika, Grammatiken und Lehrbüchern unaufhaltsam fortzuschreiten. Der Qianlong-Kaiser versuchte dieser Entwicklung mit allen Mitteln Einhalt zu gebieten. Er berief vermehrt mandschurische Beamte in leitende Ämter und führte mit der Zusammenstellung der gigantischen Enzyklopädie und Anthologie »Siku quanshu« eine Zensur gegenüber der hanchinesischen Literatur durch (vgl. v. MENDE, S. 53–55.; DABRINGHAUS, S.66).

182 Mukden, chin. Shenyang. Hauptstadt der Mandschuren vor der Eroberung Beijing im Jahre 1644. Im 18. Jahrhundert zogen die Qing-Kaiser jedes Jahr in ihre Heimatstadt, um an den Grabstätten die Ahnenriten zu vollziehen. Qianlong hielt die Mandschurei als Stammsitz der Dynastie vom chinesischen Kernland getrennt, zum Beispiel durch das Verbot hanchinesischer Einwanderung.

183 Hüttner übernimmt hier die jesuitische Rhetorik der Kaiserverklärung. Sie stand keineswegs in einem völligen Widerspruch zur Realität. Zweifellos war Qianlong bis in seine späten Jahre ein aktiver, ständig intervenierender, seine Pflichten sehr ernst nehmender Herrscher. Die ausländischen Beobachter konnten freilich das wahre Ausmaß der informellen Macht nicht erfassen, die sich der Günstling He Shen angeeignet hatte.

184 Der Jiaqing-Kaiser übernahm die Regierung offiziell am 9. Februar 1796. Dennoch behielt Qianlong die faktische Kontrolle über die Staatsgeschäfte bis zu seinem Tode im Jahre 1799. Siehe auch oben Anm. 86 sowie GUO Chengkang/CHENG Chongde (Hgg.), S. 798–801.

185 In den offiziellen Genealogien werden 29 Ehefrauen und 16 Konkubinen aufgelistet, die ständig für den Qianlong-Kaiser bereitstanden.

Nur acht von ihnen gebaren ihm seine 17 Söhne (Kahn 1971, S. 54; Wan Yi/Wang Shuliao/Liu Lu, S. 332). Generell galt für die Qing-Zeit, daß die Zahl der kaiserlichen Konkubinen 70 nicht überschreiten sollte (vgl. Franke, S. 601).

186 Da Qing-Kaiser aufgrund der unterschiedlichen kulturellen Tradition der Jägergesellschaft, der sie ursprünglich entstammten, die chinesische Praxis der Primogenitur nicht übernahmen, hatte die Dynastie anfangs Schwierigkeiten bei der Nachfolgeregelung. Die Kaiser wählten ihre Thronfolger unter den Söhnen nach Gutdünken aus. Als der Kangxi-Kaiser seinen Nachfolger schon sehr früh publik gemacht hatte (seine Entscheidung später aber revidierte), kam es 1708 bis 1712 zu gewaltsamen Konflikten unter seinen Söhnen, so daß die späteren Kaiser ihre Wahl geheimhielten.

187 Die kaiserlichen Prinzen wurden in einer Palastschule (*shang shufang*) gründlich vorbereitet. Sie wurden von chinesischen und mandschurischen Autoren in den kanonischen Schriften, in Geschichte, Literatur, Philosophie, Hofetikette, Riten, Bogenschießen und Reiten unterrichtet. Damit waren sie – im Unterschied zu den Prinzen in einigen zeitgenössischen muslimischen Gesellschaften – mit dem Beginn ihrer Ausbildung dem Harem entzogen (Kahn 1971, S. 144–167).

188 Lord Macartney selbst beschäftigte sich eingehend mit der Frage der Bevölkerungszahl Chinas. Er hielt die offizielle Ziffer von 330 Millionen für realistisch. Vgl. seine Aufzeichnungen in: Cranmer-Byng (Hg.), 1962, S. 245–247. Die heutige Schätzung von 313 Millionen für das Jahr 1794 (Gernet, S. 411) ist davon nicht weit entfernt.

189 Um den Hungerkatastrophen im chinesischen Kernland effektiver begegnen zu können, förderte die Qing-Regierung im 18. Jahrhundert den Ausbau der öffentlichen Getreidespeicher (vgl. Will).

190 Als Standardwerk galt damals die 1779 veröffentlichte Untersuchung von Amiot. Hüttner selbst publizierte 1796 im »Journal des Luxus und der Moden« den kurzen Text »Ein Ruderliedchen aus China mit Melodie«. Hüttners Ausführungen über chinesische Musik fanden in England besondere Aufmerksamkeit. Der Empfehlung durch den Musikwissenschaftler Dr. Charles Burney verdankte er seine spätere Stelle als Übersetzer im Foreign Office (vgl. Dictionary of National Biography, Bd. 10, London 1908, S. 350/1).

191 Jean-Joseph Grammont (1736–1812): Jesuit, Mathematiker und Musiker, der 1770 nach Peking kam. Er bot Macartney vergeblich seine Übersetzungshilfe an (vgl. Peyrefitte 1989, S. 481 f.; Prichard 1935, S. 6–14). Der Gesandte bezeichnete ihn als einen »schlauen Burschen«, vor dessen intrigantem Charakter man sich aber in acht nehmen müsse (Cranmer-Byng [Hg.], 1962, S. 103 f.).

192 Vermutlich meint Hüttner die kleine Laute Pipa.

193 Yueqin: die vierseitige, kreisrunde »Mondgitarre«, die vor allem bei der Liedbegleitung verwendet wird.

194 Erhu: eine zweisaitige Geige, als Melodieinstrument besonders geeignet.

195 Paiban-Hölzchen: Klapperinstrument, das aus flachen Plättchen be-

steht und (wie Hüttner richtig beobachtet) vor allem der rhythmischen Akzentuierung dient.

196 Welche der zahlreichen chinesischen Trommeltypen Hüttner hier im Sinn hat, läßt sich nicht eindeutig entscheiden; vermutlich die *bangu*, die Takttrommel in der chinesischen Oper.

197 Hüttners kurze Beschreibung der chinesischen Musik ist – in der Nachfolge Amiots – ungewöhnlich präzise und verständnisvoll. Bei Barrow finden sich zur gleichen Zeit bereits jene schroff ablehnenden Urteile, die bis zur Wiederentdeckung asiatischer Musik gegen Ende des 19. Jahrhunderts in Europa vorherrschen sollten (vgl. BARROW 1804, S. 313–323).

198 chin. *hao*.

199 Erst 1887/88 erkannte China Portugals Souveränität über Macau an. Bis dahin kann Macau also nicht als portugiesische »Kolonie« bezeichnet werden. Vielmehr wurde die portugiesische Präsenz von den chinesischen Behörden, die manche Vorteile daraus zogen, stillschweigend toleriert. Wie stark der chinesische Einfluß stets blieb, zeigte die Tatsache, daß China bis 1849 in Macau ein eigenes Zollamt unterhielt.

200 Das Amt des Gouverneurs (port. *capitão-geral*, wörtl. Generalkapitän) war 1623 eingerichtet worden. Im Unterschied zu seinem Vorgänger, dem Kapitän zur See (*capitão-mor*), hielt er sich ständig in Macau auf und fungierte nicht mehr nur als Stellvertreter des portugiesischen Vizekönigs in Goa und Leiter der alljährlichen Handelsfahrten nach Japan (vgl. HABERZETTL/PTAK, S. 64 f.).

201 Seit 1576 war Macau eine eigenständige Diözese. Von hier aus wurde in den folgenden beiden Jahrhunderten die überwiegend von Jesuiten getragene Mission nach Japan und China organisiert. In Macau traten viele Chinesen, die mit den Portugiesen zusammenarbeiteten, zum Christentum über. Seit der Mitte des 18. Jahrhunderts versuchte die Qing-Dynastie jedoch, die christliche Erziehung der chinesischen Bevölkerung zu unterbinden.

202 Das Kloster war 1617 von den Jesuiten um den San Paulo do Monte erbaut worden. Es diente als wichtiger Schutz bei der Abwehr der holländischen Invasion im Jahre 1622.

203 Luís Vaz de Camões (1524–1580) soll um 1557 kurze Zeit in Macau als Nachlaßverwalter gelebt und dort einen Teil der »Lusiaden« an einem hochgelegenen, felsigen, aber idyllischen Ort verfaßt haben, der später die »Grotte des Camões« genannt wurde. Ob der berühmte Dichter sich tatsächlich in dem zu seiner Zeit noch unbedeutenden Macau aufgehalten hat, läßt sich jedoch nicht mit Sicherheit feststellen (vgl. HABERZETTL/PTAK, S. 40 f.).

Quellen- und Literaturverzeichnis

Johann Christian Hüttners Schriften (Auswahl)

Nachricht von der Brittischen Gesandtschaftsreise durch China und einen Theil der Tartarei, hg. von C[arl] B[ÖTTIGER], Berlin 1797.

Voyage en Chine..., in: George L. Staunton, Voyage dans l'intérieur de la Chine et en Tartarie... Traduit de l'anglais avec des notes par J[ean-Henri] CASTERA, Bd. 5, Paris 1798.

Voyage à la Chine... Traduit de l'allemand [par T. F. Winckler], Paris 1799.

(Hg.): Englische Miscellen, 25 Bde., Tübingen 1800-1806.

High Life Below Stairs. A Farce by James Townley, with a Variety of German Notes Explanatory of the Idioms and Proverbial Expressions as well as the Manners and Customs Alluded to, by Johann Christian Hüttner, Tübingen 1802.

Hindu Gesetzbuch oder Menu's Verordnungen nach Cullucas Erläuterungen, ein Inbegriff des Indischen Systems religiöser und bürgerlicher Pflichten. Aus der Sanskrit-Sprache wörtlich ins Englische übersetzt von Sir William Jones, und verteutschet nach Calcuttischer Ausgabe und mit einem Glossar und Anmerkungen begleitet von Joh. Christ. HÜTTNER, Weimar 1797.

John Barrow's Reise durch China von Peking nach Canton im Gefolge der Großbrittanischen Gesandtschaft in den Jahren 1793 und 1794, Weimar 1804-5 (Bibliothek der neuesten und wichtigsten Reisebeschreibungen und geographischen Nachrichten, Bde. 14, 16). Aus dem Englischen übersetzt und mit einigen Anmerkungen begleitet von Johann Christian HÜTTNER.

George Leonard STAUNTON: Reise der englischen Gesandt-
schaft an den Kaiser von China in den Jahren 1792 und 1793.
Aus den Papieren des Grafen von Macartney, des Ritters
Erasmus Gower und andrer Herren, übers. von Johann
Christian HÜTTNER, 2 Bde., Zürich 1798-99.

H. WANSEY: Tagebuch einer Reise durch die Vereinigten Staaten von Nordamerika im Jahre 1794. Aus dem Englischen
mit Anmerkungen von J. Chr. HÜTTNER. Mit einer Vorrede
über Auswanderung nebst Länderkauf in Nordamerika von
K. August BÖTTIGER, Berlin 1797.

Ergänzende Quellen

AMIOT, Joseph: Mémoire sur la Musique des Chinois, tant
anciens que modernes, Paris 1772, Reprint Genf 1973.

ANDERSON, Aeneas: A Narrative of the British Embassy to China in the Years 1792, 1793, and 1794; Containing the Various
Circumstances of the Embassy; with Accounts of the Customs and Manners of the Chinese; and a Description of the
Country Towns, Cities, etc., London 1795.

- : Erzählung der Reise und Gesandtschaft des Lord Macartney nach China und von da zurück nach England in den
Jahren 1792 bis 1794, übers., mit Anmerkungen und Zu-
sätzen, Erlangen 1795.

- : Reise der britischen Gesandtschaft nach China 1792-94,
übers. von Matthias Chr. Sprengel, Halle 1796.

BARROW, John: Travels in China, Containing Descriptions, Observations and Comparisons, Made and Collected in the
Course of a Short Residence at the Imperial Palace of Yuen-
Min-Yuen, and on a Subsequent Journey Through the Country from Pekin to Canton, London 1804.

- : siehe auch unter »Hüttners Schriften«.

- : A Voyage to Cochin China, in the Years 1792 and 1793, London 1806.

- : Some Account of the Public Life and a Selection from the Unpublished Writings of the Earl of Macartney, 2 Bde., London 1807.

- : An Autobiographical Memoir, London 1847.

CRANMER-BYNG, J.L. (Hg.): An Embassy to China. Being the Journal Kept by Lord Macartney During his Embassy to the Emperor Ch'ien-lung, 1793-1794, London 1962.

Da Qing Gaozong chun (Qianlong) Huangdi Shilu [Die Wahren Aufzeichnungen des Gaozong Chun Kaisers Qianlong der Großen Qing-Dynastie], hg. von Taiwan Huawen Shuju [Huawen Verlag Taiwan], Taibei 1964.

DOOLITTLE, Justus: Social Life of the Chinese. A Daguerreotype of Daily Life in China, London 1868.

DU HALDE, Johann Baptista: Ausführliche Beschreibung des Chinesischen Reiches und der Tartarey, 4 Bde., Rostock 1749.

HEGEL, Georg Wilhelm Friedrich : Vorlesungen über die Philosophie der Weltgeschichte, Bd. 2: Die orientalische Welt, hg. von Georg LASSON, 2. Auflage, Hamburg 1923.

The Journal of Mr. Samuel HOLMES, Serjeant-Major, During His Attendance, as One of the Guard on Lord Macartney's Embassy to China, London 1798.

- : Tagebuch einer Reise nach Sina und in die Tartarei mit der Brittischen Gesandtschaft in den Jahren 1792 und 1793, Weimar 1805.

IAKINT [BIČURIN]: Description de Pékin, St. Petersburg 1829.

KIRKPATRICK, William: An Account of the Kingdom of Nepaul: Being the Substance of Observations Made during a Mission to that Country in the Year 1793, London 1811.

Lettres édifiantes et curieuses écrites des Mission étrangères, nouv. éd., 26 Bde., Paris 1780-1783.

MARKHAM, Clements R. (Hg.): Narratives of the Mission of George Bogle to Tibet and of the Journey of Thomas Manning to Lhasa, 2nd ed., London 1879.

Mémoires concernant l'histoire, les sciences, les arts, les moeurs, les usages, etc. des Chinois: par les missionaires de Pekin, 15 Bde., Paris 1776-91.

Peyrefitte, Alain: Un Choc de cultures. Siehe unter »Forschungsliteratur«.

Proudfoot, William Jardine (Hg.): Biographical Memoir of James Dinwiddie L.L.D., Astronomer in the British Embassy to China, 1792,'3,'4: Compiled from His Notes and Correspondence, Liverpool 1868.

Qianlong chao shangyu dang [Archiv der kaiserlichen Dekrete der Qianlong-Regierung], hg. von Zhongguo Diyi lishi dang'an guan [Erstes Geschichtsarchiv Chinas], Beijing 1991.

Qingchao wenxian tongkao [Umfassende Studie der historischen Institutionen der Qing-Dynastie], hg. vom Xinxing Verlag, Taibei 1958.

Qingdai qibai mingren zhuan [700 Biographien berühmter Persönlichkeiten der Qing-Zeit], 3 Bde., Neuausgabe hg. von Cai Guanluo, Beijing 1984.

Qingshi gao [Kurze Geschichte der Qing-Dynastie], 48 Bde., hg. von Zhao Ersun u.a., Beijing 1928.

Qingshi liezhuan [Biographien der Qing-Zeit], 20 Bde., Neuausgabe hg. von Wang Zhongshan, Beijing 1987.

Staunton, Sir George Leonard: An Authentic Account of an Embassy from the King of Great Britain to the Emperor of China, 2 Bde., London 1797.

- : Reise der brittischen Gesandtschaft unter dem Lord Macartney an den Kayser von China, übers. von M.C. Spengel, 2 Bde., Halle 1798.

- : siehe auch unter »Hüttners Schriften«.

The British Critic. A New Review for July, August, September, October, November and December 1797, Vol.X, London 1798, S.221 ff.

Turner, Samuel: An Account of an Embassy to the Court of the Teshoo Lama in Tibet. Containing a Narrative of a Journey through Bootan, and Part of Tibet, London 1800.

[Van Braam]: Reise der Gesandtschaft der holländisch-ostindischen Gesellschaft an den Kaiser von China in den Jahren 1794 und 1795... Aus dem Tagebuche des Herrn André Everard Van-Braam Houckgeest..., 2 Bde., Leipzig 1798/9.

Winterbotham, William: An Historical, Geographical and Philosophical View of the Chinese Empire, with a Copious Account of Lord Macartney's Embassy, London 1795.

Yuanming Yuan [Der Yuanming-Park], hg. von Zhongguo Diyi Lishi dang'an guan [Erstes Geschichtsarchiv Chinas], 2 Bde., Shanghai 1991.

Zhanggu zongbian [Sammlung historischer Dokumente], hg. vom Gugong Bowuguan [Museum des Kaiserpalastes], Beijing 1928/9.

Forschungsliteratur

Appleton, William W.: A Cycle of Cathay. The Chinese Vogue in England during the 17th and 18th Centuries, New York 1951.

Arlington, Lewis C./Lewisohn, William: In Search of Old Peking, Peking 1935, Neuausgabe Hongkong/New York 1991.

Bai Xinliang: Qianlong zhuan [Eine Biographie des Qianlong-Kaisers], Shenyang 1990.

Barret T, T. H.: Singular Listlessness. A Short History of Chinese Books and British Scholars, London 1989.

Bartlett, Beatrice S.: Monarchs and Ministers. The Great Council in Mid-Ch'ing China, 1723-1870, Berkeley/Los Angeles/London 1991.

Bauer, Wolfgang (Hg.): China und die Fremden. 3000 Jahre Auseinandersetzung in Krieg und Frieden, München 1980.

Bayly, C. A.: Imperial Meridian. The British Empire and the World 1780-1830, London/New York 1989.

Bernard, Henri: Les étapes de la cartographie scientifique pour la Chine et les pays voisins depuis le sezième jusqu'à la fin du dix-huitième siècle, in: Monumenta serica 1 (1935), S. 466-470.

Beurdeley, Cécile und Michel: Guiseppe Castiglione. A Jesuit Painter at the Court of the Chinese Emperors, übers. von Michael Bullock, Vermont/Tokyo 1971.

Bickers, Robert A. (Hg.): Ritual and Diplomacy. The Macartney Mission to China, 1792-1794, London 1993.

- : History, Legend and Treaty Port Ideology, 1925-1931, in: DERS. (Hg.), Ritual and Diplomacy, 1993, S. 81-92.

- : Treaty Port History and the Macartney Mission. Paper prepared for the Conference commemorating the bicentenary of Sino-British diplomatic contacts, Chengde 1993.

BITTERLI, Urs/SCHMITT, Eberhard (Hgg.): Die Kenntnis beider »Indien« im frühneuzeitlichen Europa, München 1991.

BLUSSÉ, Leonard/OSTERHOFF, Jan/VERNEULEN, Ton: Chinese Trade with Batavia in the Seventeenth and Eighteenth Centuries. A Preliminary Report, in: HAELLQUIST (Hg.), Asian Trade Routes, 1991, S. 231-245.

Bo Zheng: Zhongguo gudai guanzhi [Das traditionelle Beamtensystem Chinas], Beijing 1989.

CAMERON, Nigel: Barbarians and Mandarins. Thirteen Centuries of Western Travelers in China, New York/Tokyo 1970.

- : Kotow. Imperial China and the West in Confrontation, in: Orientations 2 (1971), S. 44-51.

CAMMAN, Schuyler: Trade through the Himalayas. The Early British Attempts to Open Tibet, Princeton, NJ 1951.

CANNON, Garland: The Life and Mind of Oriental Jones. Sir William Jones, the Father of Modern Linguistics, New York 1990.

CHANDLER, Tertius/Fox, Gerald: 3000 Years of Urban Growth, New York/London 1974.

Chengde bishu shanzhuang [Das Bishu shanzhuang von Chengde], hg. vom Chengde Wenwuju [Amt für Kulturgüter, Chengde] und Qingshi yanjiusuo [Institut für Qing-Geschichte], Beijing 1980.

CHEONG, W. E.: The Age of Suqua, 1720-1759. The Early Hong Merchants, in: HAELLQUIST (Hg.), Asian Trade Routes, 1991, S. 217-230.

CHIA Ning: The Li-fan Yuan in the Early Ch'ing Dynasty, Ph. D. Diss. Johns Hopkins University, Baltimore 1991.

COLLEY, Linda: Britons. Forging the Nation 1707-1837, London 1992.

- : Britishness and Otherness. An Argument, in: Ronald ASCH (Hg.), Three Nations - A Common History? Bochum 1993, S. 273-296.

COMENTALE, Christophe (Übers.): Matteo Ripa, peintre-graveur-missionaire à la cour de Chine: »Mémoires«, Taibei 1983.

CORRADINI, P.: Concerning the Ban on Preaching Christianity Contained in Ch'ien-lung's Reply to the Request Advanced by Lord Macartney, in: East and West 18 (1968), S. 89-91.

CRANMER-BYNG, J. L.: Lord Macartney's Embassy to Peking in 1793. From Official Chinese Documents, in: Journal of Oriental Studies 4 (1957/58), S. 117-183.

- : The Chinese Attitude towards External Relations, in: International Journal 21 (1965/66), S. 57-77.

- : China 1792-1794, in: ROEBUCK (Hg.), Macartney of Lisanoure, 1984, S. 216-243.

-/LEVERE, H.: A Case Study in Cultural Collision. Scientific Apparatus in the Macartney Embassy to China, in: Annals of Science 38 (1981), S. 503-525.

DABRINGHAUS, Sabine: Das Qing-Imperium als Vision und Wirklichkeit. Tibet in Laufbahn und Schriften des Song Yun (1732-1835), Stuttgart 1994.

DAI Junliang (Hg.): Zhongguo chengshi fazhan shi [Geschichte der Stadtentwicklung in China], Harbin 1992.

DAI Yi (Hg.): Jianming Qingshi [Einführung in die Qing-Geschichte], 2 Bde., Beijing 1980.

- : Lüshuang ji [Sammlung »Schritte auf Frost«], Beijing 1987.

- : Lun Fu Kang'an [Über Fu Kang'an], in: Qingshi Yanjiu Tongxun [Nachrichten aus der Forschung zur Qing-Geschichte] 1989/3, S. 1-6.

- : Lun Qianlong [Über den Qianlong-Kaiser], in: Qingshi Yanjiu [Forschungen zur Qing-Geschichte] 1992/1, S. 1-15.

- : Qianlong diji qi shidai [Der Qianlong-Kaiser und seine Zeit], Beijing 1992.

DAWSON, Raymond: The Chinese Chameleon. An Analysis of European Conceptions of Chinese Civilization, London 1967.

DEHERGNE, Joseph: Répertoire des Jésuites de Chine de 1552 à 1800, Paris 1973.

DEMEL, Walter: Antike Quellen und die Theorien des 16. Jahrhunderts zur Frage der Abstammung der Chinesen.

Überlegungen zu einem frühneuzeitlichen Diskussionsthema, in: Saeculum 37 (1986), S. 199-211.

- : Abundantia, Sapientia, Decadencia. Zum Wandel des Chinabildes vom 16. bis 18. Jahrhundert, in: BITTERLI/SCHMITT (Hgg.), Die Kenntnis beider »Indien« im frühneuzeitlichen Europa, 1991, S. 129-153.

- : Als Fremde in China. Das Reich der Mitte im Spiegel frühneuzeitlicher europäischer Reiseberichte, München 1992.

DERMINGNY, Louis: La Chine et l'Occident: Le Commerce à Canton au XVIIIe siècle, 1719-1833, 3 Bde. und Album, Paris 1964.

DESROCHES, Jean-Paul: Yuanming Yuan. Die Welt als Garten, in: Europa und die Kaiser von China (Ausstellungskatalog), Berlin 1985, S. 122-136.

DIKÖTTER, Frank: The Discourse of Race in Modern China, London 1992.

DURAND, Pierre-Henri: Langage bureaucratique et histoire. Variations autour du Grand Conseil et l'ambassade Macartney, in: Études chinoises 1 (1993), S. 41-145.

DUTEIL, Jean-Pierre: Le Mandat du ciel. Le rôle des Jésuites en Chine, Paris 1994.

DUYVENDANK, J. J. L.: The Last Dutch Embassy to the Chinese Court (1794-1795), in: T'oung Pao 34 (1938), S. 1-108.

EBERHARD, Wolfram: Lexikon chinesischer Symbole. Die Bildsprache der Chinesen, Köln 1987.

FAIRBANK, John K. (Hg.): The Chinese World Order. Traditional China's Foreign Relations, Cambridge, Mass. 1968.

- : China. A New History, Cambridge, Mass. 1992.

-/TENG Ssu-yu: On the Ch'ing Tributary System, in: Harvard Journal of Asiatic Studies 6 (1941), S. 135-246.

FANG Hao (Hg.): Zhongguo Xitong shi [Geschichte der Chinesen im Westen], 2 Bde., Taibei 1983.

FEUERWERKER, Albert: State and Society in Eighteenth-Century China. The Ch'ing Empire in Its Glory, Ann Arbor, Mich. 1976.

FISHER, Michael H. (Hg.): The Policies of the British Annexation of India, 1757-1857, New Delhi 1994.

FLETCHER, Joseph: Ch'ing Inner Asia c. 1800, in: John K. FAIR-
BANK (Hg.), The Cambridge History of China, Bd. 10: Late
Ch'ing, 1800-1911, Teil I, Cambridge 1978, S. 35-106.

FÖRSTER, Stig: Die mächtigen Diener der East India Company.
Ursachen und Hintergründe der britischen Expansionspolitik in Südasien, 1783-1819, Stuttgart 1992.

FRANKE, Wolfgang (Hg. unter Mitarbeit von Brunhild STAIGER):
China Handbuch, Düsseldorf 1974.

FU Lo-shu: A Documentary Chronicle of Sino-Western Relations (1644-1820), 2 Bde., Tucson, Arizona 1966.

FU Zongmu: Qingdai junjichu zuzhi ji zhizhang yanjiu [Orga-
nisation und Pflichten des Militärischen Staatsrates der
Qing-Zeit], Taibei 1967.

GARDELLA, Robert: Harvesting Mountains. Fujian and the China
Tea Trade, 1757-1937, Berkeley/Los Angeles/London 1994.

GEDAN, Paul: Johann Christian Hüttner. Ein Beitrag zur Geschichte der Geographie, phil. Diss., Leipzig 1898.

GERNET, Jacques: Die chinesische Welt. Die Geschichte Chinas
von den Anfängen bis zur Jetztzeit. Aus dem Französischen
von Regine KAPPELER, Frankfurt a. M. 1979.

GILES, Herbert A.: A Chinese Biographical Dictionary, Lon-
don/Shanghai 1898.

GIMM, Martin: Kaiser Qianlong (1711-1799) als Poet. Anmerkungen zu seinem schriftstellerischen Werk, Stuttgart 1993.

GREINER, Peter: Das Hofzeremoniell der Mandschu-Dynastie,
in: LEDDEROSE (Hg.), Palastmuseum Peking, 1985, S. 56-69.

GUILLEMIN, Philippe: Le Yuanming yuan, jeux d'eau et palais
européens du XVIIIᵉ siècle à la Cour de Chine, Paris 1987.

GUILLOU, Jean: Les Jésuites en Chine aux XVIIᵉ et XVIIIᵉ
siècles, Toulon 1980.

GUO Chengkang/CHENG Chongde (Hgg.): Qianlong huangdi
quanzhuan [Eine Biographie des Qianlong-Kaisers], Beijing
1994.

GUY, R. Kent: The Emperor's Four Treasures. Scholars and the
State in the Late Ch'ien-Lung Era, Cambridge, Mass. 1987.

HABERZETTL, Peter/PTAK, Roderich: Macau. Geographie, Geschichte, Wirtschaft und Kultur, Wiesbaden 1995.

HAELLQUIST, Karl Reinhold (Hg.): Asian Trade Routes. Continental and Maritime, London 1991.

HARLOW, Vincent T.: The Founding of the Second British Empire, 1763-1794, Bd. 2, London 1964.

HEDIN, Sven: Jehol. Die Kaiserstadt, Leipzig 1942.

HENZE, Dietmar: Enzyklopädie der Entdecker und Erforscher der Erde, Graz 1978 ff.

HEVIA, James L.: The Macartney Embassy in the History of Sino-Western Relations, in: BICKERS (Hg.), Ritual and Diplomacy, 1993, S. 57-79.

- : Oriental Customs and Ideas. Considerations in the Planning and Execution of the First British Embassy to China. Paper Prepared for the Conference Commemorating the Bicentenary of Sino-British Diplomatic Dontacts, Chengde 1993.

- : A Multitude of Lords: Qing Court Ritual and the Macartney Embassy of 1793, in: Late Imperial China 10 (1989), Nr. 2, S. 72–105.

- : Cherishing Men from Afar: Qing Guest Ritual and the Macartney Embassy of 1793, Durham/London 1995.

HINSCH, Bret: Passions of the Cut Sleeve. The Male Homosexual Tradition in China, Berkeley/Los Angeles/Oxford 1990.

HUANG Pei: The Grand Council of the Ch'ing Dynasty. A Historical Study, in: Bulletin of the School of Oriental and African Studies 48 (1985), S. 502-515.

HUCKER, Charles O.: A Dictionary of Official Titles in Imperial China, Stanford, Cal. 1985.

HUDSON, G. F.: Europe and China. A Survey of Their Relations. From the Earliest Time to 1800, London 1931, Reprint 1961.

HUEY, Herbert: French Jesuits' Views on China, in: Papers on Far Eastern History 31 (1985), S. 95-116.

HUMMEL, Arthur W. (Hg.): Eminent Chinese of the Ch'ing Period (1644-1912), Washington, D.C. 1943.

JARRY, Madeleine: Chinoisierie. Chinese Influence on European Decorative Art, 17th and 18th Centuries, New York 1981.

KAHN, Harold L.: The Politics of Filiality. Justification of Imperial Action in Eighteenth-Century China, in: Journal of Asian Studies 26 (1966/67), S. 197-203.

- : Monarchy in the Emperor's Eyes. Image and Reality in the Ch'ien-Lung Reign, Cambridge, Mass. 1971.

LACH, Donald F./VAN KLEY, Edwin J.: Asia in the Making of Europe, Bd. 3: A Century of Advance, 4 Teilbd., Chicago/London 1993.

LAMB, Alastair: Tibet in Anglo-Chinese Relations. 1767-1842, in: Journal of the Royal Asiatic Society (Dec. 1957/April 1958), S. 161-176.

LAWSON, Philipp: The East India Company. A History, Harlow 1993.

LEDDERROSE, Lothar (Hg., unter Mitarbeit von Herbert BUTZ): Palastmuseum Peking. Schätze aus der Verbotenen Stadt (Ausstellungskatalog), Berlin 1985.

LEGOUIX, Susan: William Alexander. Image of China, London 1980.

LEGOUIX-SLOMAN, Susan: William Alexander, in: Europa und die Kaiser von China (Ausstellungskatalog), Berlin 1985, S. 173-186.

LEVY, Howard S.: Chinese Footbinding. The History of a Curious Erotic Custom, New York 1966.

LI Pengnian (Hg.): Qingdai zhongyang guojia gaishu [Die Institutionen der Zentralregierung in der Qing-Zeit], Beijing 1989.

LIU, Adam Yuen-chung: The Ch'ing Civil Service. Promotions, Demotions, Transfer, Leaves, Dismissals and Retirements, in: Journal of Oriental Studies 8 (1970), S. 333-356.

- : The Hanlin-Academy, Training Ground for the Ambitious, 1644-1860, Hamden, Conn. 1981.

- : Ch'ing Institutions and Society, 1644-1795, Hongkong 1990.

LLOYD, Christopher: Mr. Barrow of the Admiralty. A Life of Sir John Barrow 1764-1848, London 1970.

LUO Renyuan/TAO Xisheng: Ming Qing zhengzhi zhidu [Das politische System der Ming und Qing], Taibei 1971.

MANCALL, Mark: The Ch'ing Tribute System. An Interpretative Essay, in: FAIRBANK (Hg.), The Chinese World Order, 1968, S. 63-89.

- : China at the Center. 300 Years of Foreign Policy, New York 1984.

MARSHALL, Julie G.: Britain and Tibet, 1765-1947. The Background of the India-China Border Dispute, Bundoora 1977.

MARSHALL, Peter J.: Britain and China in the Late Eighteenth Century, in: BICKERS (Hg.), Ritual and Diplomacy, 1993, S. 11-29.

- : Britain and China in the Late Eighteenth Century. Paper Prepared for the Conference Commemorating the Bicentary of Sino-British Diplomatic Contacts, Chengde 1993.

-/WILLIAMS, Glyndwr: The Great Map of Mankind, London 1982.

MENDE, Erling von: Die Qing-Dynastie als Fremddynastie, in: LEDDEROSE (Hg.), Palastmuseum Peking, 1985, S. 48-55.

MILLER, Stuart Creighton: The Unwelcome Immigrant. The American Image of the Chinese, 1785-1882, Berkeley/Los Angeles 1969.

MIRSKY, Jeannette (Hg.): The Great Chinese Travelers, Chicago/London 1964.

MITAMURA, Taisuke: Chinese Eunuchs. The Structure of Intimate Politics, Vermont/Tokyo 1970.

MORSE, Hosea Ballou (Hg.): The Chronicles of the East India Company Trading to China, 1635-1834, 5 Bde., Oxford 1926-29.

MÜLLER, Pia: John Chr. Hüttner's »Englische Miszellen«. Ein Beitrag zur Geschichte der deutsch-englischen Beziehungen um 1800, phil. Diss., Tübingen 1939.

MÜLLER-HOFSTEDE, Christoph/WALRAVENS, Hartmut: Paris-Peking. Kupferstiche für Kaiser Qianlong, in: Europa und die Kaiser von China (Ausstellungskatalog), Berlin 1985, S. 165-172.

NAQUIN, Susan/RAWSKI, Evelyn S.: Chinese Society in the Eighteenth Century, New Haven/London 1987.

NEEDHAM, Joseph: Science and Civilization in China, Bd. 4: Physics and Physical Technology, Teilbd. 1: Physics, Cambridge 1971.

- : Science and Civilization in China, Bd. 5: Chemistry and Chemical Technology, Cambridge 1986.

NIVISON, David S.: Ho-shen and His Accusers. Ideology and Political Behavior in the Eigtheenth Century, in: DERS./Arthur F. WRIGHT (Hgg.), Confucianism in Action, Stanford, Cal. 1959, S. 209-243.

OSTERHAMMEL, Jürgen: China und die Weltgesellschaft. Vom 18. Jahrhundert bis in unsere Zeit, München 1989.

- : Reisen an die Grenzen der Alten Welt. Asien im Reisebericht des 17. und 18. Jahrhunderts, in: Peter J. BRENNER (Hg.), Der Reisebericht. Die Entwicklung einer Gattung in der deutschen Literatur, Frankfurt a. M. 1989, S. 224-260.

PEYREFITTE, Alain: L'Empire immobile, ou Le choc des mondes, Paris 1989.

- : Un Choc de cultures: La vision des chinois, Paris 1991.

PRITCHARD, Earl, H.: Letters from Missionaries at Peking Relating to the Macartney Embassy (1793-1803), in: T'oung Pao 31 (1935), S. 1-57.

- : The Crucial Years of Early Anglo-Chinese Relations, 1750-1800, Washington, D.C. 1936.

- : The Kowtow in the Macartney Embassy to China in 1793, in: Far Eastern Quarterly 2 (1943), S. 163-201.

QIAN Zongfan: Qianlong [Qianlong], Guiyang 1986.

RATZEL, Friedrich: »Hüttner, Joh. Christ.«, in: Allgemeine Deutsche Biographie, Bd. 13, Berlin 1881, S. 480.

RAWSKI, Evelyn S.: Ch'ing Imperial Marriage and Problems of Rulership, in: Rubie S. WATSON/Patricia Buckley EBREY (Hgg.), Marriage and Inequality in Chinese Society, Berkeley/Los Angeles/Oxford 1991.

REDDAWAY, F.W.: Macartney in Russia, 1765-1767, in: Cambridge Historical Journal 3 (1931), S. 260-294.

REICHERT, Folker: Begegnungen mit China. Die Entdeckung Ostasiens im Mittelalter, Sigmaringen 1992.

REINHARD, Wolfgang: Geschichte der Europäischen Expansion, Bd. 1: Die Alte Welt bis 1818, Stuttgart 1983.

ROBBINS, Helen: Our First Ambassador to China. An Account of the Life of George, Earl of Macartney, London 1908.

ROEBUCK, Peter (Hg.): Macartney of Lisanoure 1737-1806. Essays in Biography, Belfast 1984.

ROWBOTHAM, Arnold: Missionary and Mandarin. The Jesuits at the Court of China, Berkeley, Cal. 1942.

ROWE, William T.: Women and the Family in Mid-Qing Social Thought, in: Late Imperial China 13 (1992), S. 1-41.

SCHUSTER, Ingrid: Vorbilder und Zerrbilder. China und Japan im Spiegel der deutschen Literatur, 1773-1890, Stuttgart/Bern 1988.

SHU Liguang/HU Jianzhong/ZHOU Cheng: Nan Hairen yu Zhongguo Qingdai zhuzaode dabao [Ferdinand Verbiest und das Gießen von Kanonen in China während der Qing-Zeit], in: Gugong Bowuyuan Kan [Zeitschrift des Museums des Kaiserpalastes] 1989/1, S. 1-28.

SINGER, Aubrey: The Lion and the Dragon, London 1992.

SMITH, Richard J.: China's Cultural Heritage. The Qing Dynasty, 1644-1912, 2nd ed., Boulder, Col. 1994.

SONG Deyi (Hg.): Kangxi sixiang yanjiu [Forschungen über das Denken des Kangxi-Kaisers], Beijing 1990.

STIFTER, Susan R.: The Language Students of the East India Company's Canton Factory, in: Journal of the North China Branch of the Royal Asiatic Society 69 (1983), S. 46-82.

STILLER, Ludwig F.: The Rise of the House of Gorkha. A Study of the Unification of Nepal 1768-1816, Kathmandu 1973.

SUN Wenliang/ZHANG Jie/ZHENG Chuanshui: Qianlong di [Kaiser Qianlong], Changchun 1993.

TICHVINSKIJ, S. L. (Hg.): Chapters from the History of Russo-Chinese Relations, 17th to 19th Centuries, Moskau 1985.

VAN KLEY, Edwin: Chinese History in XVIIIth-Century European Reports, in: Actes du IIIe colloque international de sinologie (Chantilly 1980), Paris 1983, S. 195-210.

WADEPUHL, Walter: Hüttner, a New Source for Anglo-German Relations, in: Germanic Review 14 (1939), S. 23-28.

WAKEMAN, Frederic Jr.: High Ch'ing, 1683-1839, in: James B. CROWLEY (Hg.), Modern East Asia. Essays in Interpretation, New York 1970, S. 1-28.

WALDRON, Arthur: The Great Wall of China. From History to Myth, New York 1990.

WALEY-COHEN, Joanna: China and Western Technology in the Late Eigtheenth Century, in: American Historical Review 98 (1993), S. 1525-1544.

WALLIS, Helen: Die Kartographie der Jesuiten am Hof in Peking, in: Europa und die Kaiser von China (Ausstellungskatalog), Berlin 1985, S. 106-121.

WALRAVENS, Hartmut: China illustrata. Das europäische Chinaverständnis im Spiegel des 16. bis 18. Jahrhunderts, Weinheim 1987.

WAN Yi/WANG Shuliao/LIU Lu (Hgg.): Qingdai gongting shi [Ge-
schichte des Kaiserhofes in der Qing-Zeit], Shenyang 1990.

WANG Qingyun: Shiqu yuji [Aufzeichnungen aus dem Überfluß
des »Shiqu«], 1890, hg. von WANG Shihua, Beijing 1985.

WANG Sizhi: Yingshi Maxia'erni lai Hua [Die Britische Gesandtschaft Macartneys kommt nach China], in: DERS. (Hg.),
Qingshi lungao [Aufsätze zur Qing-Geschichte], Chengdu
1987, S. 356-369.

WANG Tseng-tsai [Wang Zengzai]: Zhong-Ying waijiao shi lunji
[Aufsätze über die diplomatischen Beziehungen zwischen
China und Großbritannien], Taibei 1979.

- : The Macartney-Mission. A Bicentennial Review, in: BICKERS
(Hg.), Ritual and Diplomacy, 1993, S. 43-56.

WEI Qingyuan/YE Xianen (Hgg.): Qingdai quanshi [Umfassen-
de Geschichte der Qing-Zeit], Bd. 5, Shenyang 1991.

WEIERS, Michael (Hg.): Die Mongolen. Beiträge zu ihrer Geschichte und Kultur, Darmstadt 1986.

WERNER, E. T. C.: A Dictionary of Chinese Mythology, Shanghai 1932.

WILL, Pierre-Etienne: Bureaucracy and Famine in the Eighteenth-
Century China, transl. by Elborg FORSTER, Stanford, Cal. 1990.

WILLIAMS, C. A. S.: Encyclopedia of Chinese Symbolism and Art
Motives, New York 1960.

WILLS, John E., Jr.: Embassies and Illusions. Dutch and Portugiese Envoys to K'ang-hsi, 1666-1687, Cambridge, Mass. 1984.

WU, Silas H. L.: The Memorial System of the Ch'ing Dynasty,
1644-1911, in: Harvard Journal of Asiatic Studies 27 (1967),
S. 7-75.

- : Emperor at Work. The Daily Schedules of the K'ang-hsi and
Yung-cheng Emperors, 1661-1735, in: Tsing Hua Journal of
Chinese Studies, new (2nd ed.) series, 8 (1970), S. 210-226.

- : Communication and Imperial Control in China. Evolution
of the Palace Memorial System, 1693-1735, Cambridge,
Mass. 1970.

- : Passage to Power. K'ang-hsi and His Heir Apparent, 1661-1722, Cambridge, Mass. 1979.

XIAO Yishan: Qingdai tongshi [Eine umfassende Geschichte der Qing-Zeit], 5 Bde., Beijing 1986.

XIAO Zhizhi/XU Fangping: Zhong Ying zaoqi chaye maoyi [Der frühe Teehandel zwischen China und Großbritannien], in: Lishi Yanjiu [Geschichtsforschungen] 1994/3, S. 136-152.

XIAO Zhizhi/YANG Weidong (Hgg.): Yapian zhanzheng qian Zhong Ying guanxi jishi (1515-1840) [Aufzeichnungen über die Chinesisch-Britischen Beziehungen vor dem Opium-Krieg, 1515-1840], Wuhan 1986.

YU Huajing: Zhongguo huanguan zhidu shi [Geschichte des chinesischen Eunuchensystems], Shanghai 1993.

ZABROVSKAIA, Larisa V.: The Traditional Foreign Policy of the Qing Empire. How the Chinese Reacted to the Efforts of Europeans to Bring the Chinese into the Western System of International Relations, in: Journal of Historical Sociology 6 (1993), S. 351-358.

ZHANG Shunhong: Historical Anachronism. The Qing Court's Perception of and Reaction to the Macartney Embassy, in: BICKERS, (Hg.), Ritual and Diplomacy, 1993, S. 31-42.

ZHANG Shunhong: Maxia'erni he Ameishide pingjia yu taidude bijiao [Ein Vergleich des Urteils und der Haltung von Macartney und Amherst], in: Jindaishi Yanjiu [Forschungen zur Neueren Geschichte] 1992/3, S. 1-16.

Zhongguo minsheng cidian [Lexikon berühmter Sehenswürdigkeiten Chinas], Beijing 1984.

ZHU Jieqin: Yingguo diyici shituan lai Hua de mudi he yaoqiu [Ziele und Forderungen der ersten Britischen Gesandtschaft nach China], in: Shijie Lishi [Weltgeschichte], 1980/3, S. 24-31.

- : Zhong-wai guanxi shi lunwen ji [Aufsätze zur Geschichte der Beziehungen Chinas mit dem Ausland], Luoyang 1984.

ZHU Yong: Qianlong shiqide Zhong-Ying guanxi (1736-1796) [Die britisch-chinesischen Beziehungen in der Qianlong-Ära (1736-1796)], 2 Bde., unveröffent. Diss., Zhongguo Renmin Daxue, Beijing 1987.

- : Bu yuan dakaide Zhongguo damen [Die Tür Chinas, die sich nicht öffnen will], Guiyang 1989.

ZHUANG Jifa: Qing Gaozong shiquan wugong yanjiu [Forschungen über die »Zehn Siegreichen Feldzüge« des Qing-Kaisers Qianlong], Beijing 1987.

BILDQUELLENNACHWEIS

John BARROW: Travels in China, London 1804.

Abbildungen: 1, 20, 27.
Farbtafeln: Frontispiz, 1, 8, 9, 18, 24.

Cécile und Michel BEURDELEY: Guiseppe Castiglione. A Jesuit Painter at the Court of the Chinese Emperors, übers. von Michael BULLOCK, Rutland/Tokyo 1971.

Abbildungen: 2, 3.
Farbtafeln: 10, 12, 13, 19.

Europa und die Kaiser von China, 1240-1816, Ausstellungskatalog, Berlin 1985.

Farbtafeln: 7, 15, 16, 17, 20.

Johann Barrow's Reise durch China von Peking nach Canton im Gefolge der Großbritannischen Gesandtschaft in den Jahren 1793 und 1794, hg. von Johann Christian HÜTTNER, Weimar 1804.

Abbildung: 10.

Susan LEGOUIX: Image of China. William Alexander, London 1980.

Abbildungen: 4, 5, 12, 16, 17, 18, 23, 24, 25.
Farbtafeln: 3, 5, 14, 21.

Palastmuseum Peking. Schätze aus der Verbotenen Stadt, Ausstellungskatalog, Berlin 1985.

Farbtafel: 11.

Alain PEYREFITTE: L'Empire Immobile. Le Choc des Mondes, Paris 1989.

Farbtafeln: 4, 6, 22, 23.

George Leonard STAUNTON: An Historical Account of the Embassy to the Emperor of China undertaken by Order of the King of Great Britain, London 1797.

Abbildungen: 6, 7, 8, 9, 11, 13, 14, 15, 19, 21, 22, 26.

Personen- und Ortsregister

Die Ziffern vor dem Semikolon beziehen sich auf die Einleitung, die Ziffern danach auf Hüttners Text und die kommentierenden Anmerkungen.